해커스 공인중개사

공인중개사 1위 해커스
비즈니스 2024 한국브랜드만족지수 교육(온·오프라인 공인중개사 학원) 1위

시간이 없을수록, 기초가 부족할수록, 결국 강사력

강의만족도 96.4%
최정상급 스타교수진

[96.4%] 해커스 공인중개사 2023 수강생 온라인 설문결과(해당 항목 응답자 중 만족의견 표시 비율)

다른 학원에 비해 교수님들의 강의실력이 월등히 높다는 생각에 해커스에서 공부를 하게 되었습니다.
-해커스 합격생 김정헌 님-

해커스 교수님들의 강의력은 타 어떤 학원에 비해 정말 최고라고 단언할 수 있습니다.
-해커스 합격생 홍진한 님-

해커스 공인중개사 교수진이 정말 최고입니다. 그래서 합격했고요.
-해커스 합격생 한주석 님-

해커스의 가장 큰 장점은 최고의 교수진이 아닌가 생각합니다. 어디를 내놔도 **최고의 막강한 교수진**이라고 생각합니다.
-해커스 합격생 조용우 님-

잘 가르치는 정도가 아니라 어떤 교수님이라도 너무 열심히, 너무 열성적으로 가르쳐주시는데 대해서 정말 감사히 생각합니다.
-해커스 합격생 정용진 님-

해커스처럼 이렇게 열심히 의욕적으로 **가르쳐주시는 교수님들 타학원에는 없다**고 확신합니다.
-해커스 합격생 노준영 님-

1588-2332   land.Hackers.com

해커스 공인중개사

공인중개사 1위 해커스
한경비즈니스 2024 한국브랜드만족지수 교육(온·오프라인 공인중개사 학원) 1위

다른 곳에서 불합격해도 해커스에선 합격,
시간 낭비하기 싫으면 해커스!

제 친구는 타사에서 공부를 했는데, 떨어졌어요. 친구가 '내 선택이 잘못됐었나?' 이런 얘기를 하더라고요. 그래서 제가 '그러게 내가 말했잖아, 해커스가 더 좋다고.'라고 얘기했죠. 해커스의 모든 과정을 거치고 합격을 해보니까 알겠어요. **어디 내놔도 손색없는 1등 해커스 스타교수님들과 해커스 커리큘럼으로 합격할 수 있었습니다.**

> 해커스 합격생 은*주 님

아는 언니가 타학원 OOO에서 공부했는데 1, 2차 다 불합격했고, **해커스를 선택한 저만 합격했습니다.** 타학원은 적중률이 낮아서 불합격했다는데, 어쩜 해커스 교수님이 낸 모의고사에서 뽑아낸 것처럼 시험이 나왔는지, 정말 감사드립니다. 해커스를 선택한 게 제일 잘한 일이에요.

> 해커스 합격생 임*연 님

타사에서 3년 재수.. 해커스에서 해내다.. ^^

어린 아들을 둘 키우다 보니 학원은 엄두도 못내고, 인강으로만 해야 했는데, 사실 다른 사이트에서 인강 3년을 들었어요. 그리고 올해 해커스로 큰맘 먹고 바꾸고, 두 아들이 6살 7살이 된 올해 말도 안되게 합격했습니다. 진작 갈아 탔으면 하는 생각이 듭니다. 솔직히 그 전에 하던 곳과는 너무 차이가 났습니다. **특히 마지막 요약과 정리는 저처럼 시간을 많이 못 내는 사람들에게는 최고입니다.**

> 해커스 합격생 김*정 님

타사에서 재수하고 해커스에서 합격!

저는 타사에서 공부했던 수험생입니다. 열심히 했지만 작년 시험에서 떨어졌습니다. 실제 시험에서 출제되었던 모든 문제의 난이도와 유형이 그 타사 문제집의 난이도와는 상상할 수 없이 달랐습니다. 저는 교재 수정도 잘 안되고 난잡했던 타사 평생회원반을 버리고 해커스로 옮겨보기로 결심했습니다. 해커스 학원에서 강의와 꾸준한 복습으로 6주, 정확하게는 **올해 3개월 공부해서 2차 합격했습니다.** 이는 모두 해커스 공인중개사 교수님들의 혼신을 다하신 강의의 질이 너무 좋았다고 밖에 평가되지 않습니다. 저의 이번 성공을 많은 분들이 함께 아시고 저처럼 헤매지 마시고 빠르게 공인중개사가 되는 길을 찾으셨으면 좋겠습니다.

> 해커스 합격생 이*환 님

해커스 공인중개사 신관식 핵심요약집

1차 부동산학개론

해커스 공인중개사

신관식

약력

부동산학 석사(부동산 금융학)

현 | 해커스 공인중개사학원 부동산학개론 대표강사
해커스 공인중개사 부동산학개론 동영상강의 대표강사

전 | 세종공인중개사학원, 광주고시학원 부동산학개론 강사 역임
분당·노량진·구리·대전 박문각 부동산학개론 강사 역임

저서

부동산학개론(문제집) 공저, 도서출판 박문각, 2011
부동산학개론(부교재), 도서출판 색지, 2007~2014
부동산학개론(기본서), 해커스패스, 2015~2025
부동산학개론(한손노트), 해커스패스, 2025
부동산학개론(핵심요약집), 해커스패스, 2024~2025
부동산학개론(계산문제집), 해커스패스, 2023~2025
부동산학개론(단원별 기출문제집), 해커스패스, 2025
부동산학개론(출제예상문제집), 해커스패스, 2015~2025
공인중개사 1차(기초입문서), 해커스패스, 2021~2026
공인중개사 1차(핵심요약집), 해커스패스, 2015~2023
공인중개사 1차(단원별 기출문제집), 해커스패스, 2020~2024
공인중개사 1차(회차별 기출문제집), 해커스패스, 2022~2025
공인중개사 1차(실전모의고사), 해커스패스, 2023~2025

서문

최적의 전략으로 합격까지 한 번에

해커스와 강사는 여러분의 공인중개사 시험 합격에 도움을 드리는 도구입니다.
부동산시장은 금융시장(자본시장) 등과 연계되어 있어서 부단히 변화하고 있습니다.
미래는 정확하게 예측하기 어려운 불확실성의 세계이므로, 시장참여자로서 기본적인 공인중개사 자격 준비 및 이론적 무장이 되어 있어야 합니다. 본 '해커스 공인중개사 핵심요약집'은 수험생 여러분의 제37회 공인중개사 시험 합격에 도움을 드릴 수 있도록 알차게 준비한 '알짜 합격서'입니다.

1. 해커스 공인중개사 핵심요약집은 단기간 내에 각 단원별 핵심적인 내용을 정리하게 해 줍니다.

기본이론, 개념완성 강좌에서 학습했던 내용을 '핵심요약집'을 통해 비교적 단기간 내에 정리할 수 있습니다. '해커스 공인중개사 핵심요약집'은 6과목의 방대한 내용을 동시에 준비해야 하는 수험생들에게 반복학습 주기를 줄여주어 공부한 내용을 망각하지 않고 오랫동안 유지할 수 있게 해 줄 것입니다.

2. 전체 개념과 원리를 재정립하고, 기출문제와 병행학습하여 문제 대응력을 높일 수 있습니다.

공인중개사 시험은 이전의 기출된 문제와 유사하게 출제되는 경우도 있고, 기출문제가 변형되어 출제되는 경우도 있으며, 이전 회차와 전혀 다른 새로운 문제가 출제되는 경우도 있습니다. '해커스 공인중개사 핵심요약집'에 기출되었던 내용을 충분히 반영하였으므로 이를 통해 전체 개념과 원리를 재정립하면서, '해커스 공인중개사 단원별 기출문제집' 등과 병행하여 학습하시면 본 시험에 대한 문제 대응능력이 높아질 것입니다.

3. 자신의 학습역량과 학습여건 등을 고려하여 시험 준비를 합니다.

단기간 내에 습득이 어렵거나, 제한된 시간 안에 해결이 어려운 분야는 전략적 선택하에 버리는 지혜도 필요합니다. 본 교재에서는 암기하거나 숙지할 사항에 대하여 빈출/암기PLUS/개념PLUS 등으로 표시하였으니 이를 활용하여 효율적으로 학습할 수 있습니다.

더불어 공인중개사 시험 전문 **해커스 공인중개사(land.Hackers.com)**에서 학원강의 및 인터넷 동영상강의를 이용하여 꾸준히 수강하여 학습효과를 극대화하고, 9~10월 총정리특강 및 동형모의고사 과정을 활용하시면 합격점수를 충분히 획득할 수 있습니다.

교재의 출간을 위해 여러 방면에서 세심하게 점검하여 주신 최고의 편집부와 해커스 공인중개사 핵심요약집을 구매하여 시험 준비를 하시는 수험생 여러분께 감사의 말씀을 드립니다. 해커스는 수험생 여러분의 합격을 진심으로 기원합니다.

2025년 11월
신관식

이 책의 구성

눈에 쏙! 빈출 파악

공인중개사법령 및 실무
빈출개념 TOP 30

용어의 정의	p.14
중개대상물	p.17
공인중개사 정책심의위원회	p.21
등록기준(요건)	p.26
등록의 결격사유 등	p.31
중개사무소	p.33
게시·명칭·광고 등	p.35
겸업	p.39
고용인	p.40
휴업 및 폐업	p.43
전속중개계약	p.45
부동산거래정보망	p.46

제1편 공인중개사법령

① 빈출개념 TOP 30
중점을 두고 학습하여야 하는 과목별 빈출개념을 미리 파악하고, 우선순위를 두어 학습하면 최소의 시간으로 최대의 효과를 낼 수 있습니다.

개념 쏙! 이론학습

TIP
- 복합개념의 부동산(복합개념)은 부동산의 명칭이 아니다.
- '복합개념의 부동산'과 '복합부동산'은 동의어가 아니므로 유의하여야 한다.
- 법률적 개념에 대한 문제가 상대적으로 출제빈도가 높은 편이다.

01 복합개념의 ㅂ

복합개념의 부동산이
개념으로 이해하는 ㄱ
① 부동산의 기술적(
   준다.
② 부동산의 경제적
   준다.

③ Tip
압축된 이론의 이해를 돕고 학습의 길잡이가 되어 필요한 정보와 수험 방향을 친절히 제시함으로써 1:1로 학습하는 효과를 느낄 수 있습니다.

---

01 토지의 자연적 특성 〔빈출〕

부동성· 비이동성· 위치의 고정성	토지는 물리적·절대적 위치가 고 ① 부동산과 동산을 구별하는 근거 ② 부동산활동(⇨ 임장활동·정보홀 르게 나타난다. ③ 지역(국지적)시장·부분시장이 ④ 입지분석(입지론)의 근거를 제 킨다.

② 빈출
빈출개념 TOP 30에서 제시된 본문페이지를 바로 확인하여 빈출내용을 쉽게 찾아 연계학습 할 수 있습니다.

★ 암기 PLUS │ 한국표준산업분류상 부동산업(세분류)
- 부동산임대업
- 부동산개발 및 공급업
- 부동산관리업
- 부동산중개, 자문 및 감정평가업

★ 개념 PLUS │ 기준시점(「감정평가에 관한 규칙」)
- '기준시점'이란 대상물건의 감정평가액을 결정하는 기준이 되는 날짜를 말한다.
- 기준시점은 대상물건의 가격조사를 완료한 날짜로 한다. 다만, 기준시점을 미리 정하였을 때에는 그 날짜에 가격조사가 가능한 경우에만 기준시점으로 할 수 있다(제9조).
- 부동산의 가치형성요인이 변동하므로 기준시점의 확정이 중요하다. ⇨ 변동의 원칙

1/20	감정평가 의뢰일	
	⇩	
2/2	가격조사 개시일(시작일)	
	⇩	
3/2	가격조사를 완료한 날짜(기준시점)	

④ 암기/개념 PLUS
핵심이론 중에서도 확실하게 암기하면 좋은 내용은 암기 PLUS로 선별하였고, 이론학습에 도움이 되는 부가적인 내용은 개념 PLUS로 구성하여 설명하였습니다.

실력 쏙! 확인학습

수정감내요에 김내번식을 곱하여 구한 소득이다.
제28회

02 (　)은 가능총소득에 공실 및 불량부채에 대한 손실과 기타수입을 반영한 것이다. 제28회

기출정답

01 가능총소득
02 유효총소득

```
    순영업
  + 대체충
  - 이자ㅈ
  - 감가ㅅ
  ─────
    과세소
  × 세율
  ─────
    영업소
```

✚ 부동산투자

⑤ 기출

기출지문 괄호넣기를 통하여 본문 내용을 이해하였는지 바로 점검할 수 있어 학습한 내용을 효과적으로 확인할 수 있습니다.

공인중개사 시험안내

공인중개사 시험은 어떻게 접수하나요?

- 국가자격시험 공인중개사 홈페이지(www.Q-Net.or.kr/site/junggae) 및 모바일큐넷(APP)에 접속하여 소정의 절차를 거쳐 원서를 접수합니다.
  * 5일간 정기 원서접수 시행, 2일간 빈자리 추가접수 도입(정기 원서접수 기간 종료 후 환불자 범위 내에서만 선착순으로 빈자리 추가접수를 실시하므로 조기 마감될 수 있음)
- 원서접수 시 최근 6개월 이내 촬영한 여권용 사진(3.5cm×4.5cm) JPG파일이 필요하므로 미리 준비해 두세요.
- 제36회 시험 기준 응시수수료는 1차 13,700원, 2차 14,300원, 1·2차 동시 응시의 경우 28,000원입니다.

공인중개사 시험과목과 시험시간이 어떻게 되나요?

공인중개사 시험은 1년에 1회 시행하며, 1차 시험과 2차 시험을 같은 날에 구분하여 시행합니다.

차수		시험과목	시험범위	시험시간
1차 2과목 과목당 40문제		부동산학개론	• 부동산학개론: 부동산학 총론, 부동산학 각론 • 부동산감정평가론	09:30~11:10 (100분)
		민법 및 민사특별법 중 부동산 중개에 관련되는 규정	• 민법: 총칙 중 법률행위, 질권을 제외한 물권법, 계약법 중 총칙·매매·교환·임대차 • 민사특별법: 주택임대차보호법, 상가건물 임대차보호법, 집합건물의 소유 및 관리에 관한 법률, 가등기담보 등에 관한 법률, 부동산 실권리자명의 등기에 관한 법률	
2차 3과목 과목당 40문제	1교시	공인중개사의 업무 및 부동산 거래신고에 관한 법령 및 중개실무	• 공인중개사법 • 부동산 거래신고 등에 관한 법률 • 중개실무(부동산거래 전자계약 포함)	13:00~14:40 (100분)
		부동산공법 중 부동산 중개에 관련되는 규정	• 국토의 계획 및 이용에 관한 법률 • 도시개발법 • 도시 및 주거환경정비법 • 주택법 • 건축법 • 농지법	
	2교시	부동산공시에 관한 법령 및 부동산 관련 세법	• 부동산등기법 • 공간정보의 구축 및 관리 등에 관한 법률(제2장 제4절 및 제3장) • 부동산 관련 세법(상속세, 증여세, 법인세, 부가가치세 제외)	15:30~16:20 (50분)

* 부동산공시에 관한 법령 및 부동산 관련 세법 과목은 내용의 구성 편의상 '부동산공시법령'과 '부동산세법'으로 분리하였습니다.
* 답안은 시험시행일 현재 시행되고 있는 법령 등을 기준으로 작성합니다.
* 시험시작 30분 전 입실합니다.

공인중개사 시험 당일 챙겨야 할 준비물이 있나요?

인정 신분증

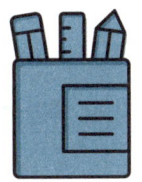
필기구
(검정색 사인펜,
수정테이프 포함)

시계

수험표

최종 정답과 합격자 발표는 어떻게 확인하나요?

최종 정답 발표	인터넷(www.Q-Net.or.kr/site/junggae)을 통하여 확인 가능합니다.
합격자 발표	최종 합격자 발표는 시험을 치른 약 한달 후에 인터넷(www.Q-Net.or.kr/site/junggae)을 통하여 확인 가능합니다.
합격자 결정 방법	• 1·2차 시험 공동으로 매 과목 100점 만점으로 하여 매 과목 40점 이상, 전 과목 평균 60점 이상 득점자를 합격자로 합니다. • 1차 시험에 불합격한 사람의 2차 시험은 무효로 합니다. • 1차 시험 합격자는 다음 회의 시험에 한하여 1차 시험을 면제합니다.

목차

이 책의 구성	4	학습플랜	9
공인중개사 시험안내	6	출제경향분석	10
목차	8		

제1편 부동산학 총론

제1장	부동산의 개념과 분류	14
제2장	부동산의 특성 및 속성	22
제3장	부동산학의 이해 및 부동산활동	27

제2편 부동산경제론

제1장	부동산의 수요·공급이론	32
제2장	부동산의 경기변동	44

제3편 부동산시장론

제1장	부동산시장	50
제2장	입지 및 공간구조론	58

제4편 부동산정책론

제1장	부동산정책의 의의와 기능	72
제2장	토지정책	76
제3장	주택정책	83
제4장	조세정책	91

제5편 부동산투자론

제1장	부동산투자분석 및 기법	96
제2장	부동산투자이론	108

제6편 부동산금융론

제1장	부동산금융	118
제2장	부동산증권론 및 개발금융	129

제7편 부동산개발 및 관리론

제1장	부동산이용 및 개발	146
제2장	부동산관리	159
제3장	부동산마케팅 및 광고	165

제8편 부동산감정평가론

제1장	감정평가의 기초이론	170
제2장	감정평가의 방식	180
제3장	부동산가격공시제도	192

학습플랜

7일완성 플랜 – 하루에 한 과목씩 끝낸다!

- 시험 직전 반복적으로 회독하고 싶은 수험생에게 추천합니다.
- 1차를 3일, 2차를 4일 만에 1회독하는 방법으로 요약집의 모든 내용을 꼼꼼하게 회독하는 것이 아닌 자주 틀리는 파트, 정확하게 이해하지 못하고 있는 파트를 중심으로 학습해 주세요.

	월	화	수	목	금	토	일
[7일]	부동산학개론	민법 및 민사특별법	1차 약점파트	공인중개사 법령 및 실무	부동산공법	부동산 공시법령 / 부동산세법	2차 약점파트

부동산학개론 집중완성 플랜 – 7일동안 한 과목씩 끝낸다!

- 부동산학개론을 7일동안 집중적으로 공부하고 싶은 수험생에게 추천합니다.
- 마지막 날에는 약점파트를 중점적으로 학습해 주세요.

	학습 범위	1회독	2회독	2회독
월	제1~2편			
화	제3편			
수	제4편			
목	제5편			
금	제6편			
토	제7~8편			
일	약점파트 복습			

출제경향분석

 최근 7개년 동안 부동산학개론은 어떻게 출제되었나요?

7개년 편별 출제비중

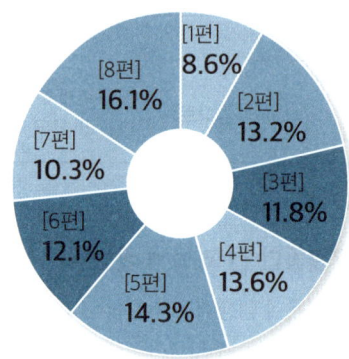

편별 출제문제 수 *평균: 최근 7개년 동안 출제된 각 편별 평균문제 수입니다.

구분	평균*	제36회	제35회	제34회	제33회	제32회	제31회	제30회
부동산학 총론	3.4	4	4	3	4	3	3	3
부동산경제론	5.3	6	5	5	5	6	6	4
부동산시장론	4.7	5	4	5	7	4	4	4
부동산정책론	5.4	6	6	5	4	4	6	7
부동산투자론	5.7	6	3	8	6	7	3	7
부동산금융론	4.9	6	5	3	5	6	5	4
부동산개발 및 관리론	4.2	1	6	5	2	4	6	5
부동산감정평가론	6.4	6	7	6	7	6	7	6
총계	40	40	40	40	40	40	40	40

제36회 시험은 어떻게 출제되었나요?

❶ 제35회 시험대비 조금 평이하게 출제되었습니다. 기본개념을 충실히 하고 해커스학원 커리큘럼 과정대로 강의를 수강하시는 분들은 60점 이상을 받을 수 있는 시험이었습니다.
❷ 계산문제는 총 11문제가 출제되었는데, 이 중에서 신유형이 2문제, 시간을 요구하는 문제가 5문제였으며, 나머지는 기출된 유형과 유사하게 출제되었습니다.
❸ 2차 과목에서 학습하는 내용은 공법(용도지역 중 도시지역의 구분), 세법(조세의 유형)이 출제되었습니다.
❹ 수험생 여러분의 노고에 격려와 위로의 말씀을 드립니다.

제37회 시험을 어떻게 대비해야 할까요?

편별 수험대책

1편	부동산의 개념을 복합개념의 관점에서 구분·정리하고, 부동산 용어(토지/주택)를 숙지해야 합니다. 일반재화와 다른 부동산의 특성은 출제빈도가 높은 편이며, 표준산업분류상 부동산업의 종류도 주기적으로 출제되므로 이에 대한 암기는 필수입니다.
2편	부동산의 수요·공급의 특징, 수요·공급의 결정요인, 이에 따른 균형가격과 균형거래량의 변화, 탄력성(계산문제 포함), 거미집이론을 집중적으로 학습하여야 합니다.
3편	부동산시장의 특성 및 기능, 여과과정과 주거분리, 정보의 효율성, 차액지대설, 위치(입찰)지대설, 준지대 등에 대한 개념정리가 요구되며 레일리의 소매인력법칙과 허프의 확률모형은 계산문제 준비가 필요합니다.
4편	외부효과, 토지정책의 수단(직접·간접 개입 등)의 구분 정리가 요구되며, 임대료규제 등 임대주택정책과 부동산조세의 경제적 효과는 출제빈도가 높습니다. 현 정부의 부동산정책 등 시사성 있는 문제도 대비할 필요가 있습니다.
5편	투자현금흐름의 계산, 화폐의 시간가치, 할인현금수지분석법은 매년 출제됩니다. 위험-수익의 상쇄관계를 통한 투자대안의 분석(지배원리, 효율적 포트폴리오 등)과 포트폴리오이론(분산투자이론)은 출제비중이 높으므로 개념을 잘 정리할 필요가 있습니다.
6편	융자금상환방식(계산문제 포함), 주택저당유동화제도 및 주택저당증권의 종류, 프로젝트 파이낸싱, 부동산투자회사는 비교적 자주 출제되므로 집중학습이 필요합니다. 부동산금융론에서는 비교 지문이 많이 출제된다는 것에 유의하여야 합니다.
7편	부동산개발은 BTO/BTL방식, 개발사업의 타당성분석, 민간의 개발방식 유형을 중심으로 학습하며, 부동산관리 및 부동산마케팅은 평이한 수준의 문제가 주로 출제되므로 실수하지 않도록 기본서와 병행하여 학습합니다. 비교적 단기간에 습득이 가능한 분야입니다.
8편	제1장 감정평가의 기초이론과「감정평가에 관한 규칙」, 제3장 부동산가격공시제도에 중점을 두고 학습합니다. 제2장 감정평가의 방식은 해결이 가능한 한 계산문제 위주로 선별하여 전략적으로 대비합니다.

부동산학개론 빈출개념 TOP 30

제1편 부동산학 총론	부동산의 개념과 분류	p.14
	토지의 특성, 표준산업분류상 부동산업	p.22~23, 29
제2편 부동산경제론	부동산수요·공급의 결정요인	p.34
	균형가격과 균형거래량	p.38
	부동산수요·공급의 탄력성	p.40
	거미집이론(동적 균형이론)	p.46
제3편 부동산시장론	부동산시장의 특성과 기능, 정보의 효율성	p.50, 53
	주택시장의 여과과정과 주거분리	p.56
	지대이론 및 도시구조이론	p.58, 64
	상업입지이론	p.65
제4편 부동산정책론	시장실패의 원인, 외부효과	p.73, 74
	토지정책수단(시장개입방법)	p.76
	주택정책	p.83
	부동산조세의 유형, 경제적 효과	p.91, 94
제5편 부동산투자론	현금흐름의 계산, 요구수익률(기회비용)	p.96, 97
	화폐의 시간가치, 부동산투자분석	p.99, 102
	평균 - 분산 지배원리와 효율적 포트폴리오의 선택	p.109
	분산투자(포트폴리오)이론	p.113
제6편 부동산금융론	부동산 관련 대출규제수단	p.118
	부동산저당대출의 상환방법	p.121
	주택저당유동화(MBS)제도, 자산유동화(ABS)제도	p.129
	부동산투자회사(REITs)	p.137
제7편 부동산개발 및 관리론	부동산개발	p.148
	부동산관리	p.159
	부동산마케팅	p.165
제8편 부동산감정평가론	감정평가에 관한 규칙 * 감정평가에 관한 규칙은 한 단원으로 구성되어 있지 않기 때문에 본문 내 해당 개념이 명시된 부분을 참조	p.170~175 p.178~179 p.183~184
	부동산가격 제 원칙(감정평가원리)	p.175
	지역분석 및 개별분석	p.177
	감정평가의 방식	p.180
	부동산가격공시제도	p.192

부동산학개론에서 자주 출제되는 개념들을 정리하였습니다. 본문에서 빈출 표시가 되어 있는 부분을 중점적으로 학습하세요.

해커스 공인중개사
핵심요약집
land.Hackers.com

제1편

부동산학 총론

제1장 부동산의 개념과 분류
제2장 부동산의 특성 및 속성
제3장 부동산학의 이해 및 부동산활동

제1장 부동산의 개념과 분류 (빈출)

기본서 p.19~33

TIP
- 복합개념의 부동산(복합개념)은 부동산의 명칭이 아니다.
- '복합개념의 부동산'과 '복합부동산'은 동의어가 아니므로 유의하여야 한다.
- 법률적 개념에 대한 문제가 상대적으로 출제빈도가 높은 편이다.
- '정착물'의 개념, 독립된 정착물과 일부인 정착물은 구분하여 정리한다.

01 복합개념의 부동산(부동산의 복합개념)

복합개념의 부동산이란 **부동산을 기술적(물리적)·경제적·법률적 측면 등이 복합된 개념으로 이해하는 것**을 말한다. ⇨ 부동산학을 종합과학으로 만드는 이론적 근간

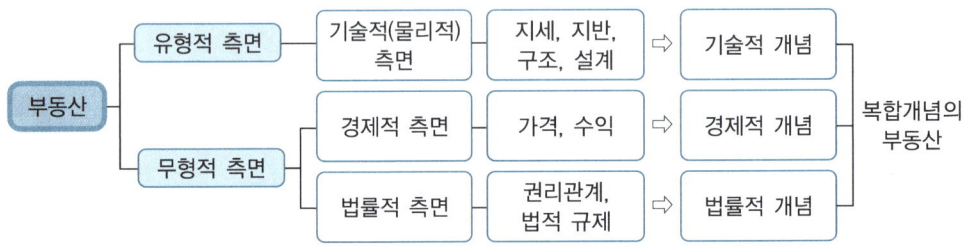

복합부동산
1. **토지와 건물이 각각 독립된 거래의 객체이면서도, 마치 하나의 결합된 상태로 다루어져 부동산활동의 대상으로 삼는 부동산**(예 단독주택, 아파트 등)을 말한다.
2. 하나의 물건으로 거래하고, 일괄하여 감정평가할 수 있다.
   ✚ 부동산의 복합개념은 복합부동산에도 적용할 수 있다.

02 부동산의 법률적 개념

(1) 협의의 부동산 - 토지와 그 정착물(「민법」제99조 제1항)

① **토지**: 1필지[1]를 1개로 취급하며, 토지와 해면의 분계는 최고 만조시의 분계점을 그 표준으로 한다.
② **토지정착물**: 토지에 **계속적(항구적) 부착된 상태**로 사용되는 것이 사회통념상 인정되는 것으로, **토지로부터 이동이 불가능한 물건**을 말한다.

토지와 독립	(등기된)건물, 등기된 입목, 명인방법[2]을 갖춘 수목(미분리과실), 권원에 의하여 타인의 토지에서 재배되고 있는 농작물 등
토지의 일부	교량, 담장, 구거, 도로의 포장, 매년 경작의 노력을 요하지 않는 다년생식물, 나무(수목) 등
정착물이 아닌 것	**경작수확물(예 벼 등), 가식 중에 있는 수목**, 판잣집, 헐어버린 건축물, 컨테이너박스 등

[1] **필지**
지표의 일부를 일정범위로 구획(구분)하여 그 구분된 개별토지의 등록단위를 말한다.

[2] **명인방법**
소유권을 외부에서 인식할 수 있는 방법을 말한다(예 페인트로 표기하거나 푯말을 세우는 것 등).

③ 건축물의 설비(fixture)를 부동산정착물로 판단하는 기준

부동산에 부착된 방법	㉠ 설비를 건물로부터 물리적·기능적으로 둘 다 훼손 없이 제거할 수 있으면 해당 설비는 정착물이 아니다. ⇨ 동산[1] ㉡ 설비(예 수도배관·전기배선 등)를 건물로부터 물리적 훼손 없이 제거할 수 있어도, **건물의 기능이나 효용이 감소하면 해당 설비는 정착물(부동산의 일부)로 본다.**
거래 당사자간의 관계	㉠ **임대인이 설치한 것은 정착물로 취급하지만, 임차인이 설치한 것(가사·농업·거래정착물)[2]은 정착물로 취급하지 않는다.** ㉡ 부동산을 매매할 때 정착물인지 아닌지가 불분명할 경우에는 정착물로 간주되어 매수인에게 넘어간다.
물건의 성격·용도	특정 용도에 맞게 특별히 설치된 것, 주문제작된 것은 정착물로 취급한다(예 건물의 용도에 맞게 부착된 유리문, 교회용 책상 등).
물건의 설치의도	㉠ 임대건물의 가치 증진을 위하여 설치한 에어컨은 정착물이다. ㉡ **임차인이 자신의 편의를 위하여 설치한 것은 정착물이 아니다.**

[1] **보충**
제거하여도 건물의 기능 및 효용의 손실이 없는 부착된 물건은 동산으로 취급한다.

[2] **임차인정착물**
- **거래정착물**: 사업이나 거래의 편의를 위하여 임차인이 설치한 선반, 진열대 등
- **농업정착물**: 타인의 토지를 빌려서 경작하는 경작자가 농사의 목적으로 설치한 농기구 창고, 가축의 우리 등
- **가사정착물**: 임차인이 생활의 편의를 위하여 설치한 블라인드나 방범창 등

(2) 광의의 부동산 - 협의의 부동산 + 준(의제)부동산

① 준(의제)부동산[3]: 물권변동을 등기나 등록의 수단으로 하는 특정의 동산이나, 동산과 부동산의 결합물(집단)을 말한다.

자동차·항공기·건설기계	등록(등록원부)
어업권	수산업법에 의하여 면허를 받아 어업을 경영할 수 있는 권리, 어업권부에 등록
선박(20t 이상)	「선박등기법」에 의해 등기
입목(수목집단)	「입목에 관한 법률」에 의해 소유권보존등기
공장재단	기업재산으로 「공장 및 광업재단 저당법」에 따라 소유권과 저당권의 목적이 되는 것을 말한다.
광업재단	기업재산으로 「공장 및 광업재단 저당법」에 따라 소유권과 저당권의 목적이 되는 것을 말한다.

② 준부동산은 감정평가의 대상이 되고 저당권의 목적으로도 삼을 수 있다. 즉, 부동산학의 연구대상 및 부동산활동의 대상이 된다.[4]

[3] 준부동산은 「민법」상 부동산이 아니다.

[4] 부동산의 개념은 부동산활동의 범위를 확정시켜 준다.

1 보충
- 자산 또는 소비재로서의 토지는 그 가치가 시장가치와 괴리되는 경우가 있다.
- 생산요소로서의 토지는 그 가치가 토지의 생산성에 영향을 받는다.

2 효용(= 유용성)
재화나 서비스를 소비할 때 느끼는 주관적인 만족도를 말한다. 감정평가론에서는 인간의 필요나 욕구를 충족시켜 줄 수 있는 재화의 능력을 말한다.

03 부동산의 경제적 개념 – 생산 · 소비 · 교환 · 분배 · 투자의 관점[1]

자산 (asset)	① 재산, 부동산을 투자대상으로 인식하여 **자본이득(양도차익)**을 얻기 위해 매입한 경우, 재산으로서 토지는 사용 · 수익 · 처분의 대상이 된다. ② 가격 상승에 대한 기대감으로 부동산을 매입한 경우
자본 (capital)	사업을 위한 밑천, 최종재화를 생산하기 위한 중간재로서의 토지(예 주택을 건축하기 위하여 매입한 택지 등)
생산요소	① 토지는 재화를 생산하기 위하여 필요한 생산요소(재)의 하나 ② **토지는 부동성으로 인하여 수동적 생산요소에 해당한다.**
소비재	욕구(효용[2] · 편익)를 충족시키기 위하여 가격을 지불하고 소비하는 재화(예 휴양림 혹은 공원, 최종소비재로서의 주택 등)
상품	공급자(생산자) 입장에서 이윤창출의 목적으로 판매되는 부동산(유 · 무형의 재화)

04 부동산의 기술적(물리적) 개념

공간	영속성은 토지에 공간가치의 개념을 성립하게 한다.
위치	① 물리적 · 절대적 위치는 '부동성'과 관련이 깊다. ② 인문적 · 상대적 위치는 '위치의 가변성'과 관련이 깊다.
환경	① 부동산은 환경의 구성분자로, 상호 영향을 주고받는다. ② 자연적 환경과 인문적 환경으로 나눌 수 있다.
자연	① 부증성과 관련이 깊다. ② 자연으로서의 토지는 **인간의 노력으로 그 특성을 바꿀 수 있다.**

TIP
부동산의 경제적 개념을 정리하면, 법률적 개념과 물리적 개념은 구분이 된다.

부동산의 개념

복합개념의 부동산	법률적 개념	경제적 개념	기술적(물리적) 개념
부동산을 기술(물리)적 측면, 경제적 측면, 법률적 측면 등 종합적으로 이해하려는 것	• 협의의 부동산: 토지와 그 정착물 • 광의의 부동산: 협의의 부동산 + 준부동산	• 자산 • 자본 • 생산요소 • 소비재 • 상품	• 공간 • 위치 • 환경 • 자연

05 토지용어(부동산활동·토지이용활동에 따른 분류)

(1) 후보지(候補地)·이행지(移行地) - 토지의 용도적(용도의 전환)·경제적 공급

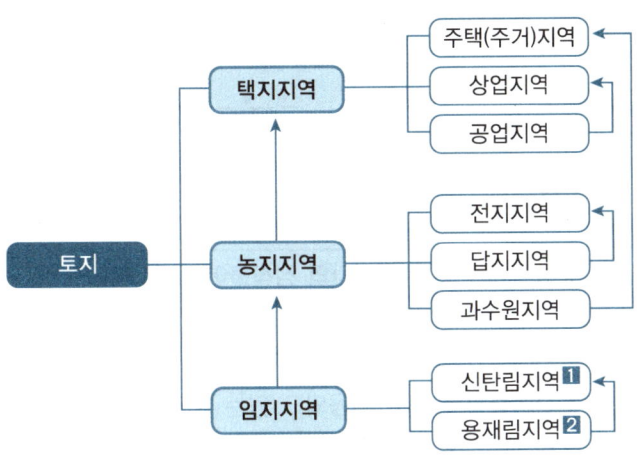

후보지	① 임지지역(용재림·신탄림) ⇨ 농지지역(전·답·과) ⇨ 택지지역(주·상·공)으로의 **용도적 지역 상호간에 전환 중인 토지**(예 과수원지역이 공업지역으로 전환 중인 토지 등) ② 현재의 용도에서 **장래 택지 등 다른 용도로의 전환이 객관적으로 예상되는** 토지(국토교통부 훈령)
이행지	공업지역 ⇨ 주거지역, 과수원지역 ⇨ 답지지역 등의 전환으로 **용도적 지역 내에서 이행되고 있는(용도가 변경 중인) 토지**

보충

지목
지적제도의 용어로서, 토지의 주된 용도에 따라 토지의 종류를 구분하여 지적공부에 등록한 것을 말한다.
예 공간정보의 구축 및 관리 등에 관한 법령상 지목: 전, 답, 과수원, 구거, 공장용지, 유원지, 주차장, 제방 등

1 신탄림
땔감이나 숯을 생산하기 위하여 조성된 산림을 말한다.

2 용재림
건축재 등의 용도로 이용하기 위하여 조성된 산림을 말한다.

(2) 택지(宅地)·부지(敷地)

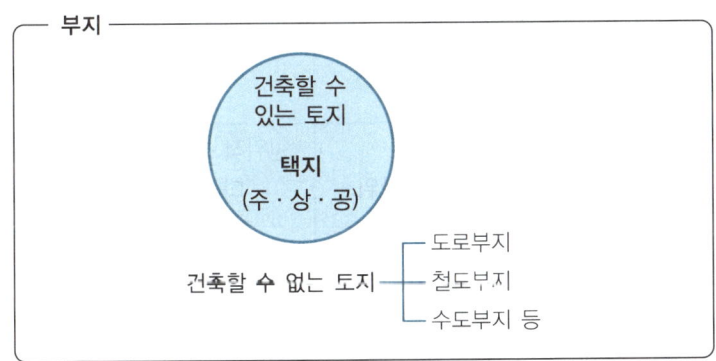

택지	**주거·상업·공업용지** 등의 용도로 이용되고 있거나 해당 용도로 이용할 목적으로 조성된 토지
부지	① **일정한 용도로 제공되고 있는 바닥 토지** ② 택지 + 건축이 불가능한 토지(도로, 하천, 철도부지 등을 포괄)

제1장 부동산의 개념과 분류

(3) 나지(裸地)·건부지(建附地)·공지(空地)

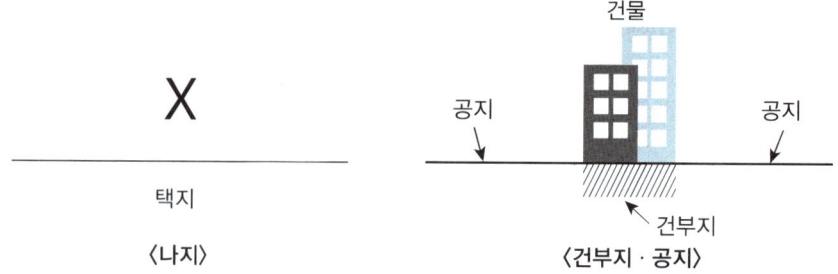

〈나지〉 〈건부지·공지〉

나지[1]	① 토지에 건물이나 기타의 정착물이 없고, 지상권 등 사용·수익을 제한하는 사법상의 권리가 설정되어 있지 아니한 토지 ② 택지 위에 건축물 등이 없는 토지
건부지	① 건축물의 용도로 제공되고 있는 바닥 토지(이용될 토지 ×) ② 지상의 건물이 최유효이용상태가 아닌 경우 건부감가가 발생할 수 있다. ③ 개발제한구역 내의 건부지가격은 나지가격보다 높게 평가될 수 있다. ⇨ 건부증가 ＋ 토지이용규제가 강화되면 건부증가가 발생할 수 있다.
공지	① 「건축법」상 건폐율[2]의 제한으로 한 필지에 건물을 다 채우지 못하고 남겨 놓은(비워둔) 토지 ② 관련 법령이 정하는 바에 따라 재난시 피난 등의 안전이나 일조 등 양호한 생활환경의 확보를 위하여 건축하면서 남겨 놓은 일정 부분의 토지

(4) 필지(筆地)·획지(劃地)[3]

필지	획지
「공간정보의 구축 및 관리 등에 관한 법률」상의 용어	부동산학·감정평가상의 용어
하나의 지번이 붙는 등록(등기)단위	인위적·자연적·행정적 조건에 의하여 다른 토지와 구별되는 것으로, 가격수준이 비슷한 일단의 토지
토지에 대한 소유권이 미치는 범위와 한계를 표시하는 법적 개념	부동산활동과 부동산현상의 한 단위로, 가격수준을 구분하기 위한 경제적 개념

---

[1] 보충
- 나대지는 나지 중에서 지목이 대(垈)인 토지를 말한다.
- 대(垈): 지목이 '대(垈)'인 토지를 말한다.

[2] 건폐율·용적률
- 건폐율: 대지면적에 대한 건축면적의 비율이다.
- 용적률: 대지면적에 대한 건축물의 연면적의 비율이다.

[3] 보충
- 필지: 토지의 소재, 지번, 지목 또는 경계 또는 좌표를 지적공부에 등록하는 단위가 되는 토지를 말한다.
- 토지의 면적단위는 필지나 획지가 아닌 m²이다.
- 일단지(一團地): 용도상 불가분의 관계에 있는 2필지 이상의 일단의 토지를 말한다(「표준지공시지가 조사·평가 기준」국토교통부훈령).

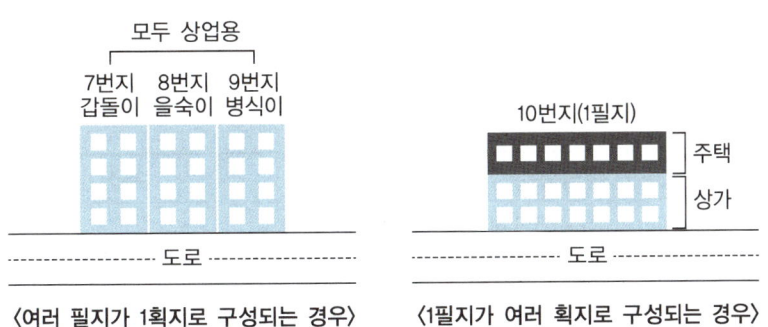

〈여러 필지가 1획지로 구성되는 경우〉 〈1필지가 여러 획지로 구성되는 경우〉

① 하나의 필지가 하나의 획지로 구성될 경우 ⇨ 감정평가는 개별로 하여야 한다.
② 여러 필지가 하나의 획지로 구성될 경우 ⇨ 일괄하여 감정평가할 수 있다.
③ 하나의 필지가 여러 획지로 구성될 경우 ⇨ 구분하여 감정평가할 수 있다.

(5) 법지(法地)·빈지(濱地)·바닷가

법지	법으로만 소유할 뿐 활용실익이 없거나 적은 토지(경사면 토지)
빈지	해변토지로, 소유권이 인정되지 않지만 활용실익이 있는 토지
바닷가	공유수면 관리 및 매립에 관한 법령상 해안선[1]으로부터 지적공부(地籍公簿)에 등록된 지역까지의 사이를 말한다.

(6) 기타

공한지(空閑地)	도시토지로서 투기목적으로 장기간 방치하고 있는 토지
휴한지(休閑地)	비옥도(지력) 회복을 위하여 휴경하고 있는(쉬게 하는) 토지
유휴지(遊休地)	농촌토지로서 바람직하지 못하게 놀리는 토지
포락지(浦落地)	공유수면 관리 및 매립에 관한 법령상 지적공부에 등록된 토지가 물에 침식되어 수면 밑으로 잠긴 토지
선하지(線下地)	고압(송전)선 아래의 토지로, 이용(공간의 활용도) 및 거래의 제한이 있으므로 선하지감가가 발생한다.
맹지(盲地)	타인의 토지에 둘러싸여 있어 도로에 접하지 못한 토지로, 「건축법」상 건축이 불가능 ⇨ 맹지감가 발생
소지(素地) 원지(原地)	대지나 택지 등으로 개발되기 이전 자연 그대로의 미개발된 토지 (미성숙지[2])
환지(換地)	도시개발사업에 소요된 비용과 공공용지를 제외한 후 개발사업 전 토지의 위치, 지목, 면적 등을 고려하여 토지소유자에게 재분배하는 토지
체비지(替費地)	도시개발사업에 필요한 경비를 충당하기 위해 환지로 정하지 아니한 토지

---

[1] 해안선

해안선은 해수면이 약최고고조면(略最高高潮面: 일정기간 조석을 관측하여 산출한 결과, 가장 높은 해수면을 말한다)에 이르렀을 때의 육지와 해수면과의 경계로 표시한다.

⚡기출

01 지적공부에 등록된 토지가 물에 침식되어 수면 밑으로 잠긴 토지를 (　　)라 한다. 제26회

02 (　　)는 타인의 토지에 둘러싸여 도로와 접하고 있지 않은 토지를 말한다. 제25·28회

[2]

소지·원지는 미성숙지에 해당하는 개념이고, 택지는 성숙지에 해당하는 개념이다.

기출정답

01 포락지　02 맹지

06 주택의 분류

(1) 단독주택

구분	주택층수	바닥면적	특징
단독주택			1건물에 1세대가 거주하는 주택
다중주택	3개 층 이하	660m² 이하	여러 사람이 장기간 거주할 수 있는 구조 **독립된 주거형태를 갖추지 않을 것** (취사시설 설치하지 않은 것)
다가구주택			**19세대 이하가 거주할 수 있을 것**
공관			정부기관의 고위관리 등이 공적으로 사용하는 주택을 말한다.

(2) 공동주택

구분		주택층수	바닥면적	비고
아파트		5개 층 이상		부동산가격공시에 관한 법령상 공동주택가격의 공시대상
연립주택		4개 층 이하	660m² 초과	
다세대주택			660m² 이하	
기숙사	일반			학교 또는 공장 등의 학생 또는 종업원 등을 위하여 사용하는 것으로서, 해당 기숙사의 공동취사시설 이용 세대 수가 전체 세대 수의 50% 이상인 것
	임대형			공공주택사업자 또는 임대사업자가 임대사업에 사용하는 것으로서 **임대 목적으로 제공하는 실이 20실 이상**이고 해당 기숙사의 공동취사시설 이용 세대 수가 전체 수의 50% 이상인 것

(3) 기타 주택의 유형 - 「주택법」

도시형 생활주택	• 300세대 미만의 국민주택규모에 해당하는 주택으로서 대통령령으로 정하는 주택, 「국토의 계획 및 이용에 관한 법률」에 따른 도시지역에 건설해야 한다. • 아파트형, 단지형 연립, 단지형 다세대주택으로 구분된다. • 분양가상한제, 입주자저축, 주택청약자격, 재당첨 제한 규정 등은 적용받지 않는다.
준주택	• 주택 외의 건축물과 그 부속물로서 주거시설로 이용가능한 시설 • 기숙사, 오피스텔, 다중생활시설, 노인복지주택
세대구분형 공동주택	공동주택의 주택 내부 공간의 일부를 세대별로 구분하여 생활이 가능한 구조로 하되, 그 구분된 공간의 일부를 구분소유 할 수 없는 주택
장수명 주택	구조적으로 오랫동안 유지·관리될 수 있는 내구성을 갖추고, 입주자의 필요에 따라 내부 구조를 쉽게 변경할 수 있는 가변성과 수리 용이성 등이 우수한 주택
토지임대부 분양주택	토지소유권은 분양주택건설사업을 시행하는 자가 가지고, 건축물 및 복리시설 등에 대한 소유권은 주택을 분양받은 자가 가진다.
에너지 절약형 친환경주택	저에너지 건물 조성기술 등을 이용하여 에너지 사용량을 절감하거나 이산화탄소 배출량을 저감할 수 있도록 건설된 주택

> ★ 개념 PLUS | 국민주택과 민영주택

국민주택	국가, 지방자치단체, 한국토지주택공사 또는 지방공사가 건설하거나 재정 또는 주택도시기금으로부터 자금을 지원받아 건설되거나 개량하는 주택으로서, 주거전용면적이 85m² 이하인 주택
민영주택	국민주택을 제외한 주택

제2장 부동산의 특성 및 속성

기본서 p.34~48

01 토지의 자연적 특성 〈빈출〉

부동성 · 비이동성 · 위치의 고정성	토지는 물리적·절대적 위치가 고정되어 있다. 즉, 이동할 수 없다. ① 부동산과 동산을 구별하는 근거(공시수단: 등기·등록)가 된다. ② 부동산활동(⇨ 임장활동·정보활동)이나 부동산현상이 **지역·위치별로 다르게 나타난다.** ③ 지역(국지적)시장·부분시장이 형성(수급불균형)되게 한다. ④ 입지분석(입지론)의 근거를 제시하고, 감정평가시 지역분석을 필연화시킨다. ⑤ **외부효과를 발생**시킨다[부(-)의 외부효과 ⇨ 경제적 감가].

부증성 · 비생산성 · 면적의 유한성	토지의 물리적 절대량은 증가시킬 수 없다. 즉, 생산할 수 없다.
	① 생산비법칙의 적용이 불가능하며, **토지의 공급조절을 곤란하게 한다.**
	  ⇨ 토지는 원칙적으로 원가방식 적용 불가(조성지·매립지 제외)
	② 토지부족문제의 근본적 원인이며, **희소성을 증가**시킨다.
	  ⇨ **지가 및 지대발생의 원인**, 독점 소유 욕구를 증대시킨다.
	③ 한정된 토지의 **최유효이용의 근거**를 제기한다.
	④ 외곽지역보다 도심에서의 **집약적 토지이용을 필연화**시킨다.
	⑤ 사회성·공공성이 강조되고, 토지공개념(법적 규제)의 이론적 근거가 된다. **1**

영속성 · 비소멸성 · 비소모성	토지의 물리적 절대량은 소멸하지 않는다. 즉, **물리적 감가는 발생하지 않는다.** ① 소모를 전제로 하는 재생산이론이 적용되지 않는다. ② 이용(사용)이익을 발생하게 한다(임대차시장의 형성근거). ③ 건물의 내구성(재고·저량시장 형성)과 함께 가치보존력을 높이므로 **투자수단으로서 선호도**를 가진다. ⇨ **소득이득** + 자본이득 ④ 관리의 필요성 제기, 부동산활동에는 장기적인 고려(배려)가 요구된다. ⑤ 부동산의 가치란 **장래 유·무형의 편익을 현재가치로 환원한 값**을 말한다. ⑥ 장래의 수익을 예상 ⇨ 수익방식(직접환원법)의 근거가 된다.
개별성 · 이질성 · 비동질성 · 비대체성	동일한 토지(부동산)는 존재하지 않는다. ① **물리적 대체가 불가능**하다. 즉, 완전한 대체관계가 성립하지 않는다. ② 개별성은 건물이나 기타 개량물에도 적용된다. ③ **일물일가의 법칙이 성립하지 않는다.** ⇨ **독점적 시장 형성** ④ 비교를 어렵게 하기 때문에 **표준지를 선택하여 토지가격을 평가한다.** ⑤ 감정평가시 사정보정 및 개별분석을 필연화시킨다. ⑥ 부동산시장에서 정보의 비대칭성(비공개성)·비조직성을 유발한다.

1
부동산시장에는 법적 규제가 많다. 이러한 법적 규제의 필요성을 제기하는 것은 부증성 때문이고, 부동산을 제도적 규율의 대상으로 용이하게 하는 것은 부동성 때문이다.

⚡기출

01 토지는 부증성으로 인해 토지이용이 (집약화 / 조방화)된다. 제24회

02 ( )은 거시적으로 보는 토지의 양이 불변이라는 것이며, 생산비를 투입하여도 물리적으로 양을 늘릴 수 없다는 특성이다. 제14회

03 (영속성 / 부증성)은 소모를 전제로 하는 재생산이론이나 사고방식을 적용할 수 없게 한다. 제26회

기출정답
01 집약화 02 부증성
03 영속성

인접성	토지는 다른 토지와 인접·연결되어 있다. ⇨ 연결성·연속성 ① **토지의 용도적 대체를 가능하게 한다.** ② 소유와 관련하여 경계문제를 유발하고, 협동적 토지이용을 필연화시킨다. ③ **개발이익의 사회적 환수논리의 근거가 된다.** ④ **지역분석의 근거를 제시하고, 외부효과를 발생시킨다.** 　㉠ 정(+)의 외부효과 ⇨ PIMFY현상(Please In My Front Yard) 　㉡ 부(−)의 외부효과 ⇨ NIMBY현상(Not In My Back Yard)

⚡ **기출**

01 부동성과 (　　)은 외부효과와 관련이 있다.

02 토지의 인문적 특성[1] 〔빈출〕

용도의 다양성	토지는 여러 가지 용도로 이용될 수 있다(변용성·다용도성). ① **최유효이용의 성립·판단근거가 된다.** ② **토지의 전환과 이행을 가능하게 한다(후보지·이행지).** 　⇨ **용도적·경제적 공급** ③ 가치(가격)다원설의 논리적 근거가 된다. ④ 적지론(주어진 부지에는 어떤 용도가 적합한가)의 근거가 된다.
병합· 분할의 가능성	토지는 법이 정하는 바(일정한 지적절차)에 따라 분필하거나 합필할 수 있다. ① **용도의 다양성을 지원**한다. ② 합병증가·감가, 분할증가·감가가 발생할 수 있다.
위치의 가변성[2]	① 부동산의 인문적 환경변화에 따라 토지의 가치가 변할 수 있다. ② 토지의 절대적 위치는 고정적(부동성)이지만, 상대적 위치는 변한다. ③ 부동산의 절대적 위치보다는 **상대적 위치가 더 중요하다.**
국토성	① 토지는 사회성·공공성이 높은 재화이므로 부증성과 함께 '토지공개념'의 성립이 가능하다. ② 법적 규제의 필요성·근거를 제기한다.

[1] **보충**
인문적 특성은 부동산의 가치를 변화시킨다.

[2]
- **사회적**: 학군, 인구, 공원 등
- **경제적**: 경제성장요인, 이자율, 교통체계의 변화 등
- **행정적**: 규제, 제도, 정책, 토지거래허가구역 지정·해제, 공업단지 지정 등

03 부동산의 기타 특성 - 고가성

① 수요자와 공급자의 시장참여가 제한된다. 즉, 시장참여가 자유롭지 못하다. 자금조달능력이 시장참여 여부를 결정하므로 부동산시장에 다수의 수요자·공급자가 존재하는 것은 아니다. ⇨ **진입장벽의 존재**
② 부동산시장에는 매수자중심시장이나 매도자중심시장이 형성될 수 있다. 즉, **고가성은 부동산시장을 불완전경쟁시장으로 만드는 요인이 된다.**

기출정답

01 인접성

> **토지의 특성 비교 정리**
>
> 1. 법칙의 부적용
>
> | | |
> |---|---|
> | 부증성 | 생산비의 법칙이 성립하지 않는다. |
> | 영속성 | (물리적) 감가상각비의 법칙이 성립하지 않는다. |
> | 개별성 | 일물일가의 법칙이 성립하지 않는다. |
>
> 2. 위치의 변화
>
> | | |
> |---|---|
> | 부동성 | 절대적(물리적) 위치 불변 |
> | 위치의 가변성, 인접성 | 상대적(경제적) 위치 변화 |
>
> 3. 양의 변화
>
> | | |
> |---|---|
> | 부증성 | 물리적 절대량 증가 불가 |
> | 영속성 | 물리적 절대량 감소 불가 |
> | 용도의 다양성 | 경제적 공급 가능 |
>
> 4. 대체 여부
>
> | | |
> |---|---|
> | 개별성 | 물리적 대체 불가 |
> | 인접성 | 용도적 대체 가능 |
>
> 5. 입지선정의 중요성
>
> | | |
> |---|---|
> | 부동성 | 주어진 용도에 어떤 부지(위치)가 적합 ⇨ 입지론의 근거 |
> | 용도의 다양성 | 주어진 부지(위치)에 어떤 용도가 적합 ⇨ 적지론의 근거 |
>
> 6. 감가상각의 적용 여부
>
> | | |
> |---|---|
> | 영속성 | 토지에 물리적 감가가 발생하지 않는다. |
> | 위치의 가변성, 부동성 | 토지의 기능적·경제적 감가는 발생할 수 있다. |

04 부동산의 공간성(영속성)

(1) 토지소유권의 공간적 범위 - 공중·수평·지중(지하)공간 ⇨ 3차원 입체공간

부동산활동의 대상은 3차원 입체공간이다. 「민법」 제212조에서는 "**토지소유권은 정당한 이익이 있는 범위 내에서 토지의 상하에 미친다.**"라고 정의하여, 토지소유권의 범위를 **입체적으로 규정**하고 있다.

① **공중공간**[1] – **공중권**: **소유권자의 토지구역상 공중공간**을 일정한 고도까지 포괄적으로 이용·관리할 수 있는 권리를 말한다.

공적 공중권	일정범위 이상의 공중공간을 **공공기관이 공익목적**으로 사용할 수 있는 권리로, 전파권(전파의 발착), 항공권(비행기의 통행) 등을 말한다.
사적 공중권	일정범위의 공중공간을 **토지소유자 개인이 사용할 수 있는 권리**(예 일조권, 조망권[2] 등)를 말한다.

개발권양도제(TDR), 용적률 인센티브제도 등은 공중공간의 활용방안으로 볼 수 있다.
  ㉠ **용적률 인센티브제도: 주택건설 사업자가 공원, 녹지, 도로와 같이 공공용지를 무상으로 제공하면 용적률을 허가기준보다 올려 주는 제도를 말한다.**
  ㉡ **공중분할**: 공중공간도 수평공간처럼 획지로 분할할 수 있다.

② **수평공간**
  ㉠ **지표권**: 경작(경작권), **지표수의 이용(용수권)**, 건물 등의 구축(건축권) 등으로 사용·수익·처분할 수 있는 권리를 말한다.
  ㉡ **물에 관한 권리**: 물을 이용할 수 있는 권리를 말한다.
  ✚ 유역주의
   • 어느 일방이 물을 독점적으로 사용할 수 없고 인접한 다른 사람에게 해를 끼치지 않는 범위 내에서 골고루 사용하여야 한다는 원리로, 물에 대한 배타적 독점권을 인정하지 않는다.
   • 「민법」에서는 유역주의를 채택하고 있다.

③ **지중(지하)공간**
  ㉠ **지하권**: **소유권자의 지하공간**으로부터 어떤 이익을 획득하거나 이를 사용할 수 있는 권리를 말한다.

사적 지하권	지하수(⇨ 토지의 구성부분)를 개발하여 이용할 수 있다.
공적 지하권	토지소유자는 「광업법」에서 열거하는 광업권의 목적이 되는 미채굴광물에 대한 권리를 갖지 못한다.

  ㉡ **한계심도**[3]
   ⓐ 지하시설물의 설치로 인하여 일반적인 토지이용에 지장이 없는 것으로 판단되는 깊이를 말한다.
   ⓑ **한계심도를 설정하는 것은 지하공간에 경제적 가치가 있다는 것을 잘 보여준다.**
    예 도시철도 건설에 따른 지하보상액의 산정은 한계심도를 초과하여 지하시설물을 설치하는 경우에 해당한다.

---

[1] **공중공간**
주택·빌딩 기타 공중공간을 향하여 연장되는 공간으로서 일정한 높이에 한한다.

[2] **일조권·조망권**
• **일조권**(日照權, right of light): 햇빛을 받아 쬘 수 있도록 법률상 보호되는 권리를 말한다.
• **조망권**(眺望權, prospect right): 건물과 같은 특정한 위치에서 자연·역사유적 등 바깥의 경관을 볼 수 있는 권리를 말한다.

[3] 지하공간인 한계심도는 시조례 등에 의해 그 범위를 규정하고 있지만, 공중공간인 한계고도의 범위는 현재 법률에서 규정하고 있지 않다.

(2) 부동산가격 ⇨ 3차원 공간이 가지는 개개의 공간가치의 총합

① 공간에서 창출되는 기대이익의 현재가치를 부동산가치로 본다면, 이는 부동산을 물리적·경제적·법률적 측면이 포함된 복합적 측면에서 파악한 것이다.
② 공간가치의 개념은 고정적(절대적) 개념이 아니라 시대와 장소, 나라, 사회적 통념 등에 따라 달라질 수 있다.
③ 부동산의 입체공간의 일부를 분리하여 매매·임대할 수 있다.
   예 개발권양도제
④ 공공기관이 지하철 건설 등 입체적 공간개발을 위하여 타인 소유의 지하공간을 이용하려면 구분지상권[1]을 설정할 수 있다.

---

[1] **구분지상권**
지하 또는 지상의 공간을 상하의 범위로 구분하여 기타 공작물을 소유하기 위하여 설정한 물권을 말한다.

제3장 부동산학의 이해 및 부동산활동

기본서 p.49~58

01 부동산학의 이해

① **부동산학의 학문적 성격**
   ㉠ 부동산학은 **부동산활동의 능률화**의 원리 및 그 응용기술을 개척하는 **종합응용과학**이다.
   ㉡ 부동산학이란 '부동산현상의 정확한 인식을 기하고 바람직한 부동산활동을 전개하기 위하여 부동산의 **기술적 · 경제적 · 법률적 제 측면**을 기초로 하여 연구하는 종합응용과학'을 의미한다.

종합과학	여러 학문의 지원을 받는다는 점에서 종합과학이다.
응용 · 사회과학	부동산활동에 대한 실천과학 · 응용과학이다.
경험과학	추상적 학문이 아니라 현실의 부동산활동과 부동산현상을 연구대상으로 하는 경험과학이다.
규범과학	사회에서 바람직한 부동산행위를 판단 · 실현하려는 목적을 가진 규범과학이다.

   ✚ 순수과학 ×, 자연과학 ×, 추상적 학문 ×

② **부동산학의 연구목적(지도이념)** - 형평성 · 효율성 · 합법성: '부동산활동의 능률화를 통한 인간과 부동산간의 관계 개선'을 궁극적으로 달성하고자 한다.
③ **종합식 접근방법**: 부동산을 **복합개념**으로 이해하여 부동산학을 단기간에 **종합응용과학**으로 정착시킨 접근방법이다.
   ✚ **의사결정 접근방법**: 인간은 합리적인 존재이며, 자기이윤의 극대화를 목표로 행동한다는 기본가정에서 접근하는 방법이다.
④ **부동산학의 (의사)결정분야**: 투자, 금융, 개발, (정책)
⑤ **부동산학의 연구대상**: 부동산활동과 부동산현상[1]
   ㉠ 사적(민간) 주체의 부동산활동은 효율성(효용 · 이윤극대화)을 중시하며, 가장 활발하다.
   ㉡ 공적 주체의 부동산활동은 효율성보다는 형평성을 더 중시하지만, 이의 조화가 요구된다.
   ㉢ 전문협회(예 공인중개사 협회 등)의 활동은 회원들의 자질 향상과 권익 옹호에 목적이 있다.

TIP
- 분산식 < 중점식 < 종합식 접근방법
- **결정지원분야**: 부동산관리, 부동산마케팅, 부동산감정평가

[1] 부동산현상
- 시가화현상, 주택의 여과현상, 스프롤현상 등 인간과 부동산의 관계에서 나타나는 여러 가지 현상을 말한다.
- 지진, 홍수, 태풍, 재해 등 자연현상은 부동산현상에 해당하지 않으므로 '용어'에 주의하여야 한다.

02 부동산활동

(1) 부동산활동(부동산학)의 일반원칙

① **능률성의 원칙**: 부동산활동의 최유효이용을 말한다.
② **안전성의 원칙**
③ **경제성의 원칙**: 최소의 비용으로 최대의 효과를 올리려는 것을 말한다.
④ **공정성의 원칙**

> **기출**
> 01 부동산학의 일반원칙으로서 (능률성 / 경제성)의 원칙은 소유활동에 있어서 최유효이용을 지도원리로 삼고 있다. 제26회

> **TIP**
> '부동산활동의 속성'은 암기하는 것이 아니라 어떠한 의미인지 파악만 하면 되는 내용이다. 이 중 '과학성(이론)'과 '기술성(실무)'은 다른 개념이므로 반드시 구분하여야 한다.

(2) 부동산활동의 속성

과학성 및 기술성	부동산활동은 **원리**라는 측면에서는 **과학성**의 성격을, **실무**에 응용한다는 측면에서는 **기술성**의 성격을 가지고 있다.
사익성 및 공공성	부동산은 사적재인 동시에 공공재이기 때문에 부동산활동은 사회성·공공성이 강조된다(사익과 공익의 적절한 조화).
윤리성	부동산활동의 주체는 윤리적으로 행동하여야 한다. **부동산윤리의 유형** • **고용윤리**: 고용주와 종업원과의 관계에서 요구되는 윤리(조직 내부의 윤리) • **조직윤리**: 동업자 및 동업자단체와의 관계에서 요구되는 윤리(조직간 윤리) • **서비스윤리**: **부동산윤리의 중심, 부동산업자와 의뢰인과의 관계에서 요구되는 윤리**(금전적·비금전적 이익을 포함한다) • **공중윤리**: 일반 대중에 대한 부동산업자의 직업윤리
대인활동 및 대물활동	부동산활동은 사람을 대상으로 하는 대인활동(對人活動)·인간활동(人間活動)이며, 그 대상이 부동산이므로 대물활동(對物活動)의 성격도 있다.
임장활동 및 정보활동	토지는 **부동성**의 특성이 있으므로 현장에 임해 조사·확인하는 **임장·정보활동**은 매우 중요하다.
전문성	① **제1차 수준**: 자신을 위하여 하는 부동산활동이다. ② **제2차 수준**: 해당 분야의 전문가는 아니지만, 업무상 필요에 따라 수행하는 부동산활동이다. ③ **제3차 수준**: 해당 분야의 **전문가**에 의한 활동으로, 전문성과 신뢰도가 가장 높은 부동산활동(예 공인중개사에 의한 중개, 감정평가사에 의한 감정평가 등)이다.
배려의 장기성	**영속성**, 용도의 다양성, (상대적) 위치의 가변성, **이용의 비가역성**에 따라 **장기적인 상황을 고려**하여야 한다.

> **기출정답**
> 01 능률성

공간활동	부동산활동은 3차원 공간을 대상으로 하는 공간활동(空間活動)이므로, 부동산업은 공간업이라 할 수 있다.
복합개념	기술적·경제적·법률적 측면을 모두 고려하는 복합개념을 토대로 한다.

(3) 한국표준산업분류상의 부동산업 빈출

대분류	중분류	소분류	세분류	세세분류
부동산업	부동산업	부동산 임대 및 공급업	부동산임대업	• 주거용 건물임대업 • 비주거용 건물임대업 • 기타 부동산임대업
			부동산개발 및 공급업	• 주거용 건물개발 및 공급업 • 비주거용 건물개발 및 공급업 • 기타 부동산개발 및 공급업
		부동산 관련 서비스업	부동산관리업	• 주거용 부동산관리업 • 비주거용 부동산관리업
			부동산중개, 자문 및 감정평가업	• 부동산중개 및 대리업 • 부동산투자자문업 • 부동산감정평가업 • 부동산분양대행업

> **TIP**
> 부동산투자업, 부동산금융업, 부동산컨설팅업, 토지임대업, 건물건설업, 사업시설 유지관리는 제도권 부동산업이 아니다.

> ★ **암기 PLUS** | 한국표준산업분류상 부동산업(세분류)
> • 부동산임대업
> • 부동산개발 및 공급업
> • 부동산관리업
> • 부동산중개, 자문 및 감정평가업

> **TIP**
> 한국표준산업분류상의 '세분류'에 해당하는 4가지는 암기하는 것이 좋다.

MEMO

해커스 공인중개사
핵심요약집
land.Hackers.com

제2편

부동산경제론

제1장 부동산의 수요·공급이론
제2장 부동산의 경기변동

제1장 부동산의 수요·공급이론

기본서 p.63~93

01 부동산수요·공급의 개념과 특징

(1) 부동산수요(demand)

① 개념
  ㉠ **사전적 개념:** 일정기간에 부동산을 **구매(소비)하고자 하는** 욕구 혹은 양**(최대수량)**을 말한다.[1]
  ㉡ **유효수요:** 구매의사 + 지불능력(구매력)
    ⓐ 부동산은 고가성으로 인하여 시장참여가 제한되므로, 부동산시장은 불완전경쟁시장이 된다.
    ⓑ 금융대출금을 활용하면 잠재수요가 유효수요화될 수 있다.
  ㉢ 유량(flow)개념과 저량(stock)개념

유량(flow) – 일정기간	저량(stock) – 일정시점
유량개념에는 시간개념이 있다.	저량개념에는 시간개념이 없다.
수요(소비), 공급(생산), 소득(급여·임금), 임대료(지대)수입, 당기순이익, 순영업소득, 주택거래량, **신규주택공급량, 부채서비스(원리금)**, 이자비용, 투자, 수입/수출, 손익계산서[4] 등	인구, 부동산 가격(가치), 매각대금, 순자산가치, **통화량[2], 주택보급률, 기존주택공급량(주택재고량), 외환보유고, 재무상태표[3](자산/자본, 부채)** 등 + tip: 보유한, 존재하는~

② **특징:** 부동산수요(량)는 가격에 대하여 비탄력적[5]이다.
  ㉠ 고가성으로 인해 구매자금을 축적하는 데 오랜 시간이 걸린다.
  ㉡ 내구재적 성격(수명이 길다)으로 재구매수요가 빈번하지 않다.
  ㉢ 개별성이 있어 동일한 효용을 제공하는 부동산이 적은 편이다.
    ⇨ 가격이 하락하여도 수요량의 증가가 적다(즉, 양의 변화가 적다).
  ㉣ **단기보다 장기에 더욱 탄력적[5]이다**(단기 ⇨ 비탄력적, 장기 ⇨ 탄력적). 따라서 **단기수요곡선보다 장기수요곡선의 기울기가 더 완만하다.**

③ **시장수요량:** 개별수요자의 수요량을 **수평적으로 합한 것**이다.
  ㉠ 동일 가격 수준에서 시장수요량이 개별수요량보다 더 많다(탄력적).
  ㉡ 시장수요곡선은 개별수요곡선보다 기울기가 더 완만하다(기울기의 절댓값은 작아진다).

---

[1] 수요곡선상 가격은 수요자가 지불하고자 하는 최대가격을 말한다.
⇨ 입찰지대(제3편 제2장)

[2] **통화량**
한 나라의 경제에서 일정시점에 유통되고 있는, 존재하는 화폐(또는 통화)의 양을 말한다.

[3] **재무상태표(balance sheet)**
일정시점에서 자산을 차변(借邊)에, 부채 및 자본을 대변(貸邊)에 기재하게 된다.

[4] **손익계산서(損益計算書, income statement)**
기업의 일정기간 내에 발생한 수익과 비용을 대비시켜 해당 기간의 순이익을 계산·확정하는 보고서를 말한다.

[5] **탄력적·비탄력적**
• **탄력적:** 양의 변화가 많다는 의미이다.
• **비탄력적:** 양의 변화가 적다는 의미이다.

(2) 부동산공급(supply)

① 개념
  ㉠ **사전적 개념**: 일정기간에 부동산을 공급(판매·매도)하고자 하는 욕구 혹은 양(최대수량)을 말한다.[1]
  ㉡ **유효공급**: 공급의사 + 공급능력
  ㉢ **유량(flow)개념과 저량(stock)개념**

유량(flow)의 공급량	저량(stock)의 공급량
일정기간에 공급하고자 하는 주택의 양으로, 신규주택의 공급은 일정한 생산기간이 필요하다.	일정시점(현재)에 시장에 존재하는 주택의 양으로, 기존주택공급량을 말한다(주택재고량).

  ✚ 신규생산자뿐만 아니라, 기존주택의 소유자도 부동산의 공급자가 될 수 있다(저량시장·재고시장 ⇨ 영속성, 내구성).[2]

② **특징**: 부동산공급은 가격에 대하여 비탄력적이다.

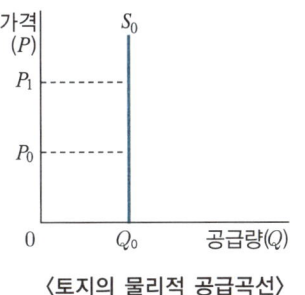
〈토지의 물리적 공급곡선〉

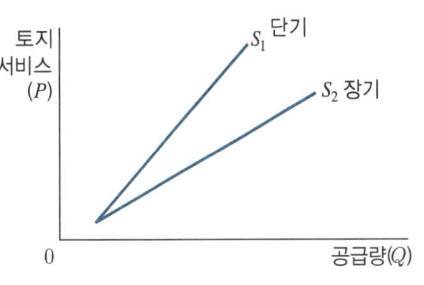
〈토지의 경제적 공급곡선〉

  ㉠ 토지의 물리적·경제적 공급
    ⓐ **토지의 물리적 공급**: 부증성으로 인해 불가능하다(완전비탄력적: 0).
       ⇨ 토지의 물리적 공급곡선은 수직선
    ⓑ **토지의 경제적 공급**: 경제적 공급은 용도의 다양성으로 인해 가능하므로, 토지의 경제적 공급곡선은 우상향하는 형태가 된다[예 용도전환(후보지·이행지), 개발, 집약화, 공법상 규제완화, 공유수면 매립 등].
  ㉡ 가격이 상승해도 토지나 주택의 공급은 신속하게 늘어나지 못한다. 공급을 늘리는 데 있어서 법적 규제가 많고, 건축물은 생산(건축)에 소요되는 기간이 길어서 공급은 비탄력적이다.
  ㉢ 단기보다 장기에 부동산공급은 더 탄력적이다.
    ⓐ 단기보다 장기에 가용생산요소(예 자본·노동 등)를 더 투입할 수 있고, 용도전환에 관한 법적 규제가 완화될 수 있기 때문이다.
    ⓑ 단기공급의 가격탄력성보다 장기공급의 가격탄력성이 더 탄력적이다. 따라서, 단기공급곡선보다 장기공급곡선의 기울기가 더 완만하다.

---

[1] **공급곡선의 높이**: 공급자의 비용 − 최소수입(보수) ⇨ 전용수입(제3편 제2장)

[2] 부동산수요는 수요 자체로 소멸되지 않고 공급자로 전환될 수 있다.

TIP
- 일반재화와 달리 부동산의 수요와 공급은 모두 가격에 대하여 양의 변화가 적으므로 비탄력적이다. 이러한 배경을 묻는 문제가 많이 출제되므로 정확한 이해가 필요하다.
- 단기와 장기의 개념은 시간의 의미라기보다는 목적달성이 제한되면 단기, 목적달성이 용이하면 장기라는 상대적 개념이다.

02 부동산수요·공급의 결정요인(수요·공급함수, 수요·공급곡선) 빈출

(1) 부동산수요의 결정요인(수요함수)

> 부동산의 수요(량)
> = f[부동산의 가격 / 인구, 소득, 대체재, 보완재, 가격 상승(하락) 예상, 기호(선호도), 거래규제, 금리, 세금, 주거환경 등]

구분	수요량의 변화	수요의 변화
원인	해당 부동산(재화)가격의 변화	해당 부동산(재화)가격 이외의 다른 요인의 변화(예 소득, 인구, 대체재, 보완재, 금리, 세금 등)
형태	동일한 수요곡선상의 점의 이동 ┌ 가격 상승 ⇨ 수요량 감소 └ 가격 하락 ⇨ 수요량 증가	수요곡선 자체의 이동 ┌ 수요 증가 ⇨ 수요곡선 우측 이동 └ 수요 감소 ⇨ 수요곡선 좌측 이동

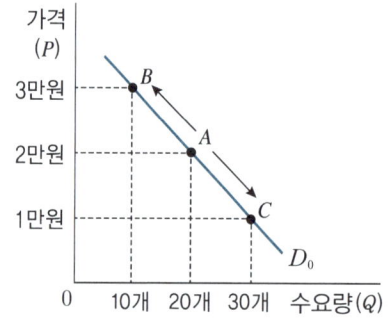 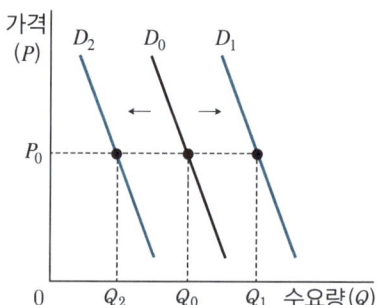

① **수요량의 변화**

㉠ **해당 부동산가격의 변화**에 따른 **수요곡선상의 점의 이동**으로 나타난다.

㉡ 다른 조건이 일정할 때 부동산가격이 상승하면 부동산수요량은 감소하고, 부동산가격이 하락하면 부동산수요량은 증가한다. ⇨ 수요법칙[1] (효용극대화)

㉢ 가격과 수요량은 반비례관계(-)이므로, 수요함수는 가격에 대한 감소함수이다.

➕ **소득효과 · 대체효과[2]**: 수요곡선이 우하향하는 이유는 소득효과와 대체효과로 이해할 수 있다.
- **소득효과**: 명목소득이 동일해도 재화의 가격(임대료)이 하락하면 소비자의 **실질소득이 증가**하고, 이에 따라 구매력이 향상되어 해당 재화(임대주택)의 수요량이 늘어나는 현상
- **대체효과**: 대체관계에 있는 재화의 가격이 상승하면(그 **재화의 수요량은 감소하고**), 해당 재화의 상대적 가격이 하락한 효과가 있으므로 이로 인하여 **해당 재화의 수요량이 늘어나는 현상**

TIP
- '수요량의 변화'나 '공급량의 변화'에 영향을 주는 요인은 '해당 부동산 가격의 변화' 단 하나이다.
- 인구, 소득, 대체재, 보완재는 공급이 아닌 수요에 영향을 주는 요인이다.

⚡기출

01 수요곡선의 이동으로 인해 수요량이 변하는 경우에 이를 부동산(수요 / 수요량)의 변화라고 한다. 제20회

02 주택임대료가 상승하면 다른 재화의 가격이 상대적으로 하락하여 임대수요량이 (감소 / 증가)하는 것은 대체효과에 대한 설명이다. 제22회

[1] 수요법칙의 예외
베블렌효과: 허영심에 따라 가격이 상승할수록 수요가 증가하는 현상을 말한다.

TIP
지문에 '대체효과'가 등장하면, '두 재화 중 한 재화의 수요가 감소하면 다른 재화의 수요는 증가한다'라는 것에 유의하여야 한다.

[2]
소득효과 + 대체효과 = 가격효과

기출정답
01 수요 02 감소

② 수요의 변화
  ㉠ **해당 부동산가격 이외의 요인**이 변하면 **수요곡선 자체의 이동**으로 나타난다(**동일 가격 수준에서 수요량이 변화하는 현상**).
  ㉡ 수요가 증가하면 수요곡선이 **우측(우상향)으로 이동**하고, 수요가 감소하면 수요곡선이 **좌측(좌하향)으로 이동**한다.
  ㉢ 소득의 변화
    ⓐ 소득 증가 ⇨ 수요 증가(수요곡선 우측 이동) ⇨ 정상재(우등재)
      ✚ 정상재의 경우, 수요자의 소득이 감소하면 해당 부동산의 수요가 감소한다(수요곡선 좌측 이동).
    ⓑ 소득 증가 ⇨ 수요 감소(수요곡선 좌측 이동) ⇨ 열등재(하급재)
  ㉣ **대체재가격의 변화**: 대체재가격이 상승(하락)하면[대체재 수요량이 감소(증가)하고], 해당 부동산의 수요는 증가(감소)한다.
    ⇨ 대체관계에 있는 재화의 수요와 해당 부동산의 수요는 반대방향
  ㉤ **보완재[1]가격의 변화**: 보완재가격이 상승(하락)하면[보완재 수요량이 감소(증가)하고], 해당 부동산의 수요는 감소(증가)한다.
    ⇨ 보완관계에 있는 재화의 수요와 해당 부동산의 수요는 동일 방향
  ㉥ 대체투자대상(예 증권시장 등)의 장기적인 수익률 하락추세는 부동산수요를 증가시키는 요인이 될 수 있다.

해당 부동산가격 이외의 요인 (수요의 변화 요인)		해당 부동산 수요변화	수요곡선의 이동
인구유입의 증가		증가	우측 이동
정상재(우등재)	소득 증가	증가	우측 이동
	소득 감소	감소	좌측 이동
열등재(하급재)	소득 증가	감소	좌측 이동
대체재가격 하락(대체재 수요량 증가)		감소	좌측 이동
보완재가격 하락(보완재 수요량 증가)		증가	우측 이동
소비자(수요자)의 가격 상승 예상		증가	우측 이동
소비자(수요자)의 가격 하락 예상		감소	좌측 이동
보금자리론 및 담보대출금리의 상승		감소	좌측 이동
융자비율 · 총부채상환비율의 상향조정		증가	우측 이동
선호도 · 기호의 증가		증가	우측 이동
거래세(예 취득세 등) 인상		감소	좌측 이동

TIP
대체재 · 보완재가격 또는 수요량의 변화에 따른 해당 부동산의 수요변화는 출제빈도가 높다. 대체재나 보완재의 '가격'으로 묻기도 하지만, 대체재나 보완재의 '수요(량)'로 조건을 제시하기도 한다.

⚡기출
01 대체주택가격의 하락은 아파트시장의 수요곡선을 (   )으로 이동시키는 요인이다. 제25회

[1] 보완재
한 상품씩 따로따로 사용할 때보다 함께 사용할 때 더 큰 만족을 얻을 수 있는 재화를 보완재 혹은 협동재라 한다. 절대적인 개념은 아니고 상대적인 개념이다(예 커피와 설탕, 커피와 담배 등).

TIP
• 수요변화의 요인에 대하여 정리한 표는 암기할 사항이 아니라 학습내용을 정리하는 차원으로 보면 된다.
• 융자비율, 총부채상환비율은 제6편 제1장 부동산금융에서 반드시 출제가 되는 부분이므로, 이와 연계하여 학습하면 효과적이다.

기출정답
01 좌측

(2) 부동산공급의 결정요인(공급함수)

보충

부동산의 공급량과 그 공급량에 영향을 주는 요인들과의 관계를 나타낸 것이 공급함수이다.

> 부동산의 공급(량)
> = f[부동산의 가격 / 생산요소가격(생산비), 건축기술, 건축규제, 공급자의 수, 금리, 조세 부과 및 보조금, 공급자의 가격변화 예상 등]

⚡기출

01 부동산가격이 상승하면 공급량은 (   )하고, 가격이 하락하면 공급량은 (   )한다. 제20회

구분	공급량의 변화	공급의 변화
원인	해당 부동산(재화)가격의 변화	해당 부동산(재화)가격 이외의 다른 요인의 변화(예 생산요소가격, 건축기술, 건축규제, 공급자의 수 등)
형태	동일한 공급곡선상의 점의 이동 ┌ 가격 상승 ⇨ 공급량 증가 └ 가격 하락 ⇨ 공급량 감소	공급곡선 자체의 이동 ┌ 공급 증가 ⇨ 공급곡선 우측 이동 └ 공급 감소 ⇨ 공급곡선 좌측 이동

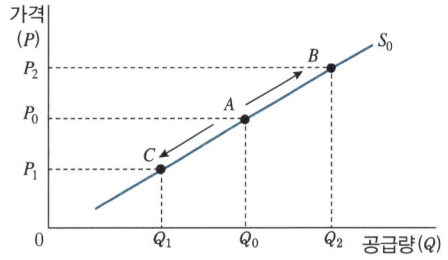 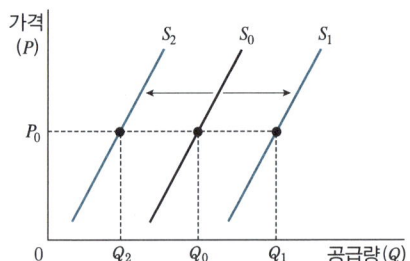

① 공급량의 변화
   ㉠ 해당 부동산가격의 변화에 따른 공급곡선상의 점의 이동으로 나타난다.
   ㉡ 다른 조건이 일정할 때 부동산가격이 상승하면 부동산공급량은 증가하고, 부동산가격이 하락하면 부동산공급량은 감소한다. ⇨ 공급법칙(이윤극대화)
   ㉢ 가격과 공급량은 비례관계(＋)이므로, 공급함수는 가격에 대한 증가함수이다.

기출정답

01 증가, 감소

② 공급의 변화
  ㉠ **해당 부동산가격 이외의 요인**이 변하면 **공급곡선 자체의 이동**으로 나타난다(동일 가격 수준에서 공급량이 변화하는 현상).
  ㉡ 공급이 증가하면 공급곡선이 **우측(우하향)으로 이동**하고, 공급이 감소하면 공급곡선이 **좌측(좌상향)으로 이동**한다.
  ㉢ 생산요소가격(예 토지가격, 건축원자재가격, 건설노동자의 임금 등)이 하락하면 공급자의 비용이 감소하므로, 동일한 가격수준에서 공급은 증가한다(공급곡선 우측 이동).
  ㉣ 공급자 입장에서 신규주택의 가격 상승 예상이 있으면 공급은 증가하고, 가격 하락 예상이 있으면 공급은 감소한다. ⇨ 상품의 개념
  ㉤ 공급자 입장에서 기존주택의 가격 상승 예상이 있으면 공급은 감소하고, 가격 하락 예상이 있으면 공급은 증가한다. ⇨ 자산의 개념

해당 부동산가격 이외의 요인 (공급의 변화 요인)		해당 부동산 공급변화	공급곡선의 이동
건축자재 등 생산요소가격의 상승		감소	좌측 이동
건축기술의 진보		증가	우측 이동
건축규제의 완화		증가	우측 이동
공급자에게 조세 부과		감소	좌측 이동
공급자에게 보조금 지급[1]		증가	우측 이동
이자비용의 증가(금리의 상승)		감소	좌측 이동
공급자 수의 증가		증가	우측 이동
신규주택(상품)	가격 상승 예상	증가	우측 이동
	가격 하락 예상	감소	좌측 이동
기존주택(자산)	가격 상승 예상	감소	좌측 이동
	가격 하락 예상	증가	우측 이동

TIP
생산요소가격, 건축기술, 건축규제, 공급자의 수 등은 공급에 영향을 주는 요인이다.

[1] 보충
신규주택의 경우, 공급자에게 보조금이 축소되면 부동산공급은 감소한다.

보충

부동산시장은 부동산의 불완전한 특성 때문에 불완전경쟁시장이며, 균형가격이 성립하지 않고, 효율적 자원배분에 실패하게 된다. 따라서 시장기능에 맡겨 두면 사회적(경제적) 후생이 감소하게 된다. 이러한 문제는 정부가 부동산시장에 개입하는 근거를 제기한다.

보충

- **소비자 잉여**: 가격을 지불하고 소비자의 남은 소득
- **생산자 잉여**: 재화를 생산(공급)하는 비용을 충당하고 남은 소득
- 수요곡선은 한계효용곡선이다.
- 공급곡선은 한계비용곡선이다.

03 균형가격과 균형거래량 〈빈출〉

(1) 균형 - 수요량(Qd)과 공급량(Qs)이 일치하는 상태 ⇨ 균형가격

아파트가격(만원/m²)	수요량(m²)	공급량(m²)	초과수요량	초과공급량
150	20	80	-	60
120	40	60	-	20
100	50	50	0	0
80	60	40	20	-
60	80	20	60	-

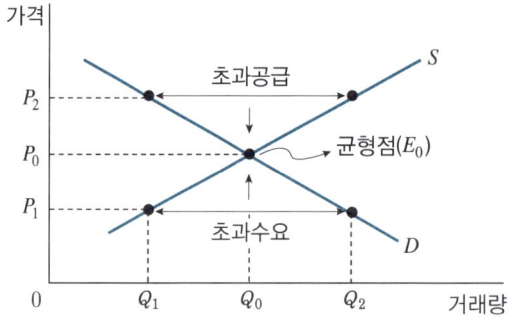

초과공급이 발생하면 가격(임대료)은 하락하고, 초과수요가 발생하면 가격(임대료)은 상승한다.

(2) 다음의 조건하에서 균형가격과 균형거래량을 계산하면?

> 1. **공급함수**: $Qs_1 = 30 + P$(이전) ⇨ $Qs_2 = 30 + 2P$(이후)
>   **수요함수**: $Qd = 150 - 2P$
> 2. 균형은 수요량과 공급량이 동일한 상태이므로, 수식을 $Qd = Qs$로 정리하고 균형가격을 구한다.
>   - 첫 번째 균형가격: $150 - 2P_1 = 30 + P_1$ ⇨ $3P_1 = 120$
>   ∴ $P_1 = 40$이므로, 균형가격은 40이다.
>   - 두 번째 균형가격: $150 - 2P_2 = 30 + 2P_2$ ⇨ $4P_2 = 120$
>   ∴ $P_2 = 30$이므로, 균형가격은 30이다.
>   따라서, 균형가격은 40에서 30으로 10만큼 감소(하락)한다.

(3) 균형가격과 균형거래량의 변화

① 수요의 증가 ⇨ P↑, Q↑

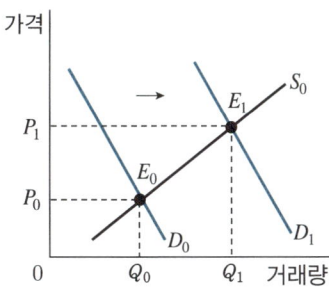

② 수요의 감소 ⇨ P↓, Q↓

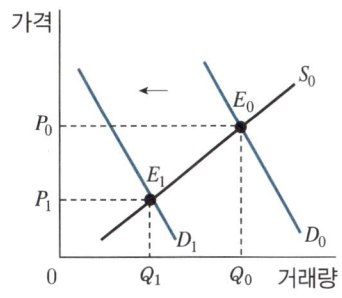

③ 공급의 증가 ⇨ P↓, Q↑

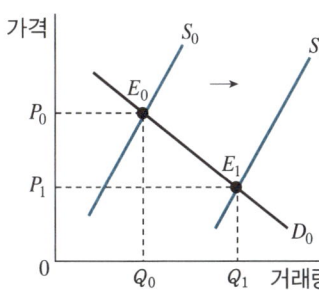

④ 공급의 감소 ⇨ P↑, Q↓

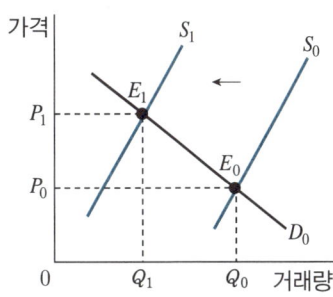

수요와 공급이 동시에 변하는 경우

구분	조건	균형가격	균형거래량
수요·공급이 동시에 증가할 경우	① 수요 증가 > 공급 증가	상승하고	증가한다.
	② 수요 증가 < 공급 증가	하락하고	증가한다.
	③ 수요 증가 = 공급 증가	변하지 않고	증가한다.
	④ 수요 증가 공급 증가	알 수가 없고	증가한다.
수요·공급이 동시에 감소할 경우	① 수요 감소 > 공급 감소	하락하고	감소한다.
	② 수요 감소 < 공급 감소	상승하고	감소한다.
	③ 수요 감소 = 공급 감소	변하지 않고	감소한다.
	④ 수요 감소 공급 감소	알 수가 없고	감소한다.
수요는 증가하고, 공급은 감소할 경우	① 수요 증가 > 공급 감소	상승하고	증가한다.
	② 수요 증가 < 공급 감소	상승하고	감소한다.
	③ 수요 증가 = 공급 감소	상승하고	변하지 않는다.
	④ 수요 증가 공급 감소	상승하고	알 수가 없다.
수요는 감소하고, 공급은 증가할 경우	① 수요 감소 > 공급 증가	하락하고	감소한다.
	② 수요 감소 < 공급 증가	하락하고	증가한다.
	③ 수요 감소 = 공급 증가	하락하고	변하지 않는다.
	④ 수요 감소 공급 증가	하락하고	알 수가 없다.

TIP

균형가격과 균형거래량의 변화와 관련된 문제는 그래프를 따로 그리지 않고도 빠른 시간 안에 해결할 수 있어야 한다.

⚡ 기출

01 건설종사자들의 임금상승은 부동산가격을 (상승 / 하락)시킨다. 제30회

02 아파트의 가격이 상승하는 경우, 대체재인 오피스텔 가격은 (상승 / 하락)한다. 제21회

03 균형상태인 시장에서 건축원자재가격이 하락하면 균형거래량은 (증가 / 감소)하고 균형가격은 (상승 / 하락)한다. 제22회

TIP

- 수요와 공급이 동시에 변하는 경우를 정리한 표의 조건에서 '균형가격'과 '균형거래량'을 가린 채로 '조건'만 활용하여 정확하게 숙달하는 것이 필요하다.
- 변화의 폭이 제시되면 변화폭이 큰 쪽만 본다.
- 변화의 폭이 동일하면 균형가격과 균형거래량 중 하나는 변하지 않는다.
- 변화의 폭이 제시되지 않으면 균형가격과 균형거래량 중 하나는 알 수가 없다.

기출정답
01 상승 02 상승
03 증가, 하락

04 부동산수요·공급의 탄력성 (빈출)

(1) 수요의 가격탄력성

① 개념: 가격(독립변수)이 변할 때 **수요량(종속변수)이 얼마나 변하는지**를 파악하는 것으로, **양의 변화를 측정**하는 정량적(定量的) 지표[1]이다.

- 최초값을 기준으로 탄력성을 구할 경우[2]

$$수요의\ 가격탄력성 = \frac{수요량의\ 변화율(\%)}{가격의\ 변화율(\%)} = \frac{\frac{수요량의\ 변화분}{최초의\ 수요량}}{\frac{가격의\ 변화분}{최초의\ 가격}} = \frac{\frac{\Delta Q}{Q}}{\frac{\Delta P}{P}}$$

- 중간점을 이용하여 탄력성을 구할 경우

$$수요의\ 가격탄력성 = \frac{\frac{\Delta Q}{Q_1 + Q_2}}{\frac{\Delta P}{P_1 + P_2}}$$

② 탄력성의 개념과 수요곡선의 기울기

수요량의 변화 정도	탄력성	수요곡선의 기울기
가격 변화율 = 수요량 변화율	단위탄력적(Ep = 1)	45° 기울기
가격 변화율 < 수요량 변화율	탄력적(Ep > 1)	완경사
가격 변화율 > 수요량 변화율	비탄력적(Ep < 1)	급경사
가격이 변할 때 수요량은 변하지 않는다.	완전비탄력적(Ep = 0)	수직선[3]
가격이 변할 때 수요량은 무한대로 변한다.	완전탄력적(Ep = ∞)	수평선[4]

③ 수요의 가격탄력성 크기의 결정요인

구분	탄력적 (양의 변화가 많다)	비탄력적 (양의 변화가 적다)
대체재의 유무	대체재가 많을수록	대체재가 적을수록
부동산의 용도	용도가 다양할수록, 용도적으로 세분화할수록	용도가 제한적·획일적일수록
부동산의 종류	주거용	상업용·공업용
기간·목적달성 여부	장기에는	단기에는
곡선의 기울기	완만해진다.	급해진다.

✚ 대체재의 존재 여부, 부동산의 종류, 용도, 세분화 정도, 목적달성 여부 등에 따라 수요의 가격탄력성 크기는 달라진다.

---

[1] 비교
정성적 지표
성질의 변화를 측정하는 지표이다.

TIP
계산문제에서 '최초값'이 기준인지, '중간점'이 기준인지를 잘 확인하여야 한다.

[2] 우하향하는 선분으로 주어진 수요곡선의 경우, 수요곡선상 측정지점에 따라 가격탄력성은 다르다.

[3] Qd = 200 ⇨ 완전비탄력적

[4] P = 200 ⇨ 완전탄력적

TIP
- 제품가격이 소득에서 차지하는 비중(직접적으로 지불하는 비용)이 클수록 탄력적이다.
- 주택 등 생활필수품에 대한 수요는 비탄력적이고, 사치성 재화에 대한 수요는 상대적으로 탄력적인 것이 일반적이다.

④ 수요의 가격탄력성과 공급자(임대업자)의 총수입(매출액)[1]과의 관계

단위탄력적일 경우	가격(임대료)에 변화를 주어도 총수입이 변하지 않는다.
탄력적일 경우	㉠ **가격(임대료)을 인하하면 총수입이 증가한다.** ㉡ 가격(임대료)을 인상하면 총수입이 감소한다.
비탄력적일 경우	㉠ 가격(임대료)을 인하하면 총수입이 감소한다. ㉡ **가격(임대료)을 인상하면 총수입이 증가한다.**
완전비탄력적일 경우	가격(임대료) 인상분만큼 총수입이 증가한다.
완전탄력적일 경우	가격(임대료)을 인상하면 총수입이 '0'이 된다.

㉠ 수요가 **탄력적**일 때에는 가격(임대료) 인하율보다 **수요량이 더 늘어나**므로, **가격(임대료)을 인하할수록 총수입은 증가**한다.
　⇨ 수요의 가격탄력성이 탄력적일 때에는 저가전략이 유리하다.

㉡ 수요가 **비탄력적**일 때에는 가격(임대료) 인상률보다 **수요량이 덜 감소**하므로, **가격(임대료)을 인상할수록 총수입은 증가**한다.
　⇨ 수요의 가격탄력성이 비탄력적일 때에는 고가전략이 유리하다.

(2) 공급의 가격탄력성과 결정요인

- 공급의 가격탄력성 = $\dfrac{공급량의\ 변화율(\%)}{가격의\ 변화율(\%)} = \dfrac{\frac{공급량의\ 변화분}{최초의\ 공급량}}{\frac{가격의\ 변화분}{최초의\ 가격}} = \dfrac{\frac{\Delta Q}{Q}}{\frac{\Delta P}{P}}$

- 가격변화율 = 공급량의 변화율 ⇨ 단위탄력적(1)
- 가격변화율 < 공급량의 변화율 ⇨ 탄력적
- 가격변화율 > 공급량의 변화율 ⇨ 비탄력적
- 양의 변화가 전혀 없는 경우 ⇨ 완전비탄력적(0)
- 양의 변화가 무한대 ⇨ 완전탄력적(무한대)

✚ 공급의 가격탄력성이 1보다 크면 탄력적, 1보다 작으면 비탄력적이다.
　⇨ 수요의 가격탄력성 개념과 동일하다.

① 생산량을 늘릴 때 생산요소가격이 하락할수록 공급의 가격탄력성은 더 탄력적이 된다.
② 생산기술이 빠르게 발전하는 상품일수록 공급의 가격탄력성은 더 탄력적이 된다.
③ 용도전환이 용이할수록 공급의 가격탄력성은 더 탄력적이 된다.
④ 건축 인·허가가 어려울수록 공급의 가격탄력성은 더 비탄력적이 된다.
⑤ **생산에 소요되는 기간이 길수록 공급의 가격탄력성은 더 비탄력적이 된다.**[2]
⑥ **단기공급의 가격탄력성은 장기공급의 가격탄력성보다 더 비탄력적이 된다**
　(단기 ⇨ 비탄력적, 장기 ⇨ 탄력적).

TIP
탄력성과 총수입과의 관계는 제4편 부동산정책론의 '조세의 전가'에 유용하게 활용된다.

[1] **총수입(매출액)**
단위(1실)당 임대료 × 판매량(임대량)

⚡**기출**
01 수요의 가격탄력성이 1보다 큰 경우, 임대료가 상승하면 임대업자의 수입은 (　　)한다.
제20·28회

TIP
- '가격과 수요량은 반비례관계, 가격과 공급량은 비례관계'라는 것에 유의하여 계산문제를 풀어야 한다.
- 탄력적이라는 것은 양의 변화가 많다는 것이므로, 이러한 개념을 바탕으로 응용하여 연습하여야 한다.

[2] 임대주택을 건축하여 공급하는 기간이 짧을수록 공급의 가격탄력성은 커진다.

기출정답
01 감소

TIP

- 수요의 소득탄력성에는 마이너스(-) 값이 있다. 따라서 계산문제로 출제되면 계산을 하기 전에 소득 증가로 수요량이 증가하였는지, 감소하였는지부터 살펴보아야 한다.
- 소득탄력성이 '0'이라는 것은 소득이 변하여도 수요량이 변하지 않는다는 것을 의미하며, 이러한 재화를 중간재라 한다.
- 교차탄력성에 양(+)의 값이 제시되면 '두 재화는 대체관계이다'라는 것을 숙지하고 있어야 지문형 문제나 계산문제에 대응할 수 있다.
- 교차탄력성 = 0
  ⇨ X재의 가격 변화가 Y재의 수요량에 영향을 주지 않는다는 것을 의미하고, 이러한 재화를 독립재라 한다.

⚡ 기출

01 아파트 소비자의 소득이 10% 증가할 때, 아파트 수요량이 8% 증가하였다면, 이러한 사실로 볼 때 아파트는 ( )이다. 제19회

02 A부동산상품의 가격이 5% 상승하였을 때, B부동산상품의 수요가 4% 하락하였다면 두 상품은 ( )관계이다. 제29회

(3) 수요의 소득탄력성

$$\text{수요의 소득탄력성} = \frac{\text{수요량의 변화율(\%)}}{\text{소득의 변화율(\%)}} = \frac{\frac{\text{수요량의 변화분}}{\text{최초의 수요량}}}{\frac{\text{소득의 변화분}}{\text{최초의 소득}}}$$

① 수요의 소득탄력성이 '0'보다 크면[소득탄력성 > 0, 양(+)의 값을 가지면] 소득이 증가함에 따라 해당 재화의 수요가 증가한다. ⇨ 정상재(우등재)

② **수요의 소득탄력성이 '0'보다 작으면[소득탄력성 < 0, 음(-)의 값을 가지면] 소득이 증가함에 따라 해당 재화의 수요가 감소한다.** ⇨ **열등재(하급재)**

(4) 수요의 교차탄력성

$$\text{수요의 교차탄력성} = \frac{\text{Y재의 수요량의 변화율(\%)}}{\text{X재의 가격의 변화율(\%)}} = \frac{\frac{\text{Y재의 수요량의 변화분}}{\text{Y재의 최초의 수요량}}}{\frac{\text{X재의 가격의 변화분}}{\text{X재의 최초의 가격}}}$$

① **수요의 교차탄력성이 0.1일 경우 두 재화는 대체관계**이므로, X재의 가격이 10% 상승할 때 Y재의 수요량은 1% 증가한다.
   ⇨ **수요의 교차탄력성이 '0'보다 크면[양수(+) 값을 가지면] 두 재화는 대체관계이다**[교차탄력성 수식의 분모값과 분자값이 동일 방향이므로 양(+)의 값을 갖는다].

② 수요의 교차탄력성이 -0.1일 경우 두 재화는 보완관계이므로, X재의 가격이 10% 상승할 때 Y재의 수요량은 1% 감소한다.
   ⇨ 수요의 교차탄력성이 '0'보다 작으면[음수(-) 값을 가지면] 두 재화는 보완관계이다[교차탄력성 수식의 분모값과 분자값이 반대 방향이므로 음(-)의 값을 갖는다].

> ➕ **주의**: 소득탄력성과 교차탄력성은 1보다 크다 또는 작다는 개념을 사용하지 않으며, 탄력적이냐 비탄력적이냐로 구분하지 않는다.

기출정답
01 정상재 **02** 보완재

(5) 탄력성에 따른 균형가격과 균형거래량의 변화

① 가격이 하락할 때 수요가 **탄력**적일수록 가격은 **덜** 하락하고, 수요가 **비**탄력적일수록 가격은 **더** 하락한다.

② 공급이 증가할 때 수요가 **탄력**적일수록 가격은 **덜** 하락하고, 수요가 **비**탄력적일수록 가격은 **더** 하락한다.

③ 공급이 감소할 때 수요가 **탄력**적일수록 가격은 **덜** 상승하고, 수요가 **비**탄력적일수록 가격은 **더** 상승한다.

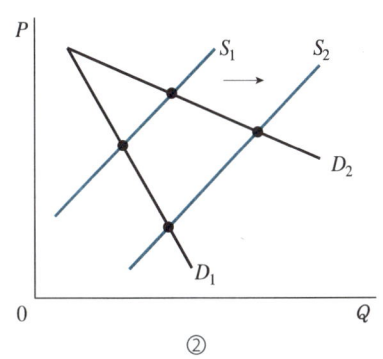
②

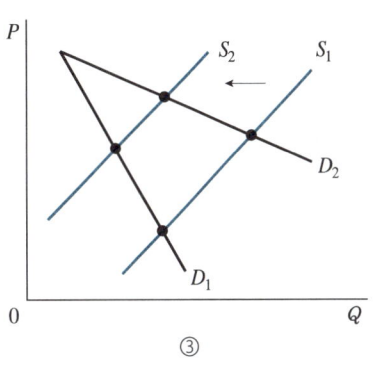
③

④ 수요가 증가할 때 공급이 **탄력**적일수록 가격은 **덜** 상승하고, 공급이 **비**탄력적일수록 가격은 **더** 상승한다.

⑤ 공급이 가격에 대하여 **완전비탄력적**일 때 수요가 증가하면, 균형가격은 상승하고 **균형거래량은 변하지 않는다.**

⑥ 수요가 가격에 대하여 **완전탄력적일 때** 공급이 증가하면, **균형가격은 변하지 않고** 균형거래량만 증가한다.

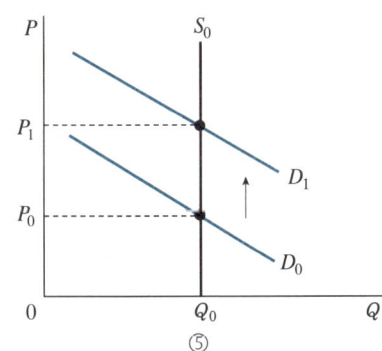
⑤

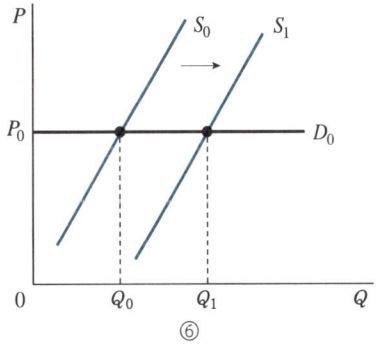
⑥

✚ 탄력성에 따른 균형가격과 균형거래량의 변화 정리
  • 탄력적일수록 가격은 덜 상승·하락한다(가격의 변화폭이 작다).
  • 비탄력적일수록 가격은 더 상승·하락한다(가격의 변화폭이 크다).

TIP
탄 ⇨ 덜, 비 ⇨ 더
탄력성에 따른 가격의 변화가 큰지, 작은지를 묻고 있다. 탄력적이면 그 양의 변화가 많으므로 이에 따른 균형가격의 변화폭은 작다는 것이고(탄 ⇨ 덜), 비탄력적이면 그 양의 변화가 적으므로 이에 따른 균형가격의 변화폭은 크다는 것이다(비 ⇨ 더). '탄덜, 비더'라고 단순하게 암기하는 것보다 원리를 이해하여야 하며, '덜', '더' 앞에 '가격'이 명시되는지 잘 확인하여야 한다.

⚡기출
01 주택수요의 가격탄력성이 완전탄력적인 경우에 공급이 증가하면 균형가격은 변하지 않고 균형거래량은 (   )한다.
제29회

기출정답
01 증가

제2장 부동산의 경기변동

기본서 p.94~105

TIP
제2장 부동산의 경기변동은 비교적 평이한 분야이므로 문제풀이 과정을 통해 중점적으로 학습하면 된다.

01 부동산경기변동의 구분

- **협의**: 주거용 부동산 건축경기(가장 비중이 크다)
- **광의**: 주거용 + 상·공업용 부동산 건축경기
- **최광의**: 주거용 + 상·공업용 + 토지경기

❶ 보충
- **스태그플레이션(stagflation)**: 저성장(불황)과 물가 상승이 동시에 나타나는 현상을 말한다.
- **인플레이션(inflation)**: 고성장 - 고물가 현상을 말한다.
- **디스인플레이션(disinflation)**: 인플레이션을 억제하고, 디플레이션을 방지하기 위해 통화량과 물가를 현재수준에서 안정시키려고 하는 정책을 말한다.
- **디플레이션(deflation)**: 저성장 - 저물가 현상을 말한다.

(1) 경기순환적 변동의 구분❶

① **전(前)순환적**: 주식경기(시장)
② **후(後)순환적**: 부동산경기(반드시 후순환하는 것은 아니다)
  ㉠ 부동산의 수요·공급은 비탄력적인 경향이 강하다.
  ㉡ 부동산경기는 일반경기의 변화에 민감하게 반응하지 못한다.
  ㉢ 부동산경기순환은 타성기간이 길다(그 변동주기가 길다).
③ **동시(同時)순환적(병행·일치·순행)**: 부동산경기 = 일반경기
④ **역(逆)순환적**: 부동산경기 ⇔ 일반경기

- 부동산경기변동은 도시마다, 지역마다 각각 다른(상이한) 형태로 나타난다.
- 유형별·부문경기별로 변동의 시차가 존재하고, 부동산의 부문경기가 전체 경기에 영향을 주는 정도가 다르기 때문에 부동산경기는 부문경기의 가중평균치적 성격을 지닌다.

(2) 다른 형태의 경기변동 ⇔ 순환적 변동

① **계절적 변동**: 특정 계절에 따라 반복적으로 나타나는 현상
  ㉠ 신학기에 학군 부근의 주택수요가 증가하는 경우
  ㉡ 방학 동안 대학 부근 원룸의 공실률이 증가하는 경우
  ㉢ 해마다 겨울철에 건축허가면적이나 허가량이 감소하는 경우 등
② **추세적 변동**: 해가 지날수록 전년 대비 건축허가면적이 일정비율(예 매년 3%씩)씩 증가추세이거나 감소추세인 경우(지속적·계속적)
③ **우발적 변동**: 무작위적(random), 예기치 못한 사태 등에 의한 불규칙변동❷
  ㉠ 자연재해, 전염병, 정부의 부동산대책에 의한 급작스런 경기변동
  ㉡ 대외적인 경기변동, 지정학적 위험 등으로 인한 일시적 경기변동
  ㉢ 갑자기 건축허가면적이 증가하거나 감소하는 경우 등

❷ 주의
지난 2월을 저점으로 하여 주택거래량과 주택가격이 회복국면에 진입한 것은 순환적 변동으로 볼 수 있다.

02 부동산경기변동(순환변동)의 4국면과 안정시장의 특징

(1) 확장국면

회복시장	① 금리가 인하되어 거래가 늘고, 투자 및 투기의 징후가 나타난다. ② 매수자중시화 태도에서 매도자(판매자)중시화 태도로 전환된다. ③ 과거의 사례가격은 새로운 거래의 기준가격이 되거나 하한선이 된다.
상향시장 (호황)	① 매도자는 거래성립시기를 늦추려고 하고, 매수자는 거래성립시기를 당기려고 하는 경향이 있다. ② 공실 및 공가율 최저, 매도자중심의 시장이 형성된다. ③ 과거의 사례가격은 새로운 거래의 하한선이 된다.

(2) 수축국면

후퇴시장	① 부동산가격 상승이 중단되거나 거래가 한산해지는 국면이다. ② 매도자중시화 태도에서 매수자(구매자)중시화 태도로 전환된다. ③ 과거의 사례가격은 새로운 거래의 기준가격이 되거나 상한선이 된다.
하향시장 (불황)	① 침체국면으로, 부동산가격도 최저수준이다. ② 공실 및 공가율 최대, 매수자중심의 시장이 형성된다. ③ 과거의 사례가격은 새로운 거래의 상한선이 된다.

(3) 안정시장 – 부동산경기에서만 고려되는 시장

① 불황에 강한 부동산이 속한 시장(유효수요·실수요에 의하여 지지된다)이다 (예 위치가 좋은 주택, 매출액이 안정적인 점포 등).
② 과거의 사례가격은 신뢰할 수 있는 기준가격이 된다.
③ 안정기의 경우 공인중개사는 매각의뢰와 매입의뢰의 수집이 다 같이 중요하다.

부동산경기순환의 4국면

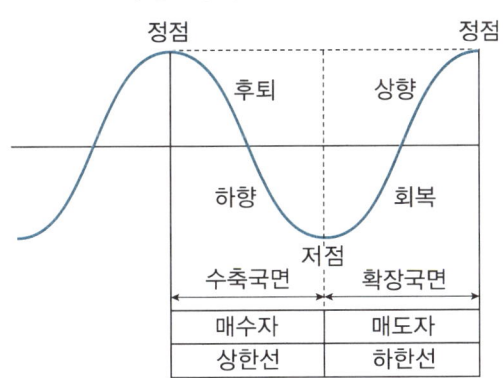

TIP

경기순환 4국면에 대한 특징은 자주 출제되며, '매수자·매도자중심시장', '상한·하한가격'에 대하여 유념해서 살펴보아야 한다.

⚡ 기출

01 부동산경기의 회복국면은 (   )가 중심이 되고, 과거의 거래사례가격은 새로운 거래의 기준가격이 되거나 (   )이 되는 경향이 있다.   제25회

기출정답

01 매도자, 하한

03 부동산경기변동의 특징

① 부동산경기(한센순환)는 일반경기(쥬글라순환)에 비하여 타성기간이 길다.
② **일반경기에 비하여 회복은 느리고, 후퇴는 빠르게 진행된다.**
　✚ 일반경기보다 주기가 길고, 진폭도 크다(정점은 높고, 저점은 낮다).
③ 경기순환의 저점에서 정점에 이르는 기간이 긴 편이고, 정점에서 저점에 이르는 기간은 짧은 편이다(**좌우 비대칭적 구조**).
④ 부동산경기는 지역별·유형별로 **각각 다르게 나타날 수 있다.**
⑤ 부동산경기의 순환국면은 **불규칙·불분명하며, 뚜렷하게 구분되지 않는다.**

보충
부동산경기는 일반경기와 그 저점과 정점이 엇갈려 나타나기도 한다.

04 부동산경기변동의 측정(지표)

- 개별성·지역성의 영향으로 전체 부동산경기를 파악하는 데 제한이 있다.
- 인근지역의 경기변동을 측정하기 위해서는 **유사(대체·경쟁)지역의 경기변동도 함께 고려할 필요가 있다.**
- 통계적 지표가 절대적인 것이 아니므로 개별적인 단순지표에 의존할 것이 아니라 여러 가지 지표를 통하여 **종합적으로 측정하는 것이 바람직하다.**
- 부동산경기변동은 건축착공량, 공실률, 거래량 등으로 확인할 수 있다.

① **공급지표**: **건축허가면적**(경기선행지표), 건축허가량, 미분양주택 등
② **수요지표**: 거래량, 택지분양실적, 공실·공가율 등
③ **보조지표**: 부동산의 가격(임대료)[1]

[1] 부동산가격이 상승한다고 해서 경기가 좋아졌다고 분석하는 것은 타당하지 않다(투기나 원자재가격이 상승하여 주택 등 부동산가격이 상승할 수도 있다).

05 거미집이론(동적 균형이론) - 에치켈(M. J. Ezekiel) 〔빈출〕

(1) 수요는 가격에 대하여 즉각 반응하지만, **공급은 일정한 생산기간이 지나야만 반응한다(공급이 시차를 두고 늦게 발생).** 따라서 부동산수요는 상대적으로 탄력적, **공급은 상대적으로 비탄력적**이라 할 수 있다.
　⇨ 거미집이론에서 **수렴형의 균형조건**

TIP
- 공급의 비탄력성이 핵심이고, '공급이 비탄력적일 때, 공급곡선의 기울기가 급할수록, 공급곡선 기울기의 절댓값이 클수록 균형으로 수렴해간다(수렴형)'라고 숙지할 필요가 있다.
- 문제의 조건에서 제시된 것이 탄력성인지, 기울기인지 확인해야 한다.

(2) 거미집이론의 기본가정

① 생산기간이 장기(공급이 비탄력적)인 부동산시장에 적용할 수 있다.
② **인간은 미래가격에 대한 합리적 예상능력이 결여되어 있다.**
③ 공급자는 전년도 시장에서 형성된 가격이 금년에도 그대로 유지될 것이라는 전제하에 금년의 생산량을 결정한다. 즉, **공급자는 언제나 현재의 시장가격(임대료)에만 반응한다는 것을 전제로 한다**(예 2026년도의 생산량은 2025년도의 가격에 의해서 결정된다).

(3) 거미집이론에 의한 균형점의 이동

① **수렴형**: 공급의 가격탄력성이 더 비탄력적일 경우, 공급곡선 기울기가 급할수록, 공급곡선 기울기의 절댓값이 클수록 균형으로 수렴한다.

구분	수요	공급
가격탄력성	1.5	0.5
곡선의 기울기	−1 ⇨ 1	2
함수	P = 100 − Qd	P = 2Qs

② **발산형**: 공급의 가격탄력성이 더 탄력적일 경우

구분	수요	공급
가격탄력성	0.5	1.5
곡선의 기울기	−1 ⇨ 1	0.5
함수	Qd = 100 − P	$\frac{1}{2}Qs = P$

③ **순환형**: 수요와 공급의 가격탄력성, 기울기의 절댓값이 동일할 경우

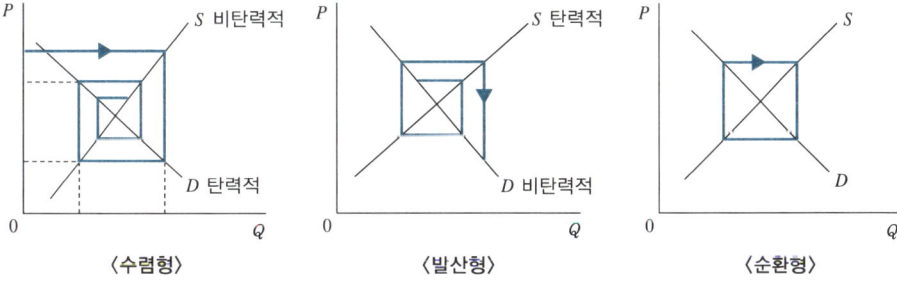
〈수렴형〉 〈발산형〉 〈순환형〉

⚡기출

01 수렴형, 발산형, 순환형 중에서 적합한 것을 선택하면?

- 거미집이론에서 A부동산의 수요의 가격탄력성은 0.9, 공급의 가격탄력성은 1.3인 조건에서, 수요가 증가하면 (발산형 / 수렴형)으로 나타난다. 제21회
- A부동산의 수요곡선 기울기가 −0.7, 공급곡선 기울기가 0.7인 조건에서, 수요가 증가하면 (순환형 / 수렴형)으로 나타난다. 제24회
- A부동산의 수요함수 2P = 500 − Qd, 공급함수 3P = 300 + 4Qs인 조건에서 수요가 증가하면 (수렴형 / 발산형)으로 나타난다. 제25회

기출정답

01 발산형, 순환형, 수렴형

(4) 부동산에의 적용

① 거미집이론은 **주택시장이 초과수요(가격 급등)와 초과공급(가격 급락)의 과정을 거치면서 장기적으로는 균형수준으로 수렴(회귀)한다는 것을 설명해준다.**
  ㉠ 주택수요 증가 ⇨ 주택가격 상승(초과이윤 발생) ⇨ 신규착공량 증가 ⇨ 공급의 비탄력성(생산에 소요되는 기간이 길기 때문이다)'으로 인하여 초과이윤이 소멸한 이후에도 시장에 공급물량이 출하된다(초과공급 ⇨ 주택의 미분양 및 준공후 미분양 발생).
  ㉡ 거미집이론은 주택시장에서 신규주택의 초과공급(미분양)을 설명하는 데 유용하게 활용될 수 있다.
② 거미집이론은 주거용 부동산보다는 **상·공업용 부동산에서 더욱 강하게 나타난다.**
  ✚ 상·공업용 부동산이 주거용 부동산보다 공급이 더 비탄력적이다.

해커스 공인중개사
핵심요약집
land.Hackers.com

제3편

부동산시장론

제1장 부동산시장
제2장 입지 및 공간구조론

제1장 부동산시장

기본서 p.109~128

01 불완전경쟁시장인 부동산시장의 개념

TIP
완전경쟁시장의 요건은 시장실패의 원인에 해당하지 않는다.

완전경쟁시장과 불완전경쟁시장의 비교

구분	완전경쟁시장	불완전경쟁시장
시장 참여자	① 다수의 수요자와 공급자 ② 진입과 탈퇴가 용이 ⇨ 가격순응	① 고가성 ⇨ 시장참여 제한(진입장벽의 존재) ② 유효수요자와 유효공급자로 한정
재화의 동질성	① 표준화된 동질적인 재화를 가정 ② 일물일가의 법칙 성립	① 개별성으로 인하여 재화는 모두 이질적(완전한 대체 제약) ② 일물일가의 법칙 불성립
자원의 이동가능성	① 자원의 완전한 이동가능성 ② 지역간 수급불균형 없음	① 부동성 ⇨ 자원의 이동 불가 ② 지역간 수급불균형 발생
정보의 완전성	정보의 양과 질이 동일하여 완전한 정보를 가정	개별성으로 인하여 정보의 불완전성·비대칭성에 따른 정보비용 수반
가격과 이윤	항상 균형가격에 해당하는 정상이윤만 획득 가능	정보를 많이 가진 주체는 **정상 이상의 초과이윤 획득 가능**
정부의 개입	완전한 이상적 시장이므로 정부 개입 불필요	효율적 자원배분의 실패(시장실패) ⇨ 정부의 개입 필요

02 부동산시장의 특성과 기능 〈빈출〉

TIP
부동산시장의 특성은 출제빈도가 높기 때문에 제1편 '부동산의 특성'과 잘 연결하여 정리하여야 한다.

1
고가성, 개별성, 부동성, 부증성에 따라 수요와 공급의 작동이 원활하지 못하고 균형가격이 성립하지 않는다.

2 부분(하위)시장
지역, 위치, 규모, 유형 등에 따라 세분화되고 구분되는 특성이 있다.

(1) 부동산시장의 특성

부동산의 특성**[1]**으로 인하여 부동산시장은 불완전한 특성을 갖는다.

① **지역(국지적)시장의 형성 - 부동성**
   ㉠ 지역시장이 형성되고, 유사한 부동산이라 하여도 **부분시장별[2]로 서로 다른 가격**이 형성되는 **시장의 분화현상**이 발생한다.
   ㉡ 지역시장별로 수급불균형이 발생하여도 이를 자체적으로 해결할 수 없으며, **지역시장마다 다른(상이한) 통제**와 **규제**를 받게 된다.
   ㉢ 부동산이 속한 지역의 환경이 달라지면 부동산가격도 달라지게 된다.
      ✚ 균질적 가격 ✕

② **수급조절의 곤란성** - 고가성, 내구성, 개별성, 부증성 등
  ㉠ **수요 측면**: 개별성, 고가성, 내구성으로 인하여 수요는 비탄력적이다.
  ㉡ **공급 측면**: 부증성, 가용생산요소 투입의 제약, 법적 규제의 과다 등으로 인하여 공급도 비탄력적이다.
  ㉢ 가격이 수요와 공급을 조절하기 어려워 **단기적으로 가격왜곡현상이 발생하며**, 이에 따라 **수급조절에는 장(많은)시간이 소요된다.**

③ **거래의 비공개성(은밀성)** - 개별성
  ㉠ 시장참여자간의 정보의 비대칭성으로 인하여 많은 정보탐색비용이 수반되며, 이는 불합리한 가격을 형성하게 한다. ⇨ 가격의 왜곡
  ㉡ **실거래가신고제도, 전자계약제도, 간접투자시장의 공시제도는 정보의 비대칭성문제를 어느 정도 완화시켜 준다.** ⇨ 공시(公示)를 통한 투명성 제고, 투자자 보호

④ **상품의 비표준화성** - 개별성
  ㉠ 물리적으로 대체가 불가능 ⇨ 완전한 대체는 성립하지 않는다.
  ㉡ 표준화된 상품이 없으므로 일물일가의 법칙이 성립하지 않는다.
  ㉢ 하나하나의 **개별적** 부동산상품은 각각 **독점적 시장을 형성한다.**
  ㉣ 부동산시장분석이 복잡해지고 다양해진다.

⑤ **시장의 비조직성** - 개별성: 유통조직이 존재하지 않아 집중통제가 제한되며, 거래당사자간의 개별적 사정에 의한 거래행태가 많다.

⑥ **공매(空賣, short selling)[1]의 제한·매매기간의 장기성(단기거래의 제한성)** - 개별성: 가격하락위험을 타인에게 전가하기가 제한된다. 환금성(유동성)의 확보가 곤란하며, 장기투자의 필요성을 제기한다.

⑦ **과다한 법적 규제** - 부증성: 사회성·공공성이 높은 시장이므로 공적 개입이나 규제가 많다.
  ✚ 과다한 법적 규제는 오히려 부동산시장을 왜곡시킬 수 있다.

⑧ 금융·자본시장과 밀접한 관련성을 가지며 영향을 주고받는다.
  ㉠ 다른 조건이 일정할 때, 이지율이 하락하면 부동산수요 또는 부동산공급은 증가한다.
  ㉡ 다른 조건이 일정할 때, 이자율이 하락하면 전세금의 운용수익이 줄어들면서 월세공급이 증가한다.

⚡기출

01 부동산시장은 거래의 비공개성으로 불합리한 가격이 형성되며, 이는 (개별성 / 비가역성)과 관련이 깊다. 제23회

[1] 공매(空賣, short selling)
증권시장에서 주가 하락에 대비하여 증권회사로부터 빌려온 주식을 고가에 매도하고, 예상대로 주가가 하락하면 주식을 되사서 증권회사에 주식을 상환하는 것을 말한다. 부동산시장은 공매도제도가 없다.

기출정답
01 개별성

(2) 부동산시장의 기능

교환기능	부동산과 현금, 부동산과 부동산, **부동산권리(무형의 재화나 서비스)와 현금이 교환**(⇨ 추상적 시장)된다.
자원배분기능	**개별성이라는 특성이 있음에도 불구하고 가격을 통하여 재화나 서비스가 배분**(예 물적 자원, 공간, 위치, 소유권 등)된다. ⇨ 자원배분기능이 원활하게 수행되는 것은 아니다.
정보제공기능	① 시장참여자에게 가격이나 상품에 관한 정보를 제공한다. ② 공적 주체가 가격정보를 제공하기도 한다(예 토지 및 주택가격 등).
가격의 창조기능	매도자의 하한선과 **매수자의 상한선 범위 내**에서 상호 협의과정을 통하여 그 접점에서 가격이 형성되기도 하고 파괴되기도 한다.
입지주체간의 입지경쟁기능	경제주체의 **지대지불능력**에 따라 토지이용의 유형이 결정된다. ⇨ 임대료지불능력에 따라 토지이용이 할당된다.
양과 질의 조정기능	수요자의 선호도에 따라, 공급상품의 차별화 등에 따라 부동산시장은 양과 질을 조정하는 기능이 있다.

TIP
- '부동산시장의 기능에 대한 종류'는 암기하는 것이 아니라 각 기능이 무엇을 의미하는지 그 개념을 정리하면 된다.
- '자원배분기능'과 '가격의 창조기능'에 대해서는 틀린(부정형) 지문이 출제될 수 있음에 유의하여야 한다.

03 효율적 시장가설(EMH; Efficient Market Hypothesis)

(1) 개념

① **효율적 시장**: 부동산에 관한 모든 정보가 이미, 신속·정확하게 부동산가격에 반영되는 시장을 의미한다.

② **효율적 시장가설**: **정보를 활용하여 초과수익을 달성할 수 없다**는 가설로서, 시장(정보)이 효율적이라면 기관투자자와 개인투자자의 투자성과가 달라질 수 없다는 것을 의미한다.

③ **효율적 시장은 본질적으로 제품의 동질성과 상호간의 대체성이 있는 시장이다.** ⇨ 증권투자이론을 부동산시장에 적용한 것이다.

TIP
부동산시장을 효율적 시장이라고 명시하면 이유를 불문하고 '정상 이상의 초과수익(이윤)을 달성할 수 없다'라는 답을 찾아야 한다.

(2) 정보의 범위, 정보가 반영되는 강도에 따른 구분 〈빈출〉

TIP
일부 부동산학자들은 강성 효율적 시장이 완전경쟁시장과 그 성격이 유사하다고 판단하여 이를 바탕으로 현실적인 부동산시장은 준강성 효율적 시장까지만 나타난다고 주장하기도 한다.

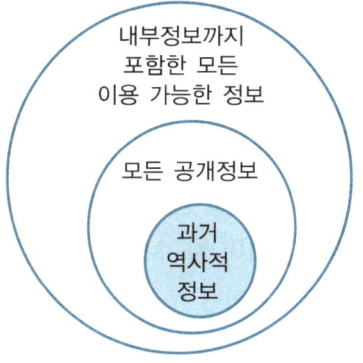

약성 효율적 시장가설	① 의의: **과거의 공개(공표)된 정보**가 이미 가격에 반영되어 있으므로 정상 이상의 **초과수익(이윤)을 달성할 수 없다**는 주장 ② **과거의 정보**: 가격변동추세, 거래량, 패턴 ⇨ **기술적 분석**(technical analysis) – 차트분석
준강성 효율적 시장가설	① 의의: **과거 및 현재의 공개된 모든 정보**가 이미 가격에 반영되어 있으므로 정상 이상의 **초과수익(이윤)을 달성할 수 없다**는 주장 ② **현재의 정보**: 공표된 재무제표, 영업실적, 사업계획, 경제환경 등 ⇨ **기본적 분석**(fundamental analysis) – 내재·본질가치분석
강성 효율적 시장가설	① 의의: 공개된(공식적으로 이용가능한) 모든 정보 및 **미공개정보가 이미 가격에 반영**되어 있으므로 정상 이상의 **초과수익(이윤)을 달성할 수 없다**는 주장 ② **진정한 의미의 효율적 시장은 강성 효율적 시장을 의미한다.** ⇨ **완전경쟁시장의 가정에 부합(약성 < 준강성 < 강성)**

⚡기출

01 (　　) 효율적 시장은 공표된 정보는 물론이고 아직 공표되지 않은 정보까지도 시장가치에 반영되어 있는 시장이므로 이를 통해 초과이윤을 얻을 수 없다. 　제27회

(3) 어떠한 형태의 효율적 시장이 부동산시장에 존재하는가는 나라마다 다를 수 있고, 그 효율성의 정도 또한 **다를 수 있다.**

04 할당 효율적 시장

(1) 개념

정보가 자산(자본)시장에 각각 **균형적으로 배분**되어 있는 상태로, 어느 누구도 싼 값으로 정보를 획득할 수 없는 시장을 의미한다.

정보(기회)비용 = (초과)이윤 ⇨ 할당 효율적

기출정답

01 강성

(2) 부동산시장의 할당 효율성

① 소수의 투자자가 다른 사람보다 값싸게 정보를 획득할 수 있는 시장은 할당 효율적 시장이 되지 못한다.
② 불완전경쟁시장도 정보로 인한 이윤과 정보비용이 **동일(일치 · 같다)**하다면, **할당 효율적 시장이 될 수 있다.** 이를테면 **독점시장**도 독점을 획득하기 위한 기회비용이 모든 투자자에게 **동일하다면, 할당 효율적 시장이 될 수 있다.**
③ 부동산시장은 할당 효율적이 될 수도 있고, 할당 효율적이지 못할 수도 있다.
④ 부동산시장에서 초과이윤이나 투기가 발생하는 이유는 정보의 배분이 할당 효율적이지 못하기 때문이다.
⑤ 부동산시장이 할당 효율적이지 못할 경우, 이로 인한 **부동산가격의 과대평가나 과소평가가 발생할 수 있다.** ⇨ 가격의 왜곡가능성이 커질 수 있다.

> **TIP**
> '같다면, 동일하다면, 일치한다면' ⇨ 할당 효율적

05 정보의 현재가치 계산

현실적인 부동산시장에서는 공개되지 않은 정보를 부동산투자에 이용하면 초과이윤을 획득할 가능성이 있다.

> **TIP**
> • 정보가치의 계산문제는 제15회 추가, 제25 · 29 · 33 · 35회 시험에서 출제되었다. 문제의 조건(예 확률, 할인율 등)을 잘 보고 연습해 둔다.
> • 제5편 부동산투자론에서 학습한 일시불의 현재가치계수와 가중평균 개념을 활용한다.

[대표유형문제]

다음과 같은 조건하에서 개발정보의 현재가치를 구하면?

- 대형마트 개발예정지 인근에 일단의 A토지가 있다.
- 2년 후 대형마트가 개발되면 A토지가격은 12억 1,000만원, 개발되지 않으면 4억 8,400만원으로 예상한다.
- 투자자의 요구수익률은 연 10%이고, 대형마트로의 개발가능성은 45%이다.

해설 정보의 현재가치 = 확실성하의 현재가치 − 불확실성하의 현재가치
문제의 조건에서 2년 후 대형마트로 개발될 가능성은 45%이므로, 개발되지 않을 가능성은 55%이다. 이때 요구수익률(할인율)은 10%이므로 0.1을 적용한다.

1. 확실성하의 토지의 현재가치(PV) = $\dfrac{FV}{(1+r)^n}$ = $\dfrac{12억\ 1,000만원}{(1+0.1)^2}$ = 10억원

2. 불확실성하의 토지의 현재가치(PV) = $\dfrac{(0.45 \times 12.1억원) + (0.55 \times 4.84억원)}{(1+0.1)^2}$
   = 6억 7,000만원

3. 개발정보의 현재가치: 3억 3,000만원(= 10억원 − 6억 7,000만원)이다.

▶ 3억 3,000만원

06 주택시장의 단기·장기균형

(1) 주택시장분석[1]의 기본개념

① **주택서비스**: 주택에서 얻는 효용을 말한다. 주택은 이질성이 강한 제품이지만, 용도적으로 동질화된 상품으로 분석할 수 있다.

② 주택수요와 주택소요

구분	주택수요(demand)	주택소요(needs)
개념	주로 구매력이 동반된 고소득층이 주택을 구매하고자 하는 욕구	구매력이 낮은 저소득층에게 필요한 주택의 양과 질
대상	중산층 이상의 유효수요계층	저소득층
공급	유량개념의 신규주택 공급	저량개념의 기존주택 공급

③ 저량과 유량[2]

주택저량의 공급량	일정시점에 시장에 존재하는 주택의 양
주택저량의 수요량	일정시점에 보유한 또는 보유(구매)하고자 하는 주택의 양
주택유량의 공급량	일정기간에 공급하고자 하는 주택의 양
주택유량의 수요량	일정기간에 보유(구매)하고자 하는 주택의 양

(2) 주택시장의 단기균형

① 단기에는 주택에 대한 공급이 고정(저량공급)되어 있다.
② 단기에 수요 증가로 가격이 상승하더라도 주택수량은 불변이다.
③ 단기에는 생산요소가격이 하락하더라도 생산공급이 늘어나지 못한다.

(3) 주택시장의 장기균형

① 장기에는 신규주택의 생산공급(유량공급)이 가능해진다.
② 주택의 단기공급곡선은 저량개념을, 장기공급곡선은 유량개념을 의미한다.
③ 유량과 저량의 개념을 동시에 파악하는 것은 주택의 생산공급이 단기적으로 제한되어 있기 때문이다.

주택시장의 저량공급곡선과 유량공급곡선

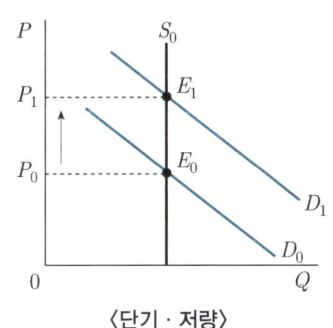
〈단기·저량〉

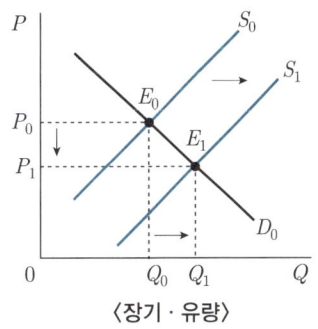
〈장기·유량〉

---

[1] 주의
개별성(이질적)을 갖는 물리적 주택시장은 완전경쟁을 전제로 하는 모형이나 이론으로 분석이 용이하지 않다. ⇨ 주택시장 분석에서는 물리적 주택을 분석대상으로 하지 않는다.

TIP
주택수요와 주택소요는 다른 개념이다.

[2] 보충
3월 1일 현재 A지역에 50,000채의 주택 중에서 5,000채가 공가로 남아 있다면 주택저량의 수요량은 45,000채이다.

TIP
문제에서 '단기'를 명시하는 경우와 '단기'를 명시하지 않는 경우에 그 정답이 달라질 수 있다. 부동산학개론은 문제의 조건이 달라지면 정답도 달라진다는 점에 유의하여야 한다.

보충
생산요소가격이 하락할 경우, 단기에는 생산공급이 늘어나지 못하므로 균형가격에는 변화가 없지만, 장기에는 생산공급이 가능하므로 공급곡선이 우측으로 이동하게 되고, 균형가격은 하락하게 된다.

07 주택시장의 여과과정(주택순환과정)과 주거분리 〔빈출〕

> • 주택의 질적 변화와 가구의 이동과의 관계를 설명해 주는 현상으로, 소득계층에 따라 상·하로 이동하는 현상을 말한다.
> • 제한된 소득(예산)하에 효용을 극대화하는 과정에서 주택의 이용주체가 변화(변모)하는 현상을 주택여과현상(주택순환과정)이라 한다.

TIP
주택시장이 이원화되어 있으며, 고소득층은 고가(신규)주택만을 소비하고 저소득층은 저가(기존·중고)주택만을 소비한다고 가정한다.

⚡ **기출**

01 주택의 (　　)여과는 상위소득계층이 사용하던 기존주택이 하위계층의 사용으로 전환되는 것을 말한다. 　　제21회

02 주택의 (　　)여과는 낙후된 주거지역이 재개발되어 상위계층이 유입된 경우에 나타날 수 있다. 　제23회

(1) 주택의 여과과정(현상)

① **주택의 하향여과**: 상위계층(고소득층)이 사용하던 주택이 노후화되어 하위계층의 이용으로 전환(대체)되는 현상을 말한다.
② **주택의 상향여과**: 상위계층(고소득층)이 저가주택을 매입·개량하여 상위계층(고소득층)의 이용으로 전환되는 현상(예 재건축·재개발·리모델링·뉴타운개발 등)을 말한다.

(2) 여과과정을 통한 주택시장의 변화와 효과

① 저가주택에 대한 신축이 금지(≒단기에 주택공급은 고정)되어 있고, 이때 정부가 저소득층에게 임대료보조금을 지급한다고 가정한다.
　㉠ 저가주택 수요 증가 ⇨ 저가주택 가격 상승 ⇨ 상대적으로 낙후된 고가주택의 일부가 하향여과되어 저소득층에게 제공·공급(수량은 불변)
　　✚ 하향여과과정이 발생하면 전체 주택시장에서 저가주택이 차지하는 비중은 증가한다.
　㉡ 공가(空家)의 발생은 여과과정의 중요한 구성요소 중 하나이다.
　㉢ 하향여과로 인한 고가주택의 공급 감소(초과수요) ⇨ 고가주택의 가격 상승 ⇨ 고가주택 신규공급(장기에는 유량공급 가능)
② 주택의 여과과정이 긍정적으로 작동하면 주거의 질을 개선하고, 장기적으로 주택공급량 증가에 기여할 수 있다.❶ ⇨ 주거안정의 달성
③ 하향여과로 발생하는 불량주택의 문제는 시장실패로 볼 수 없다. 불량주택이 발생하는 주된 원인은 낮은 소득이다. 따라서 불량주택에 대한 철거행위는 근본적인 해결책이 될 수 없다.

❶ 상위계층을 대상으로 신규주택공급을 증가시키면 주택의 여과과정으로 하위계층에게도 도움이 된다. ⇨ 여과과정이 원활하게 작동하면 신규주택에 대한 정부지원으로 모든 계층이 이득을 볼 수 있다.

기출정답
01 하향　02 상향

(3) 주거분리

① 의의
   ㉠ 소득의 차이로 고소득층의 주거지역과 저소득층의 주거지역이 분리되어 나타나는 현상을 말한다.
   ㉡ 지리적으로 인접한 인근(근린)지역뿐만 아니라 도시 전체에서도 발생할 수 있다.
   ㉢ 소득의 차이가 근본적인 원인이며, 여과과정, 외부효과, 침입과 계승에 의해서도 설명될 수 있다.

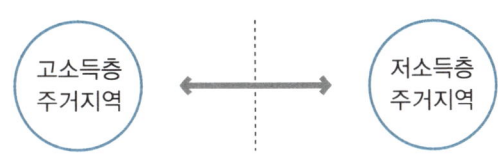

② 여과과정에 따른 주거분리
   ㉠ 저가주택지역에서는 '개량비용 > 가치상승분'이므로, 하위계층이 계속 이용함에 따라 해당 지역은 저가주택지역으로 남게 된다. ⇨ 주거분리
   ㉡ 고가주택지역에서는 '개량비용 < 가치상승분'이므로, 상위계층이 계속 이용함에 따라 해당 지역은 고가주택지역으로 남게 된다. ⇨ 주거분리

③ 외부효과에 따른 주거분리[1]
   ㉠ 저가주택지역에 인접한(경계지역의) 고가주택은 부(−)의 외부효과에 의해 할인되어 거래가 될 것이다(주택개량비용 > 주택의 가치상승분). 이에 따라 하향여과가 발생할 수 있다.
   ㉡ 고가주택지역에 인접한(경계지역의) 저가주택은 정(+)의 외부효과에 의해 할증되어 거래가 될 것이다(주택개량비용 < 주택의 가치상승분). 이에 따라 상향여과가 발생할 수 있다.

④ 침입과 계승[2]에 따른 주거분리
   ㉠ 저가주택지역으로 고소득층이 유입되면 주택의 상향여과과정이 발생하고, 점차 그 지역은 고가주택지역으로 변할 수 있다.
      ✚ 저가주택지역 내에서 개량비보다 주택의 가치상승분이 크다면, 저가주택지역에서도 재건축이나 재개발을 통한 상향여과가 발생할 수 있다.
   ㉡ 고가주택지역으로 저소득층이 유입되면 주택의 하향여과과정이 발생하고, 점차 그 지역은 저가주택지역으로 변할 수 있다.
   ㉢ 주택의 여과과정과 주거분리현상을 토지 및 공간이용에 대한 침입과 계승(천이)과정으로 이해할 수 있다. ⇨ 저소득가구의 침입과 천이현상으로 인하여 주거입지의 변화가 야기될 수 있다.

TIP
주거분리에서는 고가주택지역, 저가주택지역 등 지역에 초점을 두는 것이 아니라, '주택이 어떤 주체의 이용으로 전환되었는지'에 유의해야 한다.

보충
여과과정에서 주거분리는 주로 고소득층(상위계층)이 주도하는 것이 일반적 현상이다.

[1] 주거분리는 주택소비자가 정(+)의 외부효과에 대한 편익은 추구하려 하고, 부(−)의 외부효과에 대한 피해는 피하려는 동기에서 비롯되기도 한다.

[2] **침입·계승(천이)**
• **침입**: 어떤 지역 기능에 다른 형태(이질적)의 기능이 유입되는 현상을 말한다.
• **계승(천이)**: 침입의 결과 어떤 지역의 토지이용이 다른 유형의 토지이용으로 전환되어가는 현상을 말한다.

제2장 입지 및 공간구조론

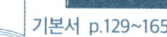
기본서 p.129~165

01 지대와 지가

(1) 개념

$$지가 = \frac{지대}{이자율}$$

지대	토지의 사용·수익에 대한 대가 ⇨ 유량개념
지가	장래 지대를 현재가치로 할인한 것 ⇨ 저량개념

(2) 부동산가격 ⇨ 장래이익을 현재가치로 할인·환원한 값(영속성)

① 지대가 상승하면 지가도 상승한다(지대와 지가는 비례관계).
② **이자율이 상승하면 지가는 하락한다**(이자율과 지가는 반비례관계).
③ 토지에 대한 위험프리미엄이 상승하면 (할인율이 상승하므로) 토지가치는 하락한다.

02 지대이론 〈빈출〉

(1) 리카도의 (한계지)차액지대설

① **생산성의 차**이에 따른 토지의 **비옥도**가 지대를 결정한다.
② **한계지(최열등지)**: 생산물가격과 생산비가 일치하여 생산성이 가장 낮은 토지로서 지대가 발생하지 않는다. ⇨ **조방한계**: 총수익 = 총비용
   + **19C 유럽**: 인구 증가 ⇨ 곡물수요 증가 ⇨ **곡물가격 상승**(우등지의 희소성·부증성, 수확체감의 현상[1]) ⇨ 재배면적 증가 ⇨ 한계지에서도 경작 ⇨ **지대 발생**
③ 지대발생원인을 **우등지의 희소성, 수확체감의 법칙**에 두고 있다.
④ **곡물(생산물)가격의 상승으로 지대가 발생**하였으므로 지대는 생산물가격에 영향을 주는 비용(구성요소)이 아니며, **지대가 잉여(토지소유자의 불로소득)**라는 것을 증명해준다.

TIP
리카도(고전학파)의 차액지대설은 비교적 출제빈도가 높은 편이다.

⚡기출
01 리카도의 (   )은 토지비옥도가 지대를 결정하게 되며, 수확체감의 법칙을 전제한다. 제26회

[1] 수확체감의 법칙(현상)
자본과 노동 등 생산요소가 한 단위 추가될 때 이로 인하여 늘어나는 한계생산량은 점차 줄어든다는 것을 말한다.
⇨ 한계생산성 감소

기출정답
01 차액지대설

(2) 마르크스의 절대지대설[1]

비옥도(생산성)가 없는 한계지(최열등지)에서도 지대는 발생한다. 즉, **토지를 소유·독점**하는 사실만으로도 **비옥도(생산성)와 관계없이 지대가 발생**한다.

[1] 절대지대설과 독점지대설은 동일한 이론이 아니다.

(3) 마샬의 준지대이론

① 리카도의 지대(⇨ 소득)이론을 응용하여 준지대 개념을 정립하였다.

② 준지대

    ㉠ 토지 위에 인간이 만든, 단기적으로 생산요소의 공급이 고정되어 있는 기계·기구·설비 등, 즉 **고정생산요소(인공적 자본재)로부터 발생하는 일시적인 소득**을 말한다.

    ㉡ 준지대는 토지에서 발생하는 영구적 지대의 개념과는 다르다. 토지에서 얻어지는 지대는 영구적(영속적)이지만, **준지대**는 영구적이 아니라 **일시적인 소득**이다[토지에 대한 개량공사(예 용도전환 등)로 인하여 추가적으로 발생하는 소득].

    ㉢ 고정생산요소에 대한 수요가 증가하면 준지대는 높아진다.
        ⇨ 준지대는 고정생산요소에 대한 수요에 의해 결정된다.

    ㉣ 토지 이외의 고정생산요소에 귀속되는 소득(준지대)은 단기에 있어서는 지대의 성격을 가지지만, 장기에 있어서는 비용의 성격을 가진다.

TIP
- 마샬의 준지대이론은 신고전학파의 대표적인 이론이다. 이는 고전학파와 신고전학파의 지대논쟁에 일부 활용된다.
- 고전학파의 토지관과 지대개념은 제4편 부동산정책론의 '조세의 전가'와 '헨리 조지의 토지단일세'와 연관되어 있으므로 잘 정리해 두어야 한다.

지대논쟁
지대가 가격에 영향을 주는 **생산비(비용)인가** 아니면 **잉여인가**에 핵심을 두고 있다.

구분	고전학파	신고전학파
토지관	토지를 원시적 자원, 즉 공급의 한정으로 인한 특별한 재화로 취급, 자본과는 구별한다.	토지는 경제적 공급이 가능하므로 여러 개의 생산요소 중 하나로 취급한다.
가격에의 영향	① 곡물가격이 지대를 결정한다. ② 곡물가격 상승 ⇨ 지대 발생	① 지대가 곡물가격을 결정한다. ② 지대 상승 ⇨ 곡물가격 상승
지대의 성격	생산물에서 다른 생산요소에 대한 대가를 지불하고 남은 잉여(불로소득)로 간주한다.	잉여가 아니라 생산유소에 대한 대가이므로 지대를 요소비용으로 파악한다.

➕ **고전학파**는 원시적인 **토지**를 인공적인 **다른 생산요소(자본과 노동)와 구별**하여 특별한 재화로 취급하였다.

⚡기출

01 마샬은 일시적으로 토지의 성격을 가지는 기계, 기구 등의 생산요소에 대한 대가를 (　　)로 정의하였다. 제26회

02 (　　)은 토지의 소유 자체를 지대발생원인으로 보며, 차액지대설로는 설명이 불가능한 최열등지에 대한 지대발생 근거를 제시하고 있다. 제22회

기출정답
01 준지대　02 절대지대설

(4) 전용수입과 파레토(V. Pareto)의 경제지대

지대의 현대적 의미를 파악할 때 생산요소 공급자의 총수입은 전용수입과 경제지대를 합한 것이라고 할 수 있다.

> 생산요소 공급자의 총수입 = 전용(이전)수입 + 경제지대

① **전용(이전)수입**: 어떤 생산요소가 현재의 용도에서 다른 용도로 전용되지 않고 현재의 용도에 사용되도록 하기 위하여 지불하여야 하는 최소한의 지급액(최소수입)을 말한다. 전용수입은 생산요소의 기회비용이다.

② **경제지대(經濟地代, economic rent) · 파레토지대**: 경제지대는 생산요소공급자가 받는 총수입에서 전용(이전)수입을 뺀 것이다. 여기서 전용(이전)수입을 초과하여 생산요소에 지불되는 수입(보수)이 경제지대이다. 즉, 공급이 제한되어 있거나 공급의 가격탄력성이 낮은 생산요소에서 발생하는 추가적인 소득, 토지공급의 희소성에 따른 초과수입(보수) · 잉여를 말한다.

③ 공급의 가격탄력성에 따른 경제지대의 크기
   ⊙ 공급이 완전비탄력적인 경우에는 생산요소공급에 대한 수입 전체가 경제지대가 된다. 즉, 토지의 물리적 공급은 완전비탄력적이므로 지대수입 전체가 경제지대가 된다.
   ⓒ 공급이 완전탄력적인 경우에는 생산요소공급에 대한 수입 전체가 전용(이전)수입이 되고, 경제지대는 0이 된다.

기출

01 (　　)은 어떤 생산요소가 다른 용도로 전용되지 않고 현재의 용도에 그대로 사용되도록 지급하는 최소한의 지급액이다.
제29회

1
- **전용수입**: 기회비용 = 최소수입(보수)
- **경제지대**: 잉여 = 초과수입(보수)
- 생산요소공급이 비탄력적일수록 경제지대는 커진다.

2
경제학(노동시장)에서는 유명 연예인이나 운동선수의 높은 소득을 경제적 지대(economic rent)와 관련이 있다고 본다.

(5) 튀넨의 위치 · 입지(입지교차)지대설 - 고립국이론

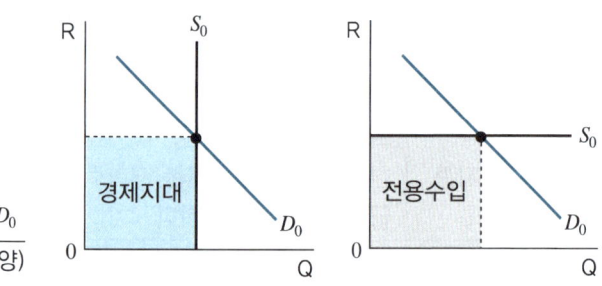

① 단일작물의 경우, 외곽에서 읍 중심으로 들어감에 따라 절약되는 수송비가 지대화된다(지대곡선은 우하향 · 역선형함수).
   ✚ 다른 조건이 일정하다면, 수송비와 지대는 반비례관계이다.

TIP
지대이론에 대한 문제 중 상당수는 튀넨의 고립국이론과 직 · 간접으로 관련된 내용에서 출제되었다. 튀넨의 이론은 지대이론에서 핵심분야이다.

기출정답
01 전용수입

② 시장(읍)에 가까울수록 수송비가 감소되므로, 토지이용자(경작자)가 지불할 수 있는 입찰지대는 증가한다. ⇨ 중심지에서 거리가 멀어짐에 따라 지대는 점점 감소한다.

③ 생산물가격, 생산비, 수송비, 인간의 행태에 따라 한계지대곡선의 기울기는 달라진다.
　㉠ 집약적 농업의 (한계)지대곡선 기울기는 급해지고, 조방적 농업의 (한계)지대곡선 기울기는 완만해진다.
　㉡ **중심지에 가까운 곳은 집약적 이용**을 하고, 외곽으로 나갈수록 조방적 이용을 한다.

한계지대곡선

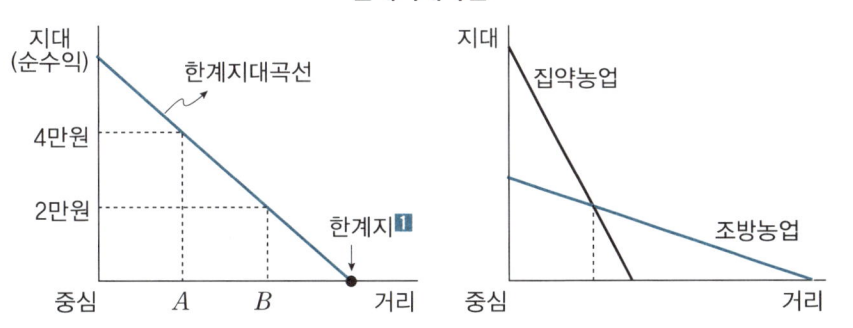

④ **입찰지대(bid-rent)**: 단위면적토지에 대한 **토지이용자의 지불용의최대금액**으로, **토지이용자의 초과이윤이 '0'이 되는 수준의 지대**를 말한다.[2]

⑤ **입찰지대곡선**이란 각 위치(거리)별로 최대의 지불능력을 나타내는 각 산업의 지대곡선을 연결한 곡선(포락선 ⇨ 우하향하면서 원점을 향하여 볼록한 형태)을 말한다.

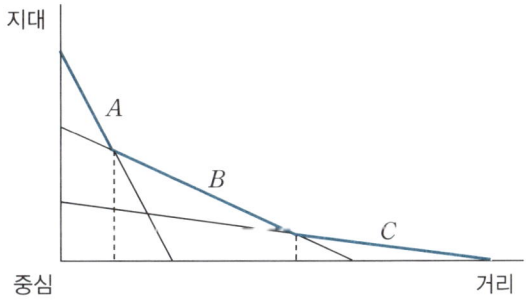

⑥ 입찰지대곡선의 **기울기가 급한 작물**은 단위거리당 수송비의 부담이 다른 작물보다 **크다는 것을 의미한다**.[3]

$$\text{입찰지대곡선의 기울기} = \frac{\text{한계운송비}}{\text{토지이용량}}$$

⚡기출

01 위치지대설에서 지대함수는 중심지에서 거리가 멀어짐에 따라 지대가 점점 (감소 / 증가)하는 함수이다.　제22회

보충

운송수단은 우마차(달구지)만 이용하며, 농민은 합리적 판단을 하는 경제인으로 보았다.

[1] 한계지

수송비부담 때문에 더 이상 경작할 수 없어서 지대가 '0'인 토지이다.

[2]

중심에서 지가·지대가 높은 것은 입지주체간의 입지경쟁의 산물로 이해할 수 있다.

[3]

중심(읍)으로 들어감에 따라 수송비 감소분만큼 지불할 지대가 증가하므로 '감소되는 수송비 × 거리 = 지대 × 토지이용량'의 등식이 성립한다.

기출정답

01 감소

⑦ 교통이 발달할수록 입찰지대곡선의 기울기는 완만해진다.
➕ 한계지 연장, 토지이용량 증가에 따른 외곽지역의 토지수요 증가 ⇨ 외곽지역의 토지가격 상승 ⇨ 이전보다 외곽지역의 토지이용집약도가 높아질 수 있다.

⑧ 튀넨의 고립국이론은 버제스(E. Burgess)의 동심원 도시구조이론에 영향을 주었다.

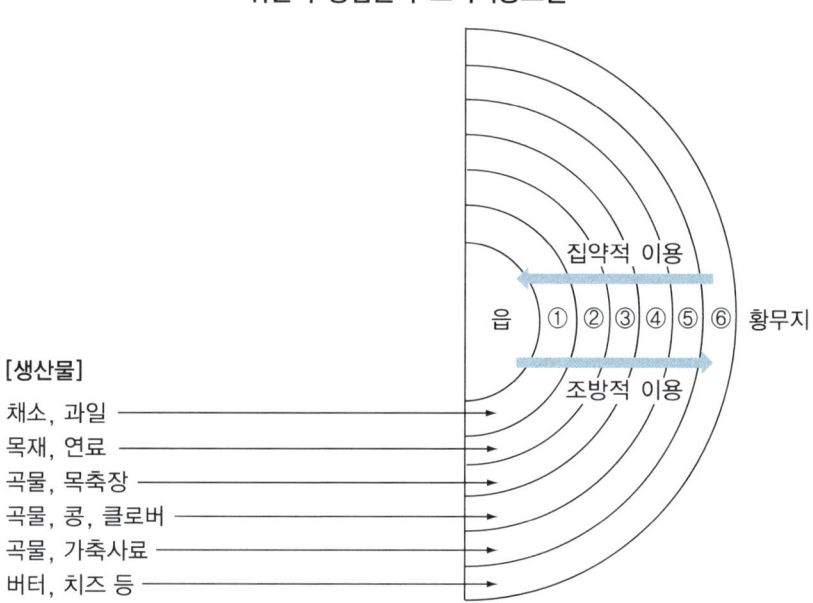

03 도시지대이론

(1) 알론소의 입찰지대이론(도시지대이론)

① 튀넨의 고립국이론을 도시공간에 적용하여 확장·발전시킨 것이다.
② 도심지역의 이용 가능한 토지는 외곽지역에 비하여 한정되어 있기 때문에 토지이용자 사이에 입지경쟁이 치열해질 수 있다.
③ 도심으로부터 일정한 거리에 위치한 토지들은 여러 **토지이용활동들간의 입지경쟁**을 통해서 특정 용도로 배분된다. ⇨ **지대입찰과정**
④ 단일도심도시에서 **상업용 토지이용이 도심 부근에서 나타나는 것은 상업용 토지이용이 단위토지면적당 생산성이 높고, 생산물의 단위당 한계교통비가 크기 때문이다.**❶
⑤ 교통비부담이 너무 커서 도시민이 거주하려고 하지 않는 한계지점(한계지)이 도시의 주거한계점이 될 수 있다. ⇨ 입찰지대모형으로 단일도심에서 직·주분리현상을 설명할 수 있다.

⚡ 기출
01 (　　)에서는 가장 높은 지대를 지불할 의사가 있는 용도에 따라 토지이용이 이루어진다. 제20회

❶ 도심 쪽의 토지가 할당되는 입지주체의 지대곡선은 급경사가 되고, 외곽으로 나감에 따라 지대곡선의 기울기는 완만해진다.

기출정답
01 입찰지대설

(2) 헤이그의 마찰비용이론

① 교통비의 절약액이 곧 지대이다.
② 중심지로부터 거리가 멀어질수록 교통비(수송비)는 증가하고 지대는 감소한다고 보아 교통비의 중요성을 강조하였다.
③ 교통수단이 좋을수록 공간의 마찰이 적어지며, 이때 토지이용자는 마찰비용으로 교통비와 지대를 지불한다(마찰비용 = 교통비 + 지대).

(3) 생산요소의 대체성(토지에 대한 자본의 결합비율)

$$생산요소의\ 대체성 = \frac{자본}{토지} \times 100$$

① 생산요소의 대체성이 크다는 것은 토지에 대한 자본의 결합비율이 크다는 것을 의미한다.
② 도심 안(중심)으로 들어갈수록 토지보다는 자본을 많이 사용하게 되고, 외곽으로 나갈수록 자본보다는 토지를 많이 사용하게 된다. 따라서 토지에 대한 자본의 결합비율은 도심에 가까울수록 높고, 외곽으로 갈수록 낮아진다.
③ 3차 산업(상업)은 집약적 토지이용을 하게 되고, 1차 산업(농업)은 조방적 토지이용을 하게 된다.
  ✚ 도심지역에 입지하는 활동들은 대체로 토지에 대한 자본의 대체성이 큰 것들이다.
④ 생산요소의 대체성은 생산요소의 상대적 가격, 산업, 기업의 종류 등에 따라서 달라진다.

⚡기출

01 헤이그의 마찰비용이론은 중심지로부터 거리가 멀어질수록 수송비는 (증가 / 감소)하고 지대는 (증가 / 감소)한다고 보고 교통비의 중요성을 강조하였다. 제20회

기출정답

01 증가, 감소

04 도시구조이론 〈빈출〉

TIP
도시구조이론은 단기간 내에 습득이 가능하며 기출문제 등을 통해 쉽게 정리할 수 있다.

⚡ **기출**

01 버제스의 (　　)이론은 도시 내부 기능지역이 침입·경쟁·천이과정을 거쳐 중심업무지구, 점이지대, 주거지역 등으로 분화된다는 것이다. 제26회

02 호이트의 (　　)이론은 도시공간구조가 교통망을 따라 확장되어 부채꼴 모양으로 성장하고, 교통축에의 접근성이 지가에 영향을 주며 형성된다는 것이다. 제25회

기출정답
01 동심원 02 선형

동심원이론 (버제스)

중심업무지구(CBD) ⇨ 천이(점이)지대 ⇨ 저소득층 주거지대 ⇨ 중산층 주거지대 ⇨ 통근자지대(고소득층 주거지대)

① 튀넨의 농촌토지이용구조를 도시토지이용구조에 적용한 이론으로, 시카고시를 대상으로 연구한 이론이다.
② 소득의 변화에 따라 도시의 구조가 침입·경쟁·천이 등의 과정을 통하여 원형을 그리면서 팽창·형성된다(거주지분화현상 – 도시생태학적 관점).
③ 중심지에서 멀어질수록 접근성, 지대, 인구밀도가 낮아지는 반면에 범죄, 빈곤 및 질병 등 도시문제가 적어지는 경향이 있다.
　⇨ 중심지보다 외곽지역으로 갈수록 주거환경이 개선된다.
④ 단핵도시구조이다.

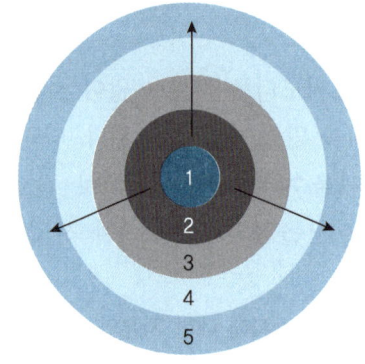

1. 중심업무지구(CBD)
2. 천이지대
3. 근로자(저소득층) 주거지대
4. 중산층 주거지대
5. 통근자지대(고소득층 주거지대)

선형이론 (호이트)

① 도시구조가 방사형 교통망을 따라 확장되면서 원을 변형한 모양(부채꼴·축)으로 성장한다.
② 고급주택은 교통망의 축에 가까이 입지하고, 중급주택은 고급주택의 인근에 입지하며, 저급주택은 최고급수준 주택의 반대편에 입지(주거 분리현상)한다. ⇨ 주택지불능력이 높은 고소득층이 도시지역과 접근성이 양호한 교통망의 축에 가까이 입지한다.
③ 주택가격의 지불능력이 주거지 공간이용의 유형을 결정하는 중요한 요인으로 본다.
④ 도시구조의 변화원인을 소득의 변화와 교통의 발달로 본다.
⑤ 단핵도시구조이며, 고급주택의 역할을 지나치게 강조하였다.

1지역: 중심업무지구(CBD)
2지역: 도매 및 경공업지대
3지역: 저소득층 주거지역
4지역: 중소득층 주거지역
5지역: 고소득층 주거지역

기출

01 유사한 도시활동은 집적으로부터 발생하는 이익 때문에 집중하려는 경향이 있다고 주장하는 도시구조이론은 ( )이다.
제29회

다핵심이론 (해리스·울만)

① 도시구조는 하나의 중심이 아니라 **몇 개의 분리된 중심**(여러 개의 핵)이 점진적으로 성장되면서 전체적인 도시가 형성된다는 것이다(다핵심에서도 중심업무지구는 인정된다).
② 동심원이론과 선형이론을 결합한 이론이다.
③ 다핵의 성립요인(부도심의 발달과 기능별 분화현상을 설명)
　㉠ **동종(유사)활동의 집적이익 추구**: 유사토지이용은 서로 흡인력을 가지고 동질적인 집단을 형성한다.
　㉡ **이종(이질적)활동의 이해상반** ⇨ **분산입지, 입지적 비양립성**
　㉢ 지대지불능력의 차이
　㉣ 특정 활동은 특별한 편익이나 특수한 시설 필요로 한다.
④ 유동적인 현대도시·대도시구조를 설명하는 데 적합하다.
⑤ 오래된 도시일수록 단핵도시구조를, 신도시일수록 다핵도시구조를 형성한다.

보충

선형이론과 다핵심이론에서는 동심원이론과 달리 점이(천이)지대가 없다.

1. 중심업무지구(CBD)
2. 도매 및 경공업지대
3. 저급주거지대
4. 중급주거지대
5. 고급주거지대
6. 중공업지대
7. 부도심업무지대
8. 교외주거지대
9. 교외공업지대

보충

유상도시이론(베리)
도시의 성장이 리본모양처럼 간선도로를 따라 형성된다.

05 상업입지이론 〈빈출〉

(1) 레일리의 소매인력법칙(중력모형, 만유인력법칙의 적용)

① 상권의 흡인력은 **두 도시의 인구수(도시크기)에 비례**하고, 두 도시의 분기점으로부터 **거리의 제곱에 반비례**한다. 이는 A도시와 B도시로의 인구유인비율로 구하게 된다.

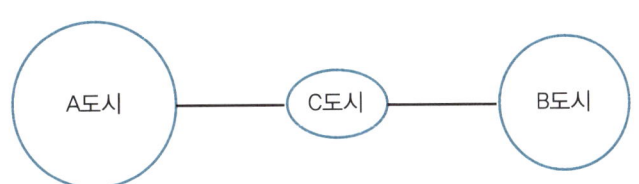

$$\left(\frac{A}{B}\right) = \left(\frac{A도시의\ 인구}{B도시의\ 인구}\right) \times \left(\frac{B도시까지의\ 거리}{A도시까지의\ 거리}\right)^2$$

TIP

레일리의 소매인력법칙, 컨버스의 분기점모형, 허프의 확률모형은 계산문제 출제빈도가 높다. 이 분야의 계산문제는 특별한 응용능력을 요구하는 것이 아니므로 반드시 연습해 두어야 한다.

기출정답

01 다핵심이론

> **보충**
> 레일리와 컨버스는 시간거리와 소비자의 개성, 효용을 고려하지 않는다.

② A도시가 B도시보다 크다면, 상권의 경계(분기점)는 B도시에 가깝다. 즉, A도시의 재화의 도달범위(상권영향력)가 더 크다는 의미이다.
③ 중력모형은 중심지간의 형성과정보다 중심지간의 상호작용(유인력)에 더 중점을 두고 있다.

(2) 컨버스의 분기점모형(수정소매인력법칙)

① **상권경계점**: 두 도시가 미치는 구매영향력이 같은 점으로서, 두 점포로의 구매지향비율이 1 : 1인 지점을 의미한다.

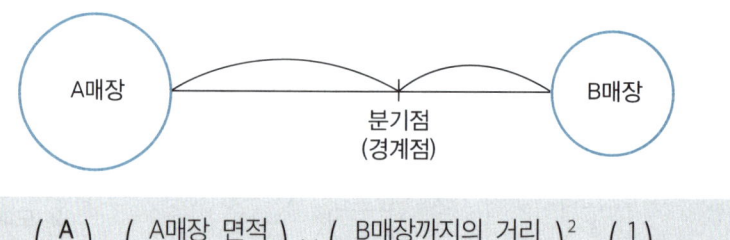

$$\left(\frac{A}{B}\right) = \left(\frac{A매장\ 면적}{B매장\ 면적}\right) \times \left(\frac{B매장까지의\ 거리}{A매장까지의\ 거리}\right)^2 = \left(\frac{1}{1}\right)$$

② 레일리의 소매인력법칙을 수정·보완하였다.

(3) 허프의 확률모형(소매지역이론)

① 소비자가 쇼핑패턴을 결정하는 확률모델을 제시한 모형으로, **다수의 매장단위로 상권을 분석**한다.

② 소비자가 특정 매장으로 구매하러 갈 확률[1]은 점포면적(규모)에 비례, 마찰계수(예 2)를 고려하여 거리에 반비례, 경쟁점포 수에 반비례하여 결정되며 다음과 같이 구할 수 있다.[2]

$$특정\ 매장에\ 구매하러\ 갈\ 중력(유인력) = \frac{매장면적}{거리^{마찰계수}}\ [3]$$

③ 공간(거리)마찰계수는 시장의 교통조건과 쇼핑물건의 특성에 따라 달라지며, **교통조건이 나쁠수록 공간(거리)마찰계수가 커지게 된다.**
   ⇨ 전문품점은 일상용품(편의품)점보다 공간(거리)마찰계수가 더 작다.

④ **소비자는 가장 가까운 곳에서 상품을 선택하려는 경향이 있다.** 고차원중심지(예 대형마트)에서는 다목적(여러 가지 재화) 구매가 가능하기 때문에 유사한 거리에 고차원중심지가 존재하면 인근의 저차원중심지(예 편의점)를 지나칠 가능성이 커진다.

⑤ 실측거리, **시간거리**, 매장규모와 같은 공간요인뿐만 아니라 비공간요인(예 **소비자의 개성 및 효용** 등)도 고려하였다.

> **[1] A점포로의 구매확률**
>
>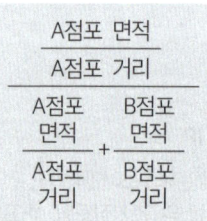
>
> **[2]** 고정된 상권을 놓고 각 점포가 경쟁함으로써 제로섬(zero-sum) 게임이 된다는 한계가 있다.
>
> **[3]** 공간마찰계수의 값이 '2'라고 제시되면 수식 분모의 거리 값에 2를 적용하면 된다.
> 예 거리값이 4km이면 $4^2 = 16$이다.

(4) 크리스탈러의 중심지이론[1]

> 중심지계층간의 포섭(nesting)의 원리를 설명하는 이론으로, **중심지**라는 공간조직의 **형성과정**과 도시구조를 설명하는 데에 유용하다.

① 주요 개념
  ㉠ **중심지**: 배후지(상권)[2]에 재화나 서비스를 공급하는 중심기능을 가지는 중심지역을 말한다.
  ㉡ **최소요구치**: 중심지 기능이 유지되기 위한 **최소한의 수요 요구 규모(최소한의 인구수)**
  ㉢ **최소요구범위**: 판매자가 **정상이윤**을 얻을 만큼의 충분한 소비자들을 **포함하는 경계까지의 거리**
  ㉣ **(재화의) 도달범위**: 중심지 활동이 제공되는 공간적 한계로, 중심지로부터 어느 기능에 대한 수요(판매량)가 0이 되는 지점까지의 거리를 말한다. 즉, 소비자가 기꺼이 통행할 수 있는 **최대한의 범위**를 의미한다.
② 중심지의 성립요건: 최소요구치 < 재화의 도달범위
③ 중심지의 종류 ⇨ 고차 · 중차 · 저차중심지로 구분
  ㉠ **고차중심지**: **고차재(전문품)와 저차재를 모두 취급**한다.
  ㉡ **저차중심지**: 저차재(편의품)만을 취급한다.
④ 중심지가 하나일 경우에는 원형을 이루나, 입지경쟁이 치열하여 중심지가 다수가 되면 이상적인 정육각형의 형태를 형성한다는 원리이다.

이상적인 배후지의 형성

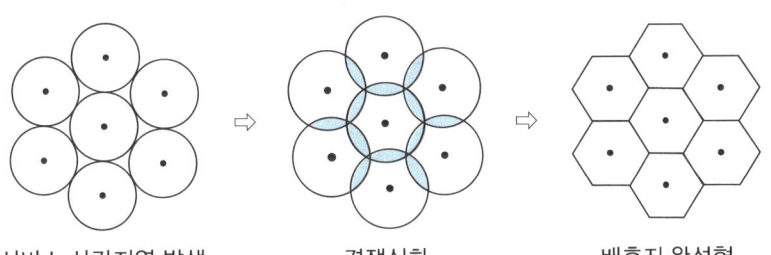

서비스 사각지역 발생   경쟁심화   배후지 완성형

⑤ 고차중심지간의 거리가 더 멀고, 기능도 전문화 · 다양화된다.[3]
  ㉠ 고차중심지의 재화의 도달범위가 저차중심지의 재화의 도달범위보다 더 크다. ⇨ **재화와 서비스에 따라 중심지가 계층화되며 서로 다른 크기의 도달범위와 최소요구범위를 가진다**는 것이다.
  ㉡ **공간적 중심지 규모의 크기에 따라 상권의 규모가 달라진다**는 것을 설명하였다.

---

[1] 크리스탈러의 중심지이론은 고객의 다목적 구매활동, 고객의 지역간 문화적 차이를 반영하지 않았다는 단점이 있다.

[2]
- **배후지(상권)**: 중심지로부터 재화와 서비스를 공급(제공)받는 주변지역
- **중심지 재화 및 서비스**: 중심지에서 배후지로 제공되는 재화 및 서비스

[3] 저차재와 고차재를 제공하는 고차중심지 배후지 안에 저차재만 제공하는 저차중심지의 배후지는 중첩되어 나타난다.

(5) 넬슨의 소매입지이론

① 점포의 주체가 최대의 이익을 얻을 수 있는 **매출액을 확보하기 위해서는 어디에 입지해야 하는가**에 대한 점포입지의 8가지 원칙을 제시하였는데, '양립성'을 가장 중요하게 판단하였다.

② 양립성: 서로 다른 점포(예 보완관계에 있는 점포 등)가 상호 인접해 있으면 고객을 서로 주고받으면서 점포의 매상고가 높아진다는 개념이다(예 백화점, 대형할인점, 메디컬 빌딩 등).

(6) 고전적 상권(배후지)이론 및 점포의 유형

① 고객의 사회적·경제적 수준이 높을수록 상권은 양호하며, 상권의 범위는 **유동적이고 가변적**이다.

② **점포면적이 클수록**(예 대형마트 등) **상권의 범위는 커지고,**[1] **재화의 구매빈도가 높을수록**(예 편의점 등) **상권의 규모는 작아진다.**

[1] 점포의 면적과 상권의 범위는 비례관계, 구매빈도와 상권의 범위는 반비례관계를 나타낸다.

③ 고전적 점포의 유형 – 단일도심을 가정

  ㉠ 점포의 소재위치에 따른 분류

집심성 점포	도심 중앙(중심)에 입지하는 것이 유리한 점포(예 백화점, 전문품점 등)
집재성 점포	동종업종이 매출액을 높이기 위하여 의도적으로 모여 있는 것이 유리한 점포(예 전자상가, 공구상가, 가구점 등)
산재성 점포	동종업종간에 분산입지하는 것이 유리한 점포(예 세탁소, 이발소, 잡화점 등)
국부적 집중성 점포	동종업종이 주로 도심 외곽의 국부적 지역에 집중하여 입지하는 것이 유리한 점포(예 석재상, 농기구상 등)

  ㉡ 구매습관에 따른 분류

전문품점	ⓐ **구매의 노력과 비용에 크게 구애받지 않고** 수요자의 취미·기호 등에 따라 구매하는 상품을 취급하는 점포를 말한다. ⓑ 주로 가격수준이 높은 재화를 취급하며 구매빈도가 낮다.
선매품점	**여러 상점을 통해 가격, 품질, 스타일 등을 상호 비교한 후** 구매하는 상품을 취급하는 점포를 말한다.
편의품점 (일상용품점)	ⓐ 생활필수품을 주로 취급하는 점포를 말한다. ⓑ 구매결정이 신속하며, 접근성이 가장 중요하다.

06 공업입지이론

(1) 공업지의 입지인자 - 입지를 유인하는 비용절약상의 이익

① **경제적 인자**: 경제적 이익을 계량화할 수 있는 것(예 수입인자·비용인자 등)
② **비경제적 인자**: 경제적 이익을 **계량화할 수 없는 것**(예 **정치적·국방적·문화적 가치, 개인의 선호도** 등)

> **보충**
>
> **입지단위**
> 입지조건의 구체적 비용 항목을 세분해 놓은 개별적 사항(예 수송비, 노동비, 원재료 등)을 말한다.

(2) 베버의 최소비용이론

① 공장의 최적입지는 **비용이 최소화되는 지점**으로 인식한다.
② 입지에 영향을 주는 가장 중요한 요인으로 운송비(원료와 제품의 수송비), 노동비(임금), 집적이익(집적력)이 있다.
③ 입지삼각형모델을 통해 ㉠ **운송비(수송비)가 최소화되는 지점**[1]을 찾고 ㉡ **노동비가 최소화되는 지점**을 찾으며 ㉢ **집적이익이 최대화되는 지점**을 순차적으로 찾는다.
④ **등운송비선(등비용선)**: 최소운송비지점으로부터 기업이 입지를 바꿀 경우, 이에 따른 **추가적인 수송비의 부담액이 동일한 지점을 연결한 곡선을 등운송비선**이라 한다.
⑤ 입지삼각형 외부에서 노동비 최소화지점이 있을 경우, 수송비의 증가분보다 노동비의 감소분이 크다면 공장의 최적입지는 노동비 최소화지점이 될 수 있다.
⑥ **임계(한계)등비용선**: 일정 수준 이상의 생산이나 활동에서는 추가적인 이익이 없으므로, 더 이상 생산을 늘리지 않는 임계점에서의 총비용을 나타내는 선을 말한다. 즉, 수송비 증가분과 노동비 감소분이 일치하는 또는 수송비 증가분과 집적이익이 일치하는 지점을 말한다.

> [1] 운송비 최소 지점은 「원료 및 제품의 무게 × 원료 및 제품의 운송 거리」의 값이 최소가 되는 지점이다.

입지삼각형모델을 통한 공장의 최적입지[2]

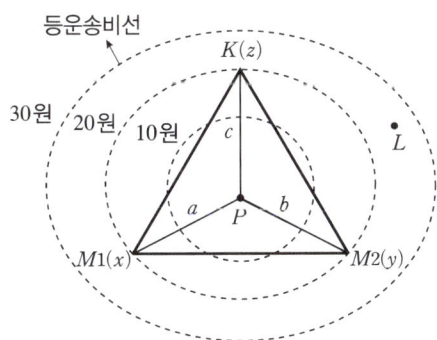

K: 소비시장
$M1$, $M2$: 원료산지
a, b: 원산지로부터 공장입지까지의 거리
c: 공장입지로부터 소비시장까지의 거리
x, y: 원료의 무게
z: 완제품의 무게
P: 공장입지
L: 노동비절감입지

> [2] **참고**
> - 그린헛, 아이사드, 스미스의 **이윤극대화이론(비용수요통합이론)**: 총이윤을 극대화하는 지리적 공간에서 최적입지가 이루어진다.
> - 총이윤 = 총수입 − 총비용

(3) 뢰쉬의 최대수요이론

대상지역 내 **비용(예 원자재가격 등)은 균등**하다는 전제하에, **시장확대가능성이 가장 큰 곳(수요가 최대인 지점)**이 공장의 최적입지라고 본다. 즉, 장소에 따라 **수요가 차별적이라는 전제**하에 수요측면에서 경제활동의 공간조직과 상권조직을 파악하였다.

(4) 산업별 입지요인

① **원료지향형 입지와 시장지향형 입지**

원료지향형 입지	시장지향형 입지
원료 중량 > 제품 중량	원료 중량 < 제품 중량
(제품)중량감소산업	(제품)중량증가산업
국지(편재)원료[1]를 많이 사용하는 공장	보편원료[1]를 많이 사용하는 공장
원료지수(MI)[2] > 1	원료지수(MI) < 1
부패하기 쉬운 원료를 사용하는 공장	부패하기 쉬운 제품을 생산하는 공장
시멘트·통조림제조공장 등	가구·음료(물)제조공장 등

- 원료지수(MI) = $\dfrac{\text{국지원료 중량}}{\text{제품 중량}}$

  >1 ⇨ 원료지향형 입지
  =1 ⇨ 자유지향형 입지
  <1 ⇨ 시장지향형 입지

② **집적지향형 입지**
 ㉠ **수송비 비중이 적고 기술연관성이 큰 계열화된 산업**
 ㉡ **한곳에 모임으로써 비용절감효과**를 얻을 수 있다.
③ **중간지향형 입지**: 원료산지와 소비시장 사이에 수송수단이 바뀌는 적환지점·이적지점(예 항구 등)에 공장이 입지하는 경우
④ **노동집약(지향)형 입지**: 미숙련공·저임금지역에 주로 입지하는 경우(예 제화·섬유·전자조립산업의 경우)

TIP
'원료지향형 입지'만 잘 정리하면 '시장지향형 입지'는 자동적으로 해결된다.

[1] **국지원료와 보편원료**
편재원료(국지원료)란 광물자원과 같이 특정한 지역에서만 생산되는 원료를 말하며, 보편원료란 물(水)처럼 비교적 어디에서나 쉽게 구할 수 있는 원료를 말한다.

[2] **원료지수(MI)**
베버는 운송비의 관점에서 특정 공장이 원료지향적인지 또는 시장지향적인지 판단하기 위해 원료지수(MI; material index) 개념을 사용한다.

해커스 공인중개사
핵심요약집
land.Hackers.com

제4편

부동산정책론

제1장   부동산정책의 의의와 기능
제2장   토지정책
제3장   주택정책
제4장   조세정책

제1장 부동산정책의 의의와 기능

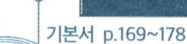 기본서 p.169~178

01 부동산문제의 개념과 특징

(1) 부동산문제의 개념

부동산과 인간과의 관계 악화에서 발생하는 여러 가지 문제를 부동산문제라 한다.

✚ 부동산문제 ⇨ 사회적 후생 감소 ⇨ 정부의 시장개입 필요성 제기

(2) 부동산문제의 특징

① **악화성향**: 부동산문제는 연쇄적으로 파급되는 효과가 있다.
② **비가역성**: 문제가 발생하면 예전의 상태로 회복하기가 어렵다.
③ **지속성**: 시간의 흐름에 따라 계속되는 현상이 있다.
④ **복합(복잡)성**: 부동산문제는 단순하지 않다.
⑤ **해결수단의 다양성**: 부동산정책은 종합정책적 성격이 있다.

02 부동산정책의 의사결정과정 [1]

TIP
다른 분야와 달리 첫 번째 단계가 '계획수립'이 아닌 '부동산문제의 인지'에 있다는 점에 유의하여야 한다.

[1] 정책의 의사결정과정에도 feedback원리가 적용된다.

부동산문제의 인지
⇩
문제에 대한 정보수집 및 분석
⇩
여러 가지 대안의 작성 및 평가
⇩
최적대안의 선택
⇩
부동산정책의 집행
⇩
부동산정책의 평가

03 정부의 시장개입 이유(부동산정책의 기능)

(1) 형평성 달성(정치적 기능) - 사회적 목표를 달성하기 위한 개입

① 저소득층의 주거안정을 위한 공공주택정책, 주거복지의 증진(예 최저주거기준의 설정 등), 차등과세(누진세[1])
② **소득재분배**: 정부의 시장개입을 통해 사회계층간 소득격차를 좁히는 기능[예 임대료규제, 공공임대주택, 조세(예 상속세·증여세·종합부동산세 등)의 기능]
③ 부동산투기 억제를 위한 개발부담금제, 토지거래허가제 등

(2) 효율성 제고(경제적 기능) - 시장실패를 수정하기 위한 개입

① 시장실패: 가격(시장)기구가 자원을 효율적으로 배분하지 못한 상태(균형 ×)를 의미한다. ⇨ 시장의 자율조정 기능 상실
② 부동산시장에서는 부동산가격이 수요와 공급을 효율적으로 조절하지 못한다[최적(효율적) 자원배분의 제한 ⇨ 사회적 후생 감소]. 따라서 불완전경쟁시장인 부동산시장에는 정부의 시장개입 필요성이 제기된다.
③ 정부는 부동산자원의 **최적사용**이나 **최적배분**을 위하여 부동산시장에 개입할 수 있다.

04 시장실패(market failure)의 원인[2] 〔빈출〕

(1) 불완전경쟁

① 독점·과점 등의 불완전한 시장(**진입장벽의 존재**)은 자원배분의 효율성을 달성하지 못한다.
② 생산자의 수가 유일하거나 소수라면 시장은 실패할 수 있다.
③ 독과점기업이 **생산량을 적게 조정**하고 **가격을 높게 책정**하면(임의결정), 소비자는 높은 가격을 부담하게 되고 **재화의 소비량도 감소**하게 된다.[3]

(2) 규모의 경제(economy of scale)

① 생산이나 판매규모의 확대에 따른 (대)기업의 평균비용이 장기적으로 감소하는 현상(예 전력산업, 통신산업, 철도산업 등)을 말한다.
② 단위당 생산량·판매량을 증가시킬수록 **비용이 체감하는 산업**은 후발기업의 경쟁력을 저하시킨다. 이에 따라 시장구조가 **자연독점화**되므로 자원배분의 효율성이 달성되지 못한다.

---

[1] **누진세**
세율의 적용에 있어서 과세표준이 크면 클수록 높은 세율을 적용하는 세금을 말한다. 누진세의 종류에는 소득세, 상속세, 증여세 등이 있으며 소득재분배의 효과가 크다.

TIP
시장실패의 원인에 대해서는 '균형'상태가 아니라는 점에서 접근할 필요가 있다.

[2] 재화의 동질성, 정보의 완전성은 완전경쟁시장의 요건으로서 시장실패의 원인이 아니다.

[3] **대책**
독과점기업(가격담합)에 대한 규제 및 과징금 부과 등

[1] 보충
공공재는 시장기능에 생산을 맡기면 사적 비용이 커지며, 사용수명이 긴 내구재적 성격을 갖는다.

(3) 공공재[1]
① **개념**: 도로·공원·명승지·산림 등 가격이 없는 재화(함께 소비해도 소비량이 줄어들지 않는다)를 말한다.
② **특성**
  ㉠ **비경합성**: 재화를 다른 사람이 추가로 사용해도 다른 사람의 소비와 경합되지 않는 성질을 말한다.
  ㉡ **비배제성**: 가격을 지불하지 않더라도 그 재화의 소비로부터 배제되지 않는 성질을 말한다.
③ 공공재는 **무임승차(free rider)[2]의 문제**가 발생하여 사적 기업의 수익성 확보를 어렵게 만들며, 시장기능에 맡겨두면 사회적 최적(적정)량보다 더 **적게(과소생산)되는 문제**가 발생한다. ⇨ 사적 주체에게 보조금 지급, 공적 주체가 직접 공급

[2] 무임승차(無賃乘車, free rider problem)
공공재를 생산하는 데에는 비용이 수반되지만 이의 이용주체들이 생산비·가격을 지불하지 않으려는 행동을 하게 된다.

(4) 정보의 비대칭성·불완전성
① 경제주체들이 가지는 정보가 같지 않을 경우(정보의 불공평한 배분, 정보의 불완전성)에 **자원배분의 효율성은 달성되지 못한다.** ⇨ 가격의 왜곡현상 ⇨ 전자계약제도, 실거래가신고제도, 공시제도 등을 통한 정부의 시장개입
② 정보를 많이 가진 자는 도덕적 해이(moral hazard)를 유발하고, 그렇지 못한 자는 역(逆)선택[3]의 문제가 발생할 수 있다.

[3] 역선택
정보가 부족하여 불리한 선택을 하게 되는 것을 말한다.

(5) 외부효과 〈빈출〉 ⇦ **부동성·인접성**
① **개념**: 외부효과란 **시장기구(가격기구)를 통하지 않고 제3자에게 의도하지 않은** 이익이나 손해를 가져다줌에도 이에 합당한 **대가나 보상이 이루어지지 않는 경우**를 말한다.
② **정(+)의 외부효과(외부경제)[4]**: 주거지 부근에 생태공원과 학군의 조성 등은 정(+)의 외부효과를 발생시킬 수 있다.
  ㉠ **생산 측면**: 사적 비용 > 사회적 비용[5]
  ㉡ **소비 측면**: 사적 편익 < 사회적 편익
  ㉢ 정(+)의 외부효과를 발생시키는 재화는 사회적 최적량보다 **과소생산(소비)되는 문제**가 발생할 수 있다. 이에 정부는 사적 주체에게 보조금 지급이나 세금감면 등의 방법을 통하여 개입한다.
  ㉣ 정(+)의 외부효과로 인한 정부의 시장개입은 수요곡선이나 공급곡선을 우측으로 이동시킨다. 즉, 정부는 최적(균형)생산량이나 최적(균형)소비량을 맞추기 위해서 개입한다.

[4] 정(+)의 외부효과
이익, 이로운, 긍정적, 유리한, PIMFY현상

[5] 사적 비용과 사회적 비용
• **사적(한계) 비용**: 특정 재화를 생산하면서 개별 주체가 부담하여야 하는 비용, 즉 개별공급자의 사적 비용을 말한다.
• **사회적 비용**: 외부효과로 인하여 생산자와 소비자, 즉 사회 전체가 부담하여야 하는 부수적인 비용을 포함한다(사회적 비용 = 사적 비용 + 외부비용).

③ 부(-)의 외부효과(외부불경제)[1]: 주거지 부근에 있는 쓰레기 소각장 등의 유해시설은 부(-)의 외부효과를 발생시킬 수 있다.
  ㉠ **생산 측면**: 사적 비용 < 사회적 비용
  ㉡ **소비 측면**: 사적 편익 > 사회적 편익
  ㉢ 부(-)의 외부효과를 발생시키는 재화는 사회적 최적량보다 **과다생산(소비)되는 문제**가 발생할 수 있다. 이에 정부는 사적 주체에게 규제(예 환경부담금·세금·과징금 부과 등)의 방법을 통하여 개입한다.
  ㉣ 부(-)의 외부효과로 인한 정부의 시장개입은 수요곡선이나 공급곡선을 좌측으로 이동시킨다. 즉, 정부는 최적(균형)생산량이나 최적(균형)소비량을 맞추기 위해서 개입한다.

[1] **부(-)의 외부효과**
손해, 해로운, 부정적, 불리한, NIMBY현상

TIP
생산 측면에서는 사적 비용과 사회적 비용을 비교하고, 소비 측면에서는 사적 편익과 사회적 편익을 비교한다. 따라서 '사회적 비용보다 사적 편익이 더 클 경우~'와 같은 지문은 성립하지 않는다.

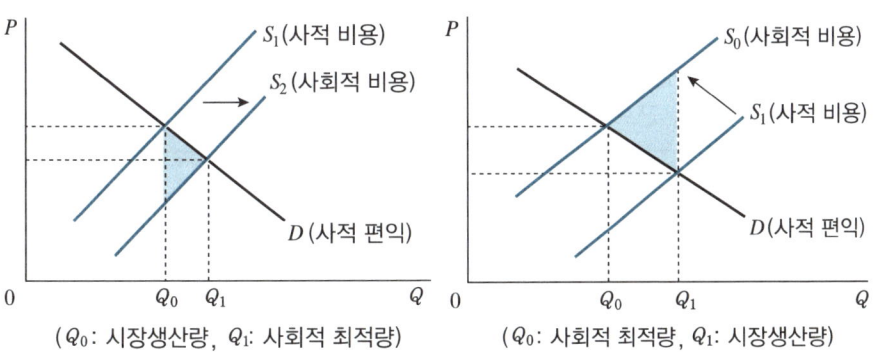

④ 외부경제·외부불경제 모두 시장실패의 원인이므로, 두 가지 경우 모두 정부의 시장개입 명분이 된다. 정부는 **사적 비용과 사회적 비용을 일치**시키기 위하여, **사적 편익과 사회적 편익을 일치시키기 위하여 시장에 개입한다**.
⑤ **코즈의 정리**: 시장실패의 문제를 경제주체간의 재산권에 대한 직접적 교섭이나 협상 등을 통하여 해결할 수 있다.
  ✚ 협상 및 법적 비용의 과다, 진상조사의 어려움, 제3자라는 관계의 모호성 등으로 인하여 사적 주체간 해결이 곤란한 경우가 많다.

보충
외부효과의 내부화
시장참여자가 자신들의 행동이 초래하는 외부효과를 의사결정에서 감안하도록 하는 과정을 말한다.

05 정부의 실패

정부의 시장개입 결과 이전보다 자원배분의 효율성이 악화되는 결과를 초래하는 경우로, **정부의 시장개입은 사회적 후생손실을 낳을 수도 있다**. 이러한 **정부의 실패는 시장실패가 아니다**. 즉, 정부의 시장개입은 정부가 의도하지 않은 부작용이 나타나는 등 실패할 가능성도 있다.

제2장 토지정책

기본서 p.179~191

01 토지문제

(1) 물리적 문제 – 부증성

(2) 경제적 문제 – 지가고(地價高)현상(합리적 지가수준을 넘는 상태)

> **지가고의 폐단**
> - 공공용지 확보의 어려움
> - 주택문제 해결 곤란, 공공용지 보상가격의 상승으로 재정부담 증가
> - 물가 상승 및 산업의 원가 상승요인
> - 건물의 고층화(집약화)에 따른 과도한 직·주분리, 스프롤현상의 심화
> - 투기 조장, 근로의욕 저하, 사회적 불평등의 심화

(3) 토지이용의 비효율성, 토지소유의 편중, 거래질서의 문란, 개발이익의 불공정한 환수, 토지관리체계의 미흡 등

보충
- **직주분리**: 도시화가 진행되고 도심의 주택가격이 급등함에 따라 도시민의 주거지가 주택가격이 싼 외곽지역으로 밀려나면서 직장과 주거지가 멀어지는 현상을 말한다.
- **스프롤현상**: 도시계획이나 토지이용계획을 소홀히 하여 무질서, 무계획적, 평면적으로 확산되는 현상을 말한다.

02 토지정책수단(시장개입방법) 〈빈출〉

TIP
직접·간접 개입수단을 구분하여 정리하여야 한다. 해당 내용을 숙지·암기하여 선택형 문제(예 '옳은 것은 모두 몇 개인가?', '옳은 것은 모두 고른 것은?' 등)에 대비하여야 한다.

보충
학자(강사)들의 견해에 따라 분양가규제(상한제), 임대료규제를 직접적 개입방법으로 보는 경우도 있다.

구분	내용
직접적 개입	공적 주체가 토지시장의 **수요자·공급자 역할**을 수행하는 방법 예 토지수용, 토지선매, 도시재개발, 공영개발, **토지은행**, 공공투자사업 등 ① **토지수용**: 공공사업을 위하여 필요한 토지 등을 소유자 등으로부터 강제징수하는 것을 말한다. ② **토지선매**: 공익을 위하여 **사적 거래에 우선**하여 공공기관 등이 매수하는 것을 말한다. ③ **협의매수**: 토지소유자와 협의하여 국가, 지방자치단체 등이 토지를 사들이는 것을 말한다.
간접적 개입	시장의 틀을 유지한 채 그 기능을 통하여 효과를 노리는 방법 예 조세·금융·행정상의 지원(가격공시세도), 보조금 지급, 개발부담금 부과 등
토지이용규제	토지이용을 바람직한 방향으로 유도하기 위해 **법적으로 구속하고 제한하는** 조치·제도 예 **지역지구제**, 건축규제, 인·허가제도 등

03 토지은행(비축)제도

정부 등 공적 주체가 재원을 투입하여, 장래의 용도를 위해 미개발토지를 매입·확보·비축하였다가 민간의 토지수요가 증가하면 이를 공급하는 직접적 개입방법이다.

(1) 우리나라의 토지은행(비축)제도(「공공토지의 비축에 관한 법률」, 2009)

국토교통부장관은 공익사업용지의 원활한 공급과 토지시장의 안정을 위해 10년 단위의 공공토지비축 종합계획을 수립·시행하여야 한다.

① 재원: 토지비축사업의 주체인 한국토지주택공사는 주로 토지은행적립금과 「한국토지주택공사법」에 따른 토지채권 발행, 기타 자산유동화나 부동산금융의 방법 등으로 비축재원을 조달한다.**[1]**

② 회계의 구분: 토지은행은 공공토지의 비축을 위하여 한국토지주택공사에 설치하는 토지은행계정으로, 한국토지주택공사의 회계와 구분한다(사업의 안전성·독립성 보장).

③ 비축토지의 관리 및 공급: 공공토지비축을 통하여 토지를 공급받은 자는 그 토지를 3년 이내에 지정용도대로 사용하지 아니한 경우에는 환매할 수 있도록 한다.**[2]**

④ 비축대상토지

구분	공공개발용	수급조절용
대상	SOC용지, 산업용지, 주택용지	일반토지, 개발가능지, 매립지 등
비축 목적	적기·적소·저가 공급 및 경제기반 확충	토지시장의 안정
비축 수단	보상(협의·수용), 선매, 매수 청구	협의, 선매

㉠ 공공개발용 토지의 취득을 위하여 필요한 때에는 「공익사업을 위한 토지 등의 취득 및 보상에 관한 법률」에서 정하는 토지·물건 또는 권리(이하 '토지 등'이라 한다)를 수용(사용을 포함한다)할 수 있다.

㉡ 수급조절용 토지 등의 비축을 위하여 한국토지주택공사는 시행계획에 따라 수급조절용 토지 등의 비축사업계획을 수립하여 국토교통부장관의 승인을 받아야 한다.

㉢ 농지: 한국토지주택공사는 필요한 경우 「농지법」으로 정하는 바에 따라 농지를 취득할 수 있다. 한국토지주택공사는 취득한 농지를 농지전용 이전까지 「농지법」으로 정하는 바에 따라 임대하거나 사용대(使用貸)하여야 한다.**[3]**

TIP

토지정책수단
1. 개념 및 필요성
2. 근거법률
3. 제도의 시행시기

[1] 토지비축을 위하여 한국토지주택공사가 토지채권을 발행한 사례가 있다.

[2] 토지를 공급받은 자는 지정용도대로 사용하지 않고 전매 및 전대할 수 없다. 다만, 상속 등 대통령령으로 정한 경우에는 그러하지 아니하다.

[3] 농지소유자의 매도의사가 있는 경우에 한하여 매입할 수 있다.

(2) 장점(기대효과)

① **시장상황에 따른 토지수급조절을 통하여 토지시장의 안정에 기여한다.**
② **SOC용지 · 산업용지 · 주택용지 등을 저렴하게 공급할 수 있다.**
   ⇨ 공공주택 등의 주택분양가 · 공공주택임대료 인하 효과
③ 임대산업단지의 경우 초기 투자비용의 감소로, 중소기업의 경쟁력 강화에 기여한다(임대용지 장기 저가공급 효과).
④ 사적 토지소유의 편중현상으로 인해 발생가능한 **토지보상비 등의 고비용문제를 완화할 수 있다.**
⑤ 계획적인 토지이용이 가능하다. ⇨ 사적 주체의 무질서한 개발 방지
⑥ 사적 주체에 의한 것보다 개발이익 환수가 용이하다.

(3) 단점

① 막대한 토지매입비용이 수반된다.
② 비축한 토지에 대하여 민간의 토지수요가 발생하지 않을 경우 **관리상의 문제**가 발생할 수 있다.
   ✚ 공공자유보유[1]의 문제(예 불법점유 등)
③ 투기방지대책 없이 토지를 매입할 경우 주변 지역의 지가 상승(투기)을 유발할 수 있다.

「공공토지의 비축에 관한 법률」상 용어
1. **공공토지**: 공익사업에 필요한 토지, 토지시장 안정을 위한 수급조절용 토지, 조성된 매립지 및 매립예정지 등
2. **비축대상토지**: 한국토지주택공사가 토지은행사업으로 **취득할 공공토지**
3. **비축토지**: 한국토지주택공사가 토지은행사업으로 **취득하여 관리하는 공공토지**

---

[1] **공공자유보유**
공공이 확보한 미개발토지를 아무런 수익 없이 방치하는 것이다. ⇨ 무단점유 등으로 불량주택지역이 형성될 수 있다.

[2] **집적이익**
특정활동이나 산업 등이 한 곳에 모임을 통하여 추가적으로 발생하는 이익이나 비용절감효과를 말한다.

[3]
토지적성평가제도는 토지에 대한 개발과 보전의 문제가 있을 때 이를 합리적으로 조정하는 제도이다.

04 지역지구제

(1) 경제적 의의와 필요성

① 어울리지 않는 토지이용을 규제, **부(−)의 외부효과를 제거 · 차단하여 토지이용의 경제적 · 효율성을 제고한다.** ⇨ 사회적 후생손실 완화 목적
② 집적이익[2]의 증대효과 기대
③ **개발과 보전의 조화를 통하여 세대(후대)간 형평성을 유지한다.**[3]
   ⇨ **공공복리 증진 도모**

④ 공공토지서비스의 공급수단(공공용지 확보수단)으로 활용되기도 한다.[1]

⑤ 사적 시장이 외부효과에 대해서 효율적인 해결책을 제시하지 못할 때, 정부에 의하여 채택되는 부동산규제의 한 방법이다.

[1] 지역지구제와 같은 부동산정책을 통해서 부동산의 공급을 조절할 수 있다.

(2) 문제점

① 토지이용규제가 심한 지역(규제·보전지역 – 우발적 손실 발생)과 독점적 지위를 부여한 지역(개발가능지역)의 토지소유자간 재산상 불평등문제를 발생·심화시킨다. ⇨ **용도지역지구제는 토지이용을 제한하여 지역에 따라 지가의 상승 또는 하락을 야기할 수도 있다.**

② 계획수립과 집행간의 시차에 기인하는 상황에 대처하기 어렵다.

★ 개념 PLUS | 용도지역·용도지구·용도구역의 구분

1. **용도지역**: 토지를 경제적·효율적으로 이용하고 공공복리의 증진을 도모하기 위하여 **서로 중복되지 아니하게** 전국의 모든 토지를 대상으로 결정(지정)하는 지역을 말한다.
   -「국토의 계획 및 이용에 관한 법률」

도시지역	주거지역	전용주거지역	2종(공동)
			1종(단독)
		일반주거지역	3종(중고층)
			2종(중층)
			1종(저층)
		준주거지역	
	상업지역	중심, 일반, 유통, 근린	
	공업지역	**전용**, 일반, **준공업지역**	
	녹지지역	보전, 생산, 자연	
관리지역		보전, 생산, 계획	
농림지역			
자연환경보전지역			

2. **용도지구**: **용도지역의 제한을 강화 또는 완화**하여 적용하며, 경관·안전 등을 도모하기 위하여 필요한 토지에 **중복지정이 가능**하고, 용도지역 내 일부토지를 대상으로 한다.
   ⇨ 경관지구, 미관지구, 고도지구, 보존지구 등

3. **용도구역**: **용도지역 및 용도지구를 강화·완화**하여 무질서한 확산방지 등을 위해 결정하는 지역
   ⇨ **개발제한구역**, 시가화조정구역, 도시자연공원구역, 수산자원보호구역

보충

- **도시·군 기본 계획**: 관할구역에 대하여 기본적인 공간구조와 장기 발전방향을 제시하는 종합계획, 도시·군 관리계획의 지침
- **도시·군 관리 계획**: 개발·정비 및 보전을 위하여 수립하는 토지이용, 교통, 환경, 경관, 안전, 산업 등에 관한 계획
- **지구 단위 계획**: 도시·군계획 수립 대상지역의 일부에 대하여 토지이용 합리화, 기능 증진, 미관 개선, 양호한 환경을 확보하며, 그 지역을 체계적·계획적으로 관리하기 위해 수립하는 계획

05 개발권양도제·이전제(TDR; Transferable Development Rights)

(1) 의의

① 개발이 제한된 지역(규제지역)의 **토지소유권에서 개발권을 분리**하여 **토지소유자에게 개발권을 부여**하고, 개발이 필요한 다른 지역에서 **개발권을 양도**할 수 있도록 하는 제도이다.

② 토지이용규제에 따른 **규제(보전)지역 토지소유자의 손실을 시장기구를 통하여** 해결하고자 하는 제도로, **공공의 부담(정부의 재정부담)은 발생하지 않는다.** ⇨ **우리나라에서 시행하는 제도가 아니다.**

③ 개발권양도제는 보전(규제)지역의 **상부 미이용 공간**을 인근의 다른 지역(개발적지)으로 이전시켜 개발하는 **공중공간의 활용방안**으로 볼 수 있다.

> **보충**
> 초기의 개발권양도제는 미국에서 도심지의 역사적 유물 등을 보전하기 위한 목적으로 실시되었다.

(2) 특징

① **적용가능지역**: 보전(규제)지역 등 **토지이용규제가 극심한 지역**[1]

② **장점**
  ㉠ 토지소유자간 재산상 불평등문제를 정부의 개입 없이 시장기능에 의하여 어느 정도 해소하는 것이 가능하다[보전(규제)지역 토지소유자의 손실보상].
  ㉡ 문화재 등 보전(규제)지역을 유지함으로써 사회적 편익에 기여할 수 있다.
    ✚ 공익과 사익의 적절한 조화를 도모할 수 있다.

③ **단점**: 개발권양도제는 개발가능지역에 이미 설정된 규제상한선 이상으로 토지를 개발할 수 있음을 전제하기 때문에, **기존의 개발가능지역에서 과밀현상이 심화될 수 있다.**

> [1] **개발제한구역**
> 도시의 무질서한 확산을 방지하고 도시주변의 자연환경 보전을 목적으로 한다.

06 토지공개념

(1) 의의

토지의 공익성과 사회성을 강조하는 개념으로, 토지소유권에 대한 제한가능성(이용 및 처분 등에 제한)을 인식하는 사고라고 볼 수 있다.

✚ 사적 소유는 인정하되, 토지소유자의 절대적 권리를 인정하지 않는다는 것이다.

(2) 주요 정책수단 [1][2]

토지거래 허가제	① 「부동산 거래신고 등에 관한 법률」에 따라 투기적 거래가 성행하거나 지가급등 우려지역을 토지거래허가구역으로 지정하여 계약 전에 **시장·군수·구청장의 허가를 받고** 거래(투기적 거래를 방지)하는 제도이다. ② 토지거래허가구역은 5년 이내의 기간을 정하여 국토교통부장관 또는 특별시장·광역시장·특별자치시장·도지사·특별자치도지사가 지정할 수 있다. ③ 허가를 받지 아니하고 체결한 토지거래계약은 효력이 발생하지 아니한다.
부동산거래 신고제	실제 거래가격 등을 **거래계약체결일부터 30일 이내에** 대상 부동산 소재지 관할 시·군·구청장에게 공동으로 신고하는 제도
개발 부담금제	① **개발이익**: 개발사업의 시행이나 토지이용계획의 변경, 기타 사회·경제적 요인에 의하여 **정상지가상승분을 초과하여 개발사업을 시행하는 자 또는 토지소유자**에게 귀속되는 **토지가액의 증가분**을 말한다. ② **시장·군수·구청장**은 개발부담금 부과 대상 사업이 시행되는 지역에서 발생하는 개발이익을 「**개발이익 환수에 관한 법률**」에 정하는 바에 따라 **개발부담금으로 징수하여야 한다.** ③ 개발부담금제는 개발사업의 시행으로 이익을 얻은 사업시행자로부터 개발이익의 일정액을 환수하는 제도이다.
개발이익 환수수단	① **조세적 수단**: 재산세, 양도소득세 등 ② **비조세적 수단**: 감보율, 표준지공시지가 등

[1] 시행하지 않는 정책
- 택지소유상한제
- 토지초과이득세제
- 공한지세
- 종합토지세
   ⇨ 폐지됨

[2] 현행 법제도상 주요 부동산투기억제제도
- 토지거래허가제
- 부동산거래신고제
- 개발이익환수제
- 재건축초과이익환수제
- 부동산 실권리자명의 등기제도

07 주요 제도의 근거법률 및 시행시기

보충
국토교통부장관은 재건축사업에서 발생되는 재건축초과이익을 재건축부담금으로 징수하여야 한다.

주요 제도	근거법률	시행시기
공인중개사제도	「공인중개사법」(2014 개정)	1985년
개발부담금(개발이익환수)제	「개발이익 환수에 관한 법률」	1990년
부동산실명제	「부동산 실권리자명의 등기에 관한 법률」	1995년
자산유동화(ABS)제도	「자산유동화에 관한 법률」	1998년
주택저당유동화(MBS)제도	「한국주택금융공사법」	2004년
재건축부담금(초과이익환수)제	「재건축초과이익 환수에 관한 법률」	2006년
부동산거래신고제	「부동산 거래신고 등에 관한 법률」	2006년
토지비축(은행)제도	「공공토지의 비축에 관한 법률」	2009년

✚ DTI(소득대비 부채비율)제도 이후에 DSR(총체적상환능력비율)제도가 시행되고 있다.

기타 부동산제도와 근거법률

부동산 제도 및 개념	근거법률
검인계약서제도: 거래계약서를 작성할 때 실제 거래가격을 기재하여 대상부동산의 소재지 관할 시장·군수·구청장의 검인을 받는 제도	「부동산등기 특별조치법」
투기과열지구: 주택의 청약·전매제도 등을 강화하여 투기적 수요를 억제하고 과열현상을 완화하기 위함	「주택법」
조정대상지역: 주택가격, 청약경쟁률, 분양권전매량 등을 고려하여 주택분양 등이 과열되어 있거나 과열될 우려가 있는 지역 등에 지정	「주택법」
투기지역 지정제도: 토지나 주택 등 부동산가격이 급등하거나 급등할 우려가 있는 지역을 대상으로 지정, 주택투기지역과 토지투기지역으로 구분된다.	「소득세법」

제3장 주택정책 (빈출)

기본서 p.192~210

01 주택문제와 주택의 특성

(1) 주택문제

① **양적 주택문제**: 주택의 절대량 부족, 지역별로 수급불균형의 문제
② **질적 주택문제**: 주거상태·주거수준이 열악한 상태(불량주택의 문제)[1]

(2) 주택의 특성

① 주택은 일정한 장소에 고정되어 있어 상품으로서의 유통성이 낮은 편이다.
② 주택공급의 비탄력적인 성격과 주택수요의 필수재적인 성격 때문에 주택시장은 불완전한 특성을 가지고 있다.
③ 주택에 대하여는 공공서비스가 제공되며, 주택시장은 정부의 정책과 인근지역의 영향을 크게 받는다.[2]

02 임대료규제정책(최고가격제·상한제)

(1) 의의

저소득층 임차가구를 보호하기 위하여 정부가 임대주택시장에 개입하여 시장균형임대료 이하로 임대료를 규제(통제)하는 것을 말한다.

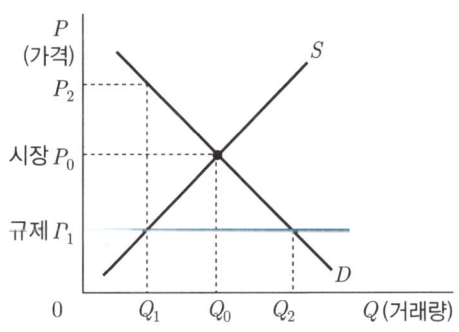

시장균형임대료보다 임대료를 낮게 규제하는 것
= 규제임대료 이하로만 거래하도록 통제하는 것
= 규제임대료 이상으로 거래하지 못하도록 통제하는 것

---

[1] **PIR(Price to Income Ratio)**: 연소득 대비 주택가격의 비율을 말한다.

$$\frac{주택가격}{연소득} \times 100$$

⇨ 가구의 지불능력을 측정하는 지표로, PIR이 높다는 것은 주택부담능력이 악화되는 것을 의미한다.

[2] 주택은 긍정적인 외부효과를 창출하므로 생산과 소비를 장려해야 할 가치재(merit goods)이다.

TIP
- 주택정책 중 임대료규제에 대한 내용은 출제 빈도가 높다. 이에 대한 문제는 조건을 잘 보고 대응하여야 한다.
- 전월세상한제도 임대료규제의 한 방법으로 볼 수 있다.

(2) 효과

시장	• 시장균형임대료보다 임대료를 낮게 규제하는 최고가격제 · 상한제 • 임대주택 공급 감소 · 임대주택 수요 증가 ⇨ 초과수요
임대인	• 낮은 임대료에 따른 수익성 하락 • 임대주택 투자기피, 용도전환 ⇨ 임대주택의 공급 감소 • 단기보다 장기로 갈수록 공급은 더 많이 감소(단기에는 비탄력적, 장기에는 탄력적으로 반응) • 임대주택의 수요 또한 단기보다 장기에 더 탄력적이 된다. 즉, 단기보다 장기에 초과수요량이 더 많아진다. • 임대주택의 관리 소홀 ⇨ 임대주택의 질적 수준 하락
임차인	• 공급 감소와 관리 소홀 ⇨ 주거환경 악화 • 기존임차인의 주거이동 감소 • 신규임차인의 음성적 지불현상(암시장 형성) • 임대료의 이중가격(규제임대료 · 음성적 지불임대료) 형성

① 시장균형가격 이하로 임대료를 규제하면, 장기적으로 임대주택공급이 감소하기 때문에 임대료규제의 효과가 충분히 발휘되지 못한다.
② 임대료규제정책으로 공급이 탄력적으로 반응하면(공급이 더 많이 감소하면) 임차인의 주거환경은 더욱 악화된다.
③ 공급이 완전비탄력적인 한, 임대인의 소득 일부가 임차인의 소득으로 귀속되는 소득재분배효과가 있다.

(3) 임대료의 상한이 시장균형임대료보다 높을 경우

규제임대료가 시장임대료보다 높다면 임대주택시장에 아무런 영향을 주지 못한다. 즉, 임차인 보호효과가 없다.

「민간임대주택에 관한 특별법」상 주요 용어의 정의

1. '**민간임대주택**'이란 임대 목적으로 제공하는 **주택**[토지를 임차하여 건설된 주택 및 오피스텔 등 대통령령으로 정하는 준주택(이하 '준주택'이라 한다) 및 대통령령으로 정하는 일부만을 임대하는 주택을 포함한다.]으로서 **임대사업자가 등록한 주택을 말하며, 민간건설임대주택과 민간매입임대주택으로 구분**한다.
2. '민간매입임대주택'이란 **임대사업자가 매매 등으로 소유권을 취득하여 임대**하는 민간임대주택을 말한다.
3. '**공공지원민간임대주택**'이란 임대사업자가 민간임대주택을 **10년 이상** 임대할 목적으로 취득하여 **임대료 및 임차인의 자격 제한** 등을 받아 임대하는 민간임대주택을 말한다.

4. **'장기일반민간임대주택'**이란 임대사업자가 **공공지원민간임대주택이 아닌 주택을 10년 이상** 임대할 목적으로 취득하여 임대하는 민간임대주택[아파트(도시형 생활주택이 아닌 것을 말한다)를 임대하는 민간매입임대주택은 제외한다]을 말한다.

5. **'단기민간임대주택'**이란 임대사업자가 6년 이상 임대할 목적으로 취득하여 임대하는 민간임대주택을 말한다.

6. **'임대사업자'**란 「공공주택 특별법」에 따른 공공주택사업자가 아닌 자로서 1호 이상의 민간임대주택을 취득하여 임대하는 사업을 할 목적으로 등록한 자를 말한다.

7. 임대사업자는 임대기간 동안 임대료의 증액을 청구하는 경우에는 임대료의 5%의 범위에서 주거비 물가지수, 인근지역의 임대료변동률, 임대주택세대 수 등을 고려하여 대통령령으로 정하는 증액 비율을 초과하여 청구해서는 아니 된다. ⇨ 전월세상한제

03 임대료보조정책[1]

- 임대사업자의 심리를 자극시켜 시장기능에 의하여 사적 임대주택의 공급 증가를 유도하는 **간접적 개입방법**이다.
- 임대료규제정책과 달리 **장기적으로 임대주택의 공급이 증가**하므로 저소득 임차인의 주거안정에 기여한다.

(1) 수요자(임차인)보조[2]

① 효과[3]

단기효과	보조금 지급 ⇨ 임차인 효용 증가 ⇨ 저소득층의 실질소득 향상 ⇨ 임대주택의 수요 증가 ⇨ 임대료 상승(임대업자는 초과이윤 획득)
장기효과	신규공급자 시장 진입 ⇨ **임대주택의 공급 증가** ⇨ 임대료 하락(원래 수준) ⇨ 저소득층의 주거안정

[1] 정부가 임대료를 무상으로 보조하므로 임차인의 효용증대효과가 있다.

[2] 공급자(생산자)보조에 비하여 주거지 선택이 자유로운 편이다.

[3] 임대료가 하락하여 임대주택의 소비가 증가하는 것은 소득효과와 대체효과로 이해할 수 있다.

② 임대료(가격)보조방식과 소득(현금)보조방식

임대료 (가격) 보조방식	㉠ 보조받은 금액을 전액 임대주택재화의 소비에 한정하는 방식이다[예 주택바우처(voucher)[1] - 임차인에게 쿠폰 지급]. ㉡ 보조받은 금액을 전액 임대주택의 소비에 한정한다고 하더라도 보조금 지급 이후 임대주택 외의 다른 재화의 소비량이 늘어나는 효과가 있다(실질소득 향상).
소득 (현금) 보조방식	㉠ 임대료보조금과 동일한 금액을 임차인에게 현금으로 지급하는 것으로, 적정한 임대주택 수준을 스스로 결정할 수 있다. ㉡ 동일한 금액을 현금으로 지급하면, 임차인은 임대주택 이외의 다른 재화를 더 많이 소비할 수 있다. ㉢ 임차인의 선택의 폭을 넓혀주므로 효율성과 임차인의 효용증대 측면에서 가격보조방식보다 더 효과적이다.

[1] **주택바우처 제도**
- 임대료부담이 큰 저소득가구를 대상으로 임대료의 일부를 재정으로 지원하는 제도이다.
- 정부가 임대인 계좌에 바우처만큼의 현금 입금, 지급된 바우처가 타 용도로 전용되는 것을 방지 ⇨ 가격보조방식

(2) 생산자보조[2]

생산자에게 장기저리로 자금 지원 ⇨ 생산비 절감효과 ⇨ 임대주택공급 증가 ⇨ 임대료 하락

① 생산자에게 보조금을 지급하는 정책은 수요자에게 보조금을 지급하는 정책보다 임차인의 주거선택권이 제한된다.
② 수요자보조금정책보다 임대료 안정화에 기여하는 정도가 크다.

[2] 공공지원민간임대주택은 주택도시기금의 자금지원을 받기 때문에 생산자보조의 한 방법으로 볼 수 있다.

「주거기본법」의 주요내용 ⇦ 주거권 보장

1. **주거종합계획의 수립**: 국토교통부장관은 국민의 주거안정과 주거수준의 향상을 도모하기 위하여 주거종합계획을 수립·시행하여야 한다.
2. **주거비 보조**
   - 국가 및 지방자치단체는 주거비부담이 과다하여 주거생활을 영위하기 어려운 저소득가구에게 주거급여[3]를 지급하여야 한다.
   - 국가 및 지방자치단체는 주거급여대상이 아닌 저소득가구에게도 예산의 범위에서 주거비의 전부 또는 일부를 보조할 수 있다.
3. **최저주거기준의 설정**: 국토교통부장관은 국민이 쾌적하고 살기 좋은 생활을 하기 위하여 필요한 최소한의 주거수준에 관한 지표로서 최저주거기준을 설정·공고하여야 한다.
4. **최저주거기준 미달 가구에 대한 우선지원 등**: 국가 및 지방자치단체는 최저주거기준에 미달되는 가구에게 우선적으로 주택을 공급하거나 개량자금을 지원할 수 있다.
5. 국토교통부장관은 주거종합계획과 연계하여 5년마다 최저주거기준의 타당성을 재검토하여야 한다.

[3]
- 주거급여는 「국민기초생활보장법」상 주거급여로서 주거안정에 필요한 임차료, 수선유지비, 그 밖의 수급품을 지급하는 것을 말한다.
- 주거급여는 「주거급여법」에서도 그 내용을 명시하고 있다.
- 주거급여는 부양의무자의 소득·재산과 무관하게 신청가구의 소득과 재산만을 반영한 소득인정액이 기준 중위소득 43% 이하면 신청 가능하다.

04 공공임대주택공급정책

(1) 의의

① 국가·지방자치단체·지방공사·한국토지주택공사 등의 공적 주체가 정부나 지방자치단체의 재정과 주택도시기금의 지원을 받아 건설하거나 기존주택을 매입하여 임대하는 임대주택정책 등을 말한다. ⇨ **직접적 개입**

② 사적 임대주택시장보다 낮은 임대료(가격)의 공공임대주택을 공급하여 사회 전체의 임대주택 비중에서 공공임대주택의 비율을 높이려는 정책이다. 이에 따라 임대주택시장이 이원화되고, 임대료도 이중가격으로 형성된다.[1]

(2) 공공임대주택 공급에 따른 사적 임대주택시장의 변화

단기효과	사적 시장보다 임대료가 낮은 공공임대주택의 공급 ⇨ 사적 임차인은 임대료가 낮은 공공임대주택으로 이주 ⇨ 임대료가 상대적으로 높은 사적 임대주택의 수요 감소 ⇨ 사적 임대주택시장의 임대료 하락
	단기적으로는 사적 시장과 공공시장의 임차인 모두 혜택이 있다.
장기효과	사적 임대업자의 수익성 하락 ⇨ 사적 임대주택의 공급 감소 ⇨ 사적 임대주택의 임대료 상승 ⇨ 장기적으로 사적 시장의 임차인 혜택 소멸

	① 장기적으로 임대료가 낮은 공공임대주택의 임차인에게만 혜택이 있다.
	② 장기적으로 사회 전체의 임대주택량은 변하지 않는다.
	  ✚ 공공임대주택의 비율이 증가함에 따라 사적 임대주택의 비율이 감소하였을 뿐이다.
	③ **공공임대주택의 임차인 입장에서는 사적 시장과의 임대료 차액만큼 정부로부터 보조받는 것과 같은 효과를 누릴 수 있다.**[2]
	  ✚ 정부가 공급하는 공공임대주택의 임대료가 사적 시장의 임대료보다 낮아야 임차인보호 효과가 있다는 것이다. ⇨ **소득재분배 효과**
	④ **공공임대주택 공급을 증가시키면, 임차인의 수요의 탄력성을 높여주기 때문에**(대체재가 만들어져서 선택의 폭이 넓어지므로) **사적 임대주택시장에서 저소득 임차인에 대한 조세의 전가부담을 완화시킬 수 있다.**

---

[1] 공공임대주택공급정책은 입주자(임차인)의 주거지 선택이 제한된다는 단점이 있다.

[2] 사적 시장의 임대료가 100만원이고 정부가 공급하는 공공임대주택의 임대료가 70만원일 때, 공공임대주택의 임차인 입장에서는 사적 시장과의 임대료 차이인 30만원만큼을 정부로부터 보조받는 효과가 있다는 것이다.

> **정부의 임대주택정책**(「공공주택 특별법 시행령」 제2조)
>
> 1. **영구임대주택**: 국가나 지방자치단체의 재정을 지원받아 최저소득 계층의 주거안정을 위하여 50년 이상 또는 영구적인 임대를 목적으로 공급하는 공공임대주택
> 2. **국민임대주택**: 국가나 지방자치단체의 재정이나 주택도시기금의 자금을 지원받아 저소득 서민의 주거안정을 위하여 30년 이상 장기간 임대를 목적으로 공급하는 공공임대주택
> 3. **행복주택**: 국가나 지방자치단체의 재정이나 주택도시기금의 자금을 지원받아 대학생, 사회초년생, 신혼부부 등 젊은층의 주거안정을 목적으로 공급하는 공공임대주택
> 4. **통합공공임대주택**: 국가나 지방자치단체의 재정이나 주택도시기금의 자금을 지원받아 최저소득 계층, 저소득 서민, 젊은층 및 장애인·국가유공자 등 사회 취약계층 등의 주거안정을 목적으로 공급하는 공공임대주택
> 5. **장기전세주택**: 국가나 지방자치단체의 재정이나 주택도시기금의 자금을 지원받아 전세계약의 방식으로 공급하는 공공임대주택
> 6. **분양전환공공임대주택**: 일정기간 임대 후 분양전환할 목적으로 공급하는 공공임대주택 ⇨ 자금지원 없음
> 7. **기존주택등매입임대주택**: 국가나 지방자치단체의 재정이나 주택도시기금의 자금을 지원받아 주택 또는 건축물을 매입하여 「국민기초생활 보장법」에 따른 수급자 등 저소득층과 청년 및 신혼부부 등에게 공급하는 공공임대주택
> 8. **기존주택전세임대주택**: 국가나 지방자치단체의 재정이나 주택도시기금의 자금을 지원받아 기존주택을 임차하여 「국민기초생활 보장법」에 따른 수급자 등 저소득층과 청년 및 신혼부부 등에게 전대(轉貸)하는 공공임대주택

TIP
분양가규제는 임대료규제와 그 학습방법이 동일하므로 '임대료규제정책'을 활용하여 학습하면 된다.

[1] 분양가규제정책
= 분양가최고가격제 (상한제)

05 분양가규제정책[1]

(1) 의의

정부가 신규주택의 분양가를 시장가격 이하로 통제하여 주택가격을 안정시키고, 저소득층의 주택구입을 용이하게 하기 위한 정책이다.

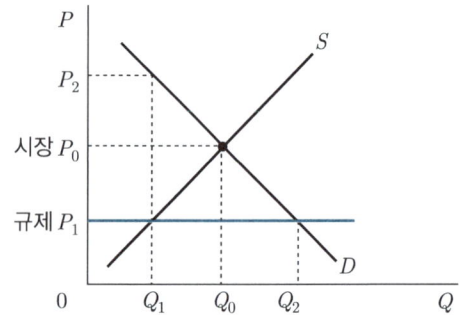

(2) 효과

① 주택건설업자의 수익성 악화로 주택생산성 저하, 주택건설업자의 투자기피, **장기적 주택공급 감소**(⇨ 전체 주택시장의 주택가격 상승으로 주택구입 곤란), **분양주택의 질적 수준이 저하될 가능성**이 있다.

② **분양가상한제를 적용받는 주택의 공급은 감소할 수 있고, 이를 적용받지 않는 주택의 공급은 증가할 수 있다.**

③ 신규주택과 기존주택의 가격 차이(신규 < 기존)로, 주택분양으로 인한 이익의 주체가 '투기적 수요자'로 변질될 가능성이 있다.

④ **분양주택에 대한 프리미엄이 형성되면 분양권을 불법으로 전매하는 등의 부작용이 발생할 수 있다.** ⇨ 무주택서민의 부담이 가중될 가능성이 있다.

(3) 주택법령상 분양가상한제

① 사업주체가 일반인에게 공급하는 공동주택 중 다음 어느 하나에 해당하는 지역에서 공급하는 주택의 경우에는 **법이 정한 기준에 따라 산정되는 분양가격 이하로 공급하여야 한다.**

  ㉠ 공공택지
  ㉡ 공공택지 외의 택지로서 다음의 어느 하나에 해당하는 지역
    ⓐ 도심 공공주택 복합지구
    ⓑ 주거재생혁신지구
    ⓒ 주택가격 상승 우려가 있어 국토교통부장관이 주거정책심의위원회의 심의를 거쳐 지정하는 지역

② 사업주체가 공급하는 공동주택 중 공공택지에서 공급하는 **도시형 생활주택은 분양가상한제를 적용하지 않는다.**

③ 분양가상한제 적용주택의 분양가격은 택지비와 건축비로 구성된다.

④ 사업주체가 건설·공급하는 주택 및 해당 주택의 입주자로 선정된 지위를 10년 이내의 범위에서 대통령령으로 정하는 기간이 지나기 전에는 그 주택을 전매하거나 이의 전매를 알선할 수 없다.

> **TIP**
> **분양가상한제의 문제점과 보완책**
> - 신규공공감소 ⇨ 저렴한 택지공급 및 신규주택 건설 금융지원
> - 질적수준 저하 ⇨ 기본 건축비 현실화
> - 프리미엄 유발 ⇨ 전매제한 강화
> - 분양주택 배분 문제 ⇨ 주택청약제도 보완을 통한 분양

개념 PLUS | 선분양제도와 후분양제도

1. **선분양제도**
   ① **개념**: 주택건설업자가 주택을 완공하기 전에 미리 입주자를 모집하여 계약금, 중도금 등을 사전에 받아 주택건설자금으로 활용할 수 있도록 하는 제도를 말한다.
   ② **장점**: 주택건설업자는 분양계약자로부터 주택건설자금을 용이하게 조달할 수 있다.
   ③ **단점**
   - 주택건설자금은 소비자로부터 직접 조달하므로, 주택건설업자의 추가적인 차입금 이자는 소비자가 부담하게 되는 결과가 초래된다.
   - 모델하우스를 통하여 주택을 구매하기 때문에 실제 품질과 차이가 있을 경우 주택건설업자와 소비자간에 많은 분쟁이 발생할 수 있다.

2. **후분양제도**
   ① **개념**: 일정 절차에 따라 (80~90% 완공된) 주택을 분양하는 것으로 주택건설업자가 주택건설자금을 직접 조달하는 제도이다. 후분양제도가 정착되면 주택건설업자 간의 경쟁을 유발시켜 소비자 중심의 시장이 형성될 수 있다.
   ② **장점**
   - 주택상품별로 비교한 이후 구입하는 것이 가능하므로 소비자의 선택의 폭이 넓어진다.
   - 공급자의 부실시공 및 품질저하에 대처가 가능하므로, 견본주택과 실제주택의 차이 등으로 인한 분쟁이 줄어들 수 있다.
   ③ **단점**
   - 선분양에 비하여 주택을 구입하는 데 소비자의 초기 자금부담이 큰 편이다.
   - 주택건설업자는 건설자금을 직접 조달하여야 하므로 자금조달이 어려우면 주택공급이 감소할 수 있다.

제4장 조세정책

기본서 p.211~217

01 부동산조세의 유형 (빈출)

구분	취득단계	보유단계	처분단계
국세	상속세, 증여세, 인지세	종합부동산세	양도소득세
	부가가치세(취득 – 보유 – 처분단계)		
지방세	취득세, 등록면허세	재산세	지방소득세

+ • 재산세, 종합부동산세의 과세기준일: 매년 6월 1일
  • 재산세 과세대상: 토지, 주택, 건축물, 항공기, 선박
  • 종합부동산세 과세대상: 토지, 주택

TIP 부동산조세는 공적 기관이 자신의 활동을 수행하는 데 필요한 재원을 조달하는 것에 목적이 있다.

02 부동산조세의 기능

(1) 부동산자원배분(공공 · 민간)

① 주택의 취득세 인하는 주택의 상대적 가격이 하락하는 효과를 가져와 주택의 수요 증가를 유도한다.
② 외부효과의 문제를 해소하는 수단으로 활용된다.
   + 토지이용을 특정 방향으로 유도하기 위해서는 토지의 **용도에 따라 차등 적용**하여 과세하여야 한다.
③ 서민주택을 위한 조세특례를 통하여 주거공간의 배분을 유도한다.

(2) 부동산경기조절

부동산조세정책을 통하여 거래 증가 및 공급 촉진을 유도할 수 있다.

(3) 소득재분배

상속세 · 증여세 · 종합부동산세 · 양도세 등 누진세제는 **사회계층간 소득불균형** 문제를 해소할 수 있다. ⇨ 분배의 불공평성 개선

(4) 투기(호화주택 건축)억제 및 지가안정의 수단

(5) 주택문제의 해결수단

부동산조세 재원의 확보나 조세감면정책 등을 통하여 소형주택 공급을 증가시켜 주거안정의 목표를 달성할 수 있다.

TIP 조세의 기능에 대한 종류는 암기하는 것이 아니라, 각 기능이 무엇을 말하는지에 대하여 개념을 정리하는 것이 필요하다.

03 조세의 전가와 귀착

(1) 개념

① **조세의 전가**: 납세의무자가 부과된 세금을 타인에게 이전시키는 현상을 말한다. 즉, 부과된 재산세를 임대인이 (공급을 감소시켜) 임대료 인상을 통하여 세금의 일부를 임차인에게 전가시키려는 것을 말한다.

② **조세의 귀착**: 조세의 전가가 완료되어 실질적인 조세부담이 임대인과 임차인에게 각각 최종적으로 귀속되는 것을 '조세의 귀착'이라 한다.

(2) 재산세 부과의 효과

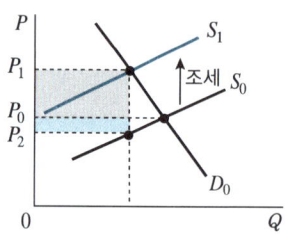   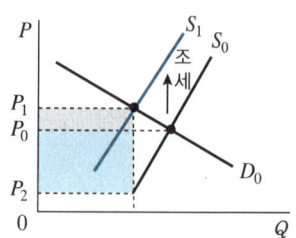

공급의 가격탄력성 〉 수요의 가격탄력성   공급의 가격탄력성 〈 수요의 가격탄력성

공급자(임대업자)에게 세금 부과 ⇨ 공급 감소 ⇨ 균형가격(임대료) 상승

부과된 세금은 **수요자의 지불가격을 높이고(소비자잉여 감소), 공급자의 실질수입을 감소시키는(생산자잉여 감소)** 부정적인 효과를 발생시키며, 거래량도 감소시킨다. ⇨ **경제적 후생(순)손실 유발**[1]

(3) 탄력성에 따른 조세의 전가와 귀착

조세의 전가와 귀착은 수요와 공급의 상대적 가격탄력성에 따라 달라진다. 탄력적일수록 세금부담(귀착)분이 적어지고, **비탄력적일수록 세금부담(귀착)분이 많아진다.** ⇨ 가격탄력성이 낮은 쪽이 더 많은 세금을 부담한다.

① **수요가 탄력적**이고, **공급이 비탄력적인 경우**: 수요자의 세금부담이 작고, **공급자의 세금부담은 더 크다.** ⇨ 경제적 후생(순)손실은 작아진다.

② **수요가 비탄력적**이고, 공급이 탄력적인 경우: **수요자의 세금부담이 크고,** 공급자의 세금부담은 작다.

③ **수요가 완전비탄력적**이고, 공급이 완전탄력적인 경우: **수요자가 모든 세금을 부담한다.**

---

[1] **조세의 중립성**
조세 부과의 결과 납세의무자의 상대적 경제상황에 변화가 없는 것을 말한다. 즉, 납세의무자뿐만 아니라 다른 경제주체의 순(후생)손실에 영향을 주지 않아야 한다는 것을 말한다.

탄력성과 기울기에 따른 조세부담의 효과

조세부담이 작다	조세부담이 크다
• 대체재가 많아 선택의 폭이 넓을수록 • 가격탄력성이 탄력적일(클)수록 • 기울기가 완만할수록 • 기울기의 절댓값이 작을수록	• 선택의 폭이 제한될수록 • 가격탄력성이 비탄력적일(작을)수록 • 기울기가 급할수록 • 기울기의 절댓값이 클수록

> **개념 PLUS | 토지세의 경제적 효과**
>
> 1. 고전학파의 관점
>   토지의 공급은 완전비탄력적(공급의 가격탄력성 '0')이므로 토지에 세금을 부과하더라도 **토지세는 타인에게 전가되지 않으며, 모두 토지소유자(공급자)가 부담하게 된다.** 또한 토지수급량이 변하지 않기 때문에 '**토지세는 경제적 후생손실이 적은 효율적인 세금이므로 형평성과 효율성을 달성할 수 있다**'고 주장하였다.
>   ⇨ 이러한 **토지세는 자원배분의 왜곡을 초래하지 않는다.**
>
> 2. 헨리 조지의 토지단일(가치)세
>   지주의 몫인 지대는 불로소득이므로, "토지에만 세금을 부과하더라도 재정을 모두 충당할 수 있다"고 주장하였다. ⇨ **지대의 몰수**

TIP
헨리 조지의 토지단일세는 제3편 제2장 고전학파의 지대이론과 그 논리적 흐름이 같다. 고전학파의 토지관과 지대개념을 연계하여 정리할 필요가 있다.

(4) 탄력성에 따른 재산세의 전가

① **임대차시장**: 임차인에게 전가되는 세금을 줄이기 위해서는 공공임대주택공급의 확대를 통하여 수요의 탄력성을 높이는 정책이 필요하다.

② **매매시장**: 주택가격에 관계없이 일률적으로 같은 비율의 세금을 부과하면 고소득층이 저소득층에 비하여 조세의 상대적 혜택이 큰 역진세적 효과가 발생한다. 따라서 **형평성을 위해서는 누진세 · 차등과세가 필요하다.**

주택가격에 관계없이 재산세를 동일 세율로 부과하였을 경우

구분	신규 · 고가주택	기존 · 저가주택
공급자	건설업자	임대업자(고소득층)
수요자	고소득층	임차인(저소득층)
탄력성	공급은 비탄력적, 수요는 탄력적	공급은 탄력적, 수요는 비탄력적
조세의 귀착	• 고소득층(수요자)에게 더 적게 귀착 • 건설업자(공급자)에게 더 많이 귀착	• 임대업자(고소득층)에게 더 적게 귀착 • 임차인(저소득층)에게 더 많이 귀착

04 양도소득세의 경제적 효과 빈출

① **주택공급의 동결효과**: 투기 억제를 위하여 양도소득세를 중과할 경우 이의 부작용으로, 주택소유자가 양도소득세를 납부하지 않기 위하여 주택처분을 기피함으로써 공급(매물)이 감소하는 현상을 말한다. ⇨ 주택의 보유기간이 늘어나는 현상이 발생할 수 있다.

② 양도세 중과로 주택공급의 동결효과가 발생하면, 오히려 주택가격이 상승할 수 있고 거래량 또한 감소할 수 있다.

해커스 공인중개사
핵심요약집
land.Hackers.com

제5편

부동산투자론

제1장 　부동산투자분석 및 기법
제2장 　부동산투자이론

제1장 부동산투자분석 및 기법

기본서 p.229~259

부동산 직접투자의 과정

취득(지분 + 부채)	일정기간 운영(운용)	투자기간 말 처분
영속성 · 내구성	임대료수입	매각대금
	이용 · 사용이익	소유이익
	소득이득	**자본이득(양도차익)**
	영업현금흐름	매각현금흐름
	임대차(공간)시장	매매(자산)시장

보충

- **대손충당금**: 회수불가능한 임대료수입 등의 예상손실에 해당하는 금액을 말한다.
- 소유자의 급여, 개인업무비는 영업경비에 해당하지 않는다.
- **부채서비스액(저당지불액)**: 융자금에 대하여 매 기간 상환해야 할 원금상환분과 이자지급분을 합한 것을 말한다(≒연간이자비용).
- **대체충당금**: 임대용 부동산의 에어컨 등 시설물을 일정 기간마다 교체(대체)하기 위해 적립한 금액을 말한다.

01 영업수지와 지분복귀액의 계산과정

(1) 영업수지의 계산 ⇨ 보유기간 동안 발생하는 임대료수입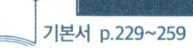

```
  가능총소득                    … 단위당 예상임대료 × 임대단위수
+ 기타소득(영업외 수입)         … 자판기, 유료세탁기, 구내식당 수입 등
− 공실 및 불량부채(채권) 대손충당금  … 가능총소득의 일정비율 적용
  유효총소득                    … 영업(운영)수익
− 영업경비                      … 유지 · 관리비, 보험료, 광고비, 종업원급여,
                                   재산세, 용역비 등
  순영업소득                    … 총투자액에 대한 결과물
− 부채서비스액(원리금상환액)      … 융자(대출)조건에 따라 상이
  세전현금수지                   … 지분투자액에 대한 결과물
− 영업소득세*
  세후현금수지
```

⚡ 기출

01 ( )은 단위면적당 추정임대료에 임대면적을 곱하여 구한 소득이다. 제28회

02 ( )은 가능총소득에 공실 및 불량부채에 대한 손실과 기타수입을 반영한 것이다. 제28회

기출정답
01 가능총소득
02 유효총소득

```
* 영업소득세의 계산
    순영업소득              세전현금수지
  + 대체충당금             + 대체충당금
  − 이자지급분             + 원금상환분
  − 감가상각액             − 감가상각액
    과세소득                 과세소득
  × 세율                  × 세율
    영업소득세              영업소득세
```

✚ 부동산투자는 차입이자와 감가상각에 대한 절세효과를 기대할 수 있다.

(2) 지분복귀액의 계산 ⇨ 투자기간 말 매각대금 〔빈출〕

```
    매도가격         ⋯ 총매각대금(현금흐름)
  − 매도경비
  ─────────
    순매도액         ⋯ 순매각대금(현금흐름)
  − 미상환저당잔금    ⋯ 미상환대출잔액
  ─────────
    세전지분복귀액    ⋯ 세전매각대금(현금흐름)
  − 자본이득세
  ─────────
    세후지분복귀액    ⋯ 세후매각대금(현금흐름)
```

✚ 지분복귀액의 구성요소
 = 초기지분투자액 + 원금상환분(지분형성분) + 가치상승분(자본이득)

> ⚡ **기출**
>
> **01** (세전/세후)지분복귀액은 자산의 순매각대금에서 미상환저당잔금을 차감하여 지분투자자의 몫으로 되돌아오는 금액을 말한다. 제30회
>
> **02** 매각시점에 미상환대출잔액이 남아 있다면 순매도액보다 세전지분복귀액이 더 (작을/클) 것이다. 제16회

02 요구수익률(기회비용 = 자본비용) 〔빈출〕

요구수익률	=	무위험이자율 (시간에 대한 비용)	±	위험할증(보상)률 (위험에 대한 비용)	+	예상인플레이션율
6%	=	3%	+	1%	+	2%

(1) 의의

요구수익률은 위험이 존재할 때 **충족되어야 할 최소한의 필수수익률**로서, 요구수익률이 충족될 때 부동산투자가 유발될 수 있다.

(2) 무위험(이자)률 - 정기예금이자율 또는 국채이자율

자금시장의 동향에 따라 변하므로 일반경제상황과 관련이 있으며, 중앙은행의 기준금리에 따라 변할 수 있다. **무위험률의 상승은 요구수익률을 높이는 요인이 된다.**

(3) 위험할증(보상·대가)률

① 위험할증률은 투자자의 태도에 따라 달라질 수 있다. 따라서 **요구수익률도 투자자마다 달라지게 된다.** ⇨ 위험을 회피하려 할수록(기피할수록) 요구수익률은 높아진다.
② 위험할증률(프리미엄)이 커지면 요구수익률도 아울러 상승한다.
③ 투자자가 보상을 받고자 하는 것은 체계적(시장) 위험이다.

> **TIP**
> • 요구수익률은 여러 분야에 적용되므로 개념정리를 잘 해두어야 한다.
> • **기회비용(機會費用)**: 여러 가능성 중 하나를 선택하였을 때 그 선택으로 인하여 포기하여야 하는 가치로써 표시한 비용이다.

기출정답
01 세전
02 작을

④ 요구수익률은 대상부동산의 투자가치나 순현재가치(NPV)를 구할 때 할인율로 사용되기도 한다.

※ 대상부동산의 순수익이 영구적일 경우

$$\text{대상부동산의 투자가치} = \frac{\text{장래 순수익(순영업소득)}}{\text{요구수익률(= 무위험률 ± 위험할증률 + 예상인플레이션율)}}$$

03 투자수익률

(1) 수익률의 종류

기대수익률	투자로부터 기대·예상되는 수익률 ⇨ 사전적 수익률 ① 단순수익률: 1기간, 1년의 경우(예 종합자본환원율, 지분배당률 등) ② 내부수익률(IRR): 다기간, 여러 기간의 경우(화폐의 시간가치를 고려한 수익률)
실현수익률	사후적 수익률, 실제수익률, 투자 이후에 성과를 판단하는 개념

(2) 균형시장을 전제한 기대수익률과 요구수익률과의 관계

TIP
- 투자채택 여부는 실현수익률이 아닌 기대수익률과 요구수익률을 비교하여 결정한다.
- 균형시장을 전제하므로 요구수익률은 고정되어 있고, 기대수익률이 상승(증가)하거나 하락(감소)하여 요구수익률과 균등하게 되고 균형이 달성된다는 논리이다.

- 기대수익률 > 요구수익률 ⇨ 투자채택
- 기대수익률 < 요구수익률 ⇨ 투자기각
- 기대수익률 = 요구수익률 ⇨ 균형상태

① **기대수익률이 요구수익률보다 큰 경우:** 투자자들이 부동산에 투자하려고 할 것이다. 결국 투자수요가 증가하여 부동산의 가치(시장가치)가 상승하게 되고, 이에 따라 부동산의 **기대수익률이 점차로 하락하여** 기대수익률과 요구수익률이 일치하는 수준에서 **균형을 이루게 될 것이다.**

② **기대수익률이 요구수익률보다 작은 경우:** 어떠한 투자자도 부동산에 투자하지 않을 것이다. 결국 투자수요가 감소하여 부동산의 가치(시장가치)가 점차 하락하게 되고, 이에 따라 부동산의 **기대수익률이 점차로 상승하여** 기대수익률과 요구수익률이 일치하는 수준에서 **균형을 이루게 될 것이다.**

04 화폐의 시간가치 〈빈출〉

(1) 이자율(rate, interest)의 개념

① **단리**: 단리는 투자원금에 대해서만 붙는 이자를 말한다. 단리를 반영할 경우 현재 100만원의 2년 후의 가치는 다음과 같이 구할 수 있다.

> 100만원 + [100만원 × 0.1(10%) × 2년] = 120만원

② **복리**: 복리는 지급받을 이자가 원금에 가산되어 또 이자가 발생하는 개념으로, 최초의 투자금액이 수익을 창출하고 그 수익이 재투자됨을 가정한다. 복리를 반영할 경우 현재 100만원의 2년 후의 가치는 다음과 같이 구할 수 있다.

- 1년 후의 현금흐름 = 100만원 × 1 + 100만원 × 0.1 = 100만원(1 + 0.1)
  = 110만원
- 2년 후의 현금흐름 = 110만원 × 1 + 110만원 × 0.1 = 110만원(1 + 0.1)
  = 121만원

1년 후의 현금흐름에서 '100만원(1 + 0.1) = 110만원'이라는 관계가 성립하므로, 2년 후의 현금흐름을 수식으로 정리하면, '100만원(1 + 0.1)(1 + 0.1) = 100만원$(1 + 0.1)^2$ = 121만원'으로 정리할 수 있다. 따라서 이자율이 10%일 때, 현재 100만원은 2년 후에 121만원이 된다. **여기서 100만원을 2년 후에 121만원이 되게 하는 $(1 + r)^n$을 내가계수(미래가치계수)라 한다.**

③ **수익률과 할인율**: 현재가치를 미래가치로 만들어주는 이율(r)을 **이자율·수익률**이라 하고, 미래가치를 현재가치로 만들어주는 이율(r)을 할인율이라 한다. 같은 'r'이지만 각각 다른 개념이다.

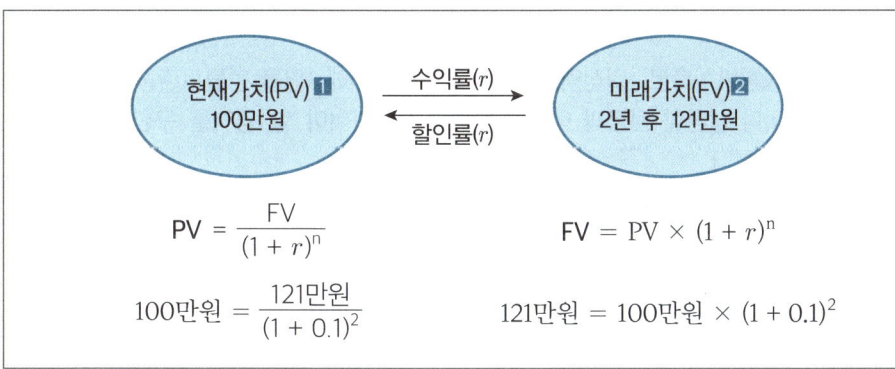

TIP
각 자본환원계수의 개념은 그림을 통하여 정리하며, 공식을 암기하여 계산 문제에도 대비하여야 한다.

TIP
부동산투자에서 사용하는 이자율은 통상적으로 복리의 개념을 활용한다.

[1] 현재가치[현가(PV; Present Value)]

[2] 미래가치[현가(FV; Future Value)]

1 역수개념의 활용
- 일시불의 내가계수에 일시불의 현가계수를 곱하면 1이 된다.
- 연금의 내가계수에 감채기금계수를 곱하면 1이 된다.
- 연금의 현가계수에 저당상수를 곱하면 1이 된다.

(2) 자본환원계수 **1**

현재가치계수(현가)	미래가치계수(내가)

일시불의 현가계수 $= \dfrac{1}{(1+r)^n} = (1+r)^{-n}$

할인율이 r일 때, n년 후의 1원이 **현재 얼마만한 가치가 있는가**를 구한다.

일시불의 현재가치(PV) = 미래가치(FV) × 일시불의 현가계수(10%, 5년)

1,000만원 ≒ 1,610만원 × $\dfrac{1}{(1+0.1)^5}$

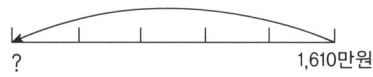

일시불의 내가계수 $= (1+r)^n$

1원을 이자율 r로 **예금**했을 때 **n년 후**에 찾게 되는 금액을 구한다.

현재가치(PV) × 일시불의 내가계수(10%, 5년) = 5년 후의 미래가치(FV)

1,000만원 × $(1+0.1)^5$ ≒ 1,610만원

2
월(月) 단위 값을 구할 때에는 n년(기간)×12개월, 이자율(r)은 12개월로 나누어서(r/12개월) 계산한다.

연금의 현가계수 $= \dfrac{1-(1+r)^{-n}}{r}$

매년 1원씩 n년 동안 받게 될 **연금**을 일시불로 **환원**한 액수를 구한다.

연금의 현재가치(PV)
= 연금액 × 연금의 현가계수(10%, 5년)

3,790만원 ≒ 1,000만원 × $\dfrac{1-(1+0.1)^{-5}}{0.1}$

? 1,000 1,000 1,000 1,000 1,000

연금의 내가계수 $= \dfrac{(1+r)^n - 1}{r}$

매년 1원씩 이자율 r로 계속 **적립**하였을 때, **n년 후**에 찾게 되는 금액을 구한다. **2**

연금액 × 연금의 내가계수(10%, 5년) = 연금의 미래가치(적금의 만기금액)(FV)

1,000만원 × $\dfrac{(1+0.1)^5 - 1}{0.1}$ ≒ 6,105만원

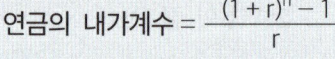

보충
- 다른 조건이 일정할 때, 이자율(할인율)이 상승하면 감채기금계수는 작아지고, 저당상수는 커진다.
- 감채기금계수에 연금의 현가계수를 곱하면 일시불의 현가계수가 된다.
- 저당상수에 연금의 내가계수를 곱하면 일시불의 내가계수가 된다.

저당상수 $= \dfrac{r}{1-(1+r)^{-n}}$

원리금균등상환방식으로 일정액을 빌렸을 때 매 기간마다 **상환할 원금과 이자의 합계(원리금)**를 구한다.

저당지불액(원리금) = 융자금(연금의 현재가치) × 저당상수(10%, 5년)

1,000만원 ≒ 3,790만원 × $\dfrac{0.1}{1-(1+0.1)^{-5}}$

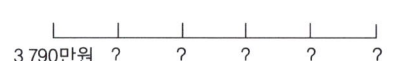

감채기금계수 $= \dfrac{r}{(1+r)^n - 1}$

n년 후에 1원을 만들기 위해서 **매 기간마다 적립하여야 할 금액**을 구한다.

연금의 미래가치(FV) × 감채기금계수(10%, 5년) = 매년 적립할 금액(연금)

6,105만원 × $\dfrac{0.1}{(1+0.1)^5 - 1}$ ≒ 1,000만원

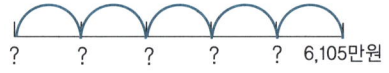

년	일시불의 내가계수	연금의 내가계수	감채기금계수	일시불의 현가계수	연금의 현가계수	저당상수
1	1.100000	1.000000	1.000000	0.909091	0.909091	1.100000
5	1.610510	6.105100	0.163797	0.620921	3.790787	0.263797

보충

r = 10% 일 경우, n = 1년, n = 5년의 복리이자표

개념 PLUS | 자본환원계수 관련 대표기출지문

1. 현재 5억원인 주택가격이 매년 5%씩 상승한다고 가정할 때, 5년 후의 주택가격은 일시불의 미래가치계수를 사용하여 산정할 수 있다.
2. 정년퇴직자가 매월 연금형태로 받는 퇴직금을 일정기간 적립한 후에 달성되는 금액을 산정할 경우 연금의 내가계수를 사용한다.
3. 5년 후 주택구입에 필요한 자금 3억원을 모으기 위해 매월 불입해야 하는 적금액을 계산하려면, 3억원에 감채기금계수를 곱하여 구한다.
4. 10년 후에 1억원이 될 것으로 예상되는 토지의 현재가치를 계산할 경우 일시불의 현재가치계수를 사용한다.
5. 매월 말 50만원씩 5년간 들어올 것으로 예상되는 임대료수입의 현재가치를 계산하려면 연금의 현가계수를 활용할 수 있다.
6. 원리금균등상환방식으로 주택저당대출을 받은 경우, 저당대출의 매기 원리금상환액을 계산하려면 저당상수를 활용할 수 있다.

중도상환시 미상환대출잔액을 구하는 방법

- 만기(n년) 동안 원리금균등상환방식으로 원리금을 상환하다가 일정시점(n − t시점)에서 미상환대출잔액을 구할 때, 즉 중도상환시 미상환대출잔액은 연금의 현가계수를 사용하여 구한다.

$$\text{미상환대출잔액} = \text{원리금}^{[1]}(\text{저당지불액}) \times \text{연금의 현가계수(남은 기간)}$$
$$= \text{융자금} \times \text{잔금비율}\left[= \frac{\text{연금의 현가계수(남은기간)}}{\text{연금의 현가계수(만기)}} \right]$$

- 잔금비율이란 저당대출액에 대한 미상환된 금액의 비율로서, 이자율, 만기, 남은 저당기간의 함수로 구성된다.[2]
- 상환비율은 대출원금에 대한 상환된 금액의 비율을 말하며, 이자율, 만기, 경과한 저당기간의 함수로 구성된다.
- 상환비율이 0.6이면 잔금비율은 0.4가 되므로 '상환비율 + 잔금비율 = 1'의 등식이 성립한다. 따라서 '잔금비율 = 1 − 상환비율'로 표현될 수 있다.

[1] **원리금**
융자금 × 저당상수

[2]
만기 15년, 10년이 경과한 시점에서 잔금비율

$$= \frac{\frac{1-(1+r)^{-5}}{r}}{\frac{1-(1+r)^{-15}}{r}}$$

05 확실성하의 부동산투자분석 빈출

(1) 할인현금수지분석법(DCF; Discounted Cash Flow)

① 할인현금수지분석법이란 장래 예상되는 현금유입과 현금유출을 현재가치로 할인하고, 이것을 서로 비교하여 투자의 타당성을 분석하는 방법이다.

② 절차
   ㉠ 보유(투자)기간 결정 및 이를 고려한 예상 현금흐름 및 매각대금 예측
   ㉡ 예측된 현금수지에 대한 위험을 평가하는 위험할증률의 추계
   ㉢ 무위험률과 위험할증률을 반영한 적정 할인율(요구수익률) 결정
   ㉣ DCF모형을 통한 투자채택 결정 및 부동산가치평가

TIP
- 현금유입의 미래가치가 아닌 '현금유입의 현재가치'라는 표현에 주의해야 한다.
- 현금유입 = 수익, 수입, 소득 ⇨ 보유기간 동안의 세후현금수지의 합과 투자기간 말의 세후지분복귀액
- 현금유출 = 현금지출, 투자비용, 투자금액, (초기)지분투자액
- NPV; Net Present Value
- IRR; Internal Rate of Return

	순현가(NPV) ≥ 0 ⇨ 투자채택
순현가 (NPV)법	① 순현가(순현재가치; NPV) 　= **현금유입의 현재가치 합** − 현금유출의 현재가치 합 　= 장래 세후소득의 현가합 − 투자비용으로 지출된 금액의 현재가치 ② 할인율(재투자율): 요구수익률(기회비용) ⇨ 위험보상을 반영하며, 투자자마다 달라질 수 있다. ③ 순현가를 구하기 위해서는 사전에 할인율을 결정해야 한다. 　⇨ 할인율(위험)이 커지면 순현가는 작아진다(하락한다). ④ 순현가가 '0'보다 크다는 것은 **순현가(금액)의 크기만큼 투자자의 부(富)가 증가**하였다는 의미이다. ⇨ 투자결정기준으로 선호된다. ⑤ **가치합산의 원칙이 적용된다.** 　예 A(100원), B(200원) ⇨ A + B = 300원 (○)
	내부수익률(IRR) ≥ 요구수익률 ⇨ 투자채택
내부 수익률 (IRR)법	① 내부수익률[1][2]: **현금유입의 현재가치 합**과 현금유출의 현재가치 합을 **일치시키는 할인율로서 순현가를 '0'으로, 수익성지수를 '1'로 만드는 할인율**을 의미한다. ② 할인율: 내부수익률(r) ⇨ 위험보상을 반영하지 못한다. ③ 적정한 할인율을 알 수 없을 때, 현금흐름만 알고 있어도 투자대안의 수익률을 파악할 수 있다. ④ 현금흐름에 따라 복수의 내부수익률이 존재할 수 있다. ⑤ **가치합산의 원칙이 적용되지 않는다.** 　예 A(10%), B(20%) ⇨ A + B = 30% (×)

TIP
문제의 조건에 따라 현재가치 또는 현재가치 합으로 표현될 수 있다.

[1]
- 화폐의 시간가치를 고려한 다기간(多期間)수익률이다.
- 사전에 할인율을 결정하지 않아도 내부수익률을 구할 수 있다.

[2] 내부수익률 개념의 이해

- $PV = \dfrac{FV}{(1+r)^n}$

- $\sum_{t=1}^{T} \dfrac{\text{현금유입}}{(1+r)^n} = \dfrac{\text{현금유출}}{(1+r)^n}$

수익성지수(PI)법

수익성지수(PI) ≥ 1 ⇨ 투자채택

① 수익성지수: 현금유출의 현재가치 합에 대한 현금유입의 현재가치 합으로, 편익/비용(BC)비율이라고도 한다.

$$수익성지수(PI) = \frac{현금유입의\ 현재가치\ 합}{현금유출의\ 현재가치\ 합}$$

② 투자금액 대비 상대적 투자효율성(수익성)을 파악하고자 하는 것으로, 두 투자대안의 순현가가 동일하다면 수익성지수가 큰 것이 우선적으로 채택될 수 있다. ⇨ 분석지표에 따라 투자우선순위는 달라질 수 있다.
③ 가치합산의 원칙이 적용되지 않는다.
   예) A(1), B(2) ⇨ A + B = 3 (×)

TIP
PI; Profitability Index

단일 투자대안의 경우 순현재가치, 수익성지수, 내부수익률에 의한 투자결정기준
- 순현재가치 > 0, 수익성지수 > 1, 내부수익률 > 요구수익률
- 순현재가치 = 0, 수익성지수 = 1, 내부수익률 = 요구수익률
- 순현재가치 < 0, 수익성지수 < 1, 내부수익률 < 요구수익률
✚ 할인율이 20%일 때 투자대안의 순현가(NPV)가 '0'이면, 이 투자대안의 내부수익률(IRR)은 20%가 된다.

③ 순현가법과 내부수익률법의 비교

구분	순현가(NPV)법	내부수익률(IRR)법
할인율 (재투자율)	요구수익률(k)	내부수익률(r)
비고	• 투자판단의 준거로 순현가법이 내부수익률법보다 합리적이다. • 순현가법의 할인율은 요구수익률로서 투자자의 위험보상을 반영하며, 절대적 금액의 크기로 부(富)의 극대화 여부를 판단할 수 있다. • 내부수익률법의 할인율은 내부수익률로서 위험보상을 반영하지 못하므로, 투자안의 내부수익률이 크다고 하더라도 부(富)가 늘어나는 것은 아니다.	

⚡기출

01 투자타당성분석에서 순현가법은 투자판단기준을 위한 할인율로서 (요구수익률 / 내부수익률)을 사용하지만, 내부수익률법에서는 (요구수익률 / 내부수익률)을 사용한다. 제28회

02 투자의 타당성분석에서 내부수익률은 순현가를 (   )으로 만드는 할인율을 의미한다. 제21회

03 순현재가치가 0인 단일 투자안의 경우, 수익성지수는 (   )이 된다. 제26회

기출정답
01 요구수익률, 내부수익률
02 0   03 1

(2) 어림셈법

경험·대충셈하여 투자분석하는 방법이다(화폐의 시간가치를 고려하지 않는다).

수익률법		역수 관계	승수법	
-			조소득승수	$\dfrac{\text{총투자액}}{\text{조소득}}$
종합자본환원율 (총투자수익률)	$\dfrac{\text{순영업소득}}{\text{총투자액}}$	⇔	순소득승수 (자본회수기간)	$\dfrac{\text{총투자액}}{\text{순영업소득}}$
지분배당률 (지분투자수익률)	$\dfrac{\text{세전현금수지}}{\text{지분투자액}}$	⇔	세전현금수지승수	$\dfrac{\text{지분투자액}}{\text{세전현금수지}}$
세후수익률	$\dfrac{\text{세후현금수지}}{\text{지분투자액}}$	⇔	세후현금수지승수	$\dfrac{\text{지분투자액}}{\text{세후현금수지}}$

> **지렛대(재무레버리지)효과(Leverage effect)**
> 1. **개념**: 타인자본, 부채를 활용하여 **자기자본수익률을 증폭**시키는 것으로, 대부비율이나 부채비율의 증감이 자기자본수익률에 미치는 효과를 말한다. **차입금을 동반하면 위험과 수익을 동시에 증폭시킨다.**
>   ① **정(+)의 지렛대효과**: 차입이자율 < 총자본수익률 < 자기자본수익률
>   ② **부(−)의 지렛대효과**: 차입이자율 > 총자본수익률 > 자기자본수익률
>   ③ **중립적 지렛대효과**: 차입이자율 = 총자본수익률 = 자기자본수익률
> 2. **대부(대출)비율과 지렛대효과**
>   ① 정(+)의 지렛대효과가 존재할 때, 대부비율을 높일수록 자기자본수익률은 높아진다.
>   ② 부(−)의 지렛대효과가 존재할 때, 대부비율을 높일수록 자기자본수익률은 낮아진다.
>   ⇨ 대부비율을 낮추면 자기자본수익률은 이전보다 상승한다. 그러나, 정(+)의 지렛대효과로 전환되지는 않는다.
>   ③ 중립적 지렛대효과가 발생할 때, 대부비율을 높이더라도 자기자본수익률은 변하지 않는다.
> 3. **대출기간과 지렛대효과**
>   ① 정(+)의 지렛대효과가 존재하면 대출의 만기가 길수록 자기자본수익률은 상승한다.
>   ② **부(−)의 지렛대효과가 존재하면 대출의 만기가 길수록 자기자본수익률은 하락한다.**
>   ③ 중립적 지렛대효과가 존재하면 대출의 만기와는 관계가 없다.
> 4. **(저당)이자율과 지렛대효과**
>   ① 정(+)의 레버리지는 이자율의 변화로 부(−)의 레버리지로 전환될 수 있다.
>   ② 부(−)의 레버리지는 이자율의 변화로 정(+)의 레버리지로 전환될 수 있다.

보충

투자의 타당성은 총투자액 또는 지분투자액을 기준으로 분석할 수 있다. 총소득승수는 총투자액을 기준으로 분석하는 지표이다.

기출

01 총투자수익률은 순영업소득을 (　　)으로 나눈 비율이다. 제24회

02 순소득승수는 (　　)을 순영업소득으로 나눈 값이다. 제24회

03 지분 투자 수익률은 (　　)를 지분투자액으로 나눈 비율이다. 제24회

보충

- 부동산투자는 저당권과 전세제도 등을 통하여 레버리지를 활용할 수 있다.
- 정(+)의 지렛대효과와 정(+)의 수익률은 동일한 개념이 아니다.
- **정(+)의 수익률**: 자기자본수익률이 0보다 크다는 의미이다.

기출정답

01 총투자액　02 총투자액
03 세전현금수지

(3) 재무비율분석법

비율 자체가 왜곡되면 투자의사결정을 바르게 할 수가 없으며, **비율마다 투자의사결정은 다르게 나타날 수 있다.**

① 대부비율[1]과 부채비율

- 대부비율 = $\dfrac{융자금}{총투자액(부동산가치)}$
- 부채비율 = $\dfrac{타인자본(부채총계)}{자기자본(자본총계)}$

> [1] **대부비율(LTV)**
> = 대출비율 = 융자비율 = 저당비율 = 담보인정비율

㉠ 대부비율이 높을수록 재무구조의 안전성은 취약해지며, 투자자의 금융적 위험이 증가한다.

> **TIP**
> 대부비율과 부채감당률에 대한 문제는 출제비중이 높다.

㉡ 대부비율이 높아지면 부채비율은 더욱 높아진다.

대부비율	20%	50%	60%	80%	100% 이상
자기자본비율	80%	50%	40%	20%	
부채비율	25%	100%	150%	400%	무한대

② 부채감당률

$$부채감당률 = \dfrac{순영업소득}{부채서비스액(= 융자금 \times 저당상수)}$$

> **보충**
> 부동산을 담보로 대출을 받은 후에 담보가치가 융자금 이하로 하락하면 대부비율은 100%를 넘을 수도 있다.

㉠ 순영업소득이 매기의 부채서비스액(원리금)을 감당할 수 있는가의 능력을 나타내는 지표이다.

㉡ 부채감당률이 '1'보다 크다는 것은 순영업소득이 매기의 원리금을 상환하고도 잔여액이 있다는 것을 의미한다. 반면에 **부채감당률이 '1'보다 작다는 것은 순영업소득이 매기의 원리금을 상환하기에 부족하다**는 것을 의미한다.

> **보충**
> 최소 '1' 이상이 되어야 세전현금수지가 '+'(플러스) 값을 가진다.

㉢ 대출기관 입장에서는 상업용 투자안의 부채감당률이 '1' 이하가 되면 대출을 해줄 가능성이 극히 낮아진다. 즉, 부채감당률은 상업용 투자안의 현금흐름을 근거로 대출 여부를 판단하는 지표로 활용된다.

③ 임대업이자상환비율(RTI; Rent To Interest ratio) ⇨ 현재 시행중

$$임대업이자상환비율(RTI) = \dfrac{연간\ 임대소득}{연간\ 이자비용}$$

㉠ 임대소득으로 이자를 낼 능력이 얼마나 되는지 판단하는 지표이다.[2]

> [2] 예 RTI가 1.5라는 것은 연간 임대소득(1,500만원)이 연간 이자비용(1,000만원)을 공제하고도 남는다는 의미이다.

㉡ RTI가 1보다 작다는 것은 연간 임대소득이 이자비용을 상환하기에 부족하다는 것을 의미한다.[3]

> [3] RTI가 1에 미달하면 임대소득으로 이자도 못 내는 한계차주, 기업으로 따지면 한계기업으로 볼 수 있다.

④ **채무불이행률**: 재무상태의 안전성을 판단하는 지표로, 유효조소득(유효총소득)이 일정하다면 영업경비와 부채서비스액이 증가할수록 투자자의 채무불이행가능성은 높아진다. 손익분기점비율이라고도 한다.

$$채무불이행률 = \frac{영업경비 + 부채서비스액}{유효조소득}$$

⑤ **영업경비비율**[1]: 영업경비비율이 동종·경쟁부동산보다 높다면 영업경비에 대한 통제가 미흡한 상태이다.

$$영업경비비율 = \frac{영업경비}{(가능·유효)조소득}$$

> [1] 보충
> **총자산회전율**
> $$= \frac{조소득}{총투자액\ (부동산가치)}$$
> 조(총)소득승수의 역수이다.

(4) 회수기간법

> 투자대안의 회수기간 ≤ 목표회수기간 ⇨ 투자의 타당성 있다.

① 투자대안의 회수기간이 자체 설정한 목표회수기간보다 짧으면 투자의 타당성이 있는 것으로 파악한다.
② 여러 투자대안 중에서 **회수기간이 짧은 투자대안이 타당성이 높다.**
③ **단순회수기간법은 화폐의 시간가치를 고려하지 못한다.** 이와는 달리 **현가(PV)회수기간법은 화폐의 시간가치를 고려한다.**[2]
④ 계산은 간단하지만, 목표회수기간의 설정이 자의적이며 **회수기간 이후의 현금흐름을 고려하지 않는다.**

> [2] 현가회수기간법에 의하면, 초기현금유입이 빠른 투자대안이 투자의 타당성이 높다.

[대표유형문제]

목표회수기간이 4년이다. 투자채택 여부를 판단하면? (단, 세후현금흐름임)

(단위: 억원)

기간	0	1	2	3	4	5
현금유출	−400					
현금유입		100	100	200	200	300

해설 투자액이 400억원이고, 3년 동안 400억원을 회수하였으므로 회수기간은 3년이다. 목표회수기간인 4년보다 투자대안의 회수기간이 짧기 때문에 투자타당성이 있다. ▶ **투자채택**

(5) 회계적 이익률(수익률)법[1]

> 회계적(장부상) 이익률 ≥ 목표이익률 ⇨ 투자의 타당성 있다.

① 투자대안의 회계적 이익률이 자체 설정한 목표이익률보다 크면 투자의 타당성이 있는 것으로 파악한다.

$$회계적\ 이익률 = \frac{연\ 평균세후순이익}{연\ 평균투자액(=총투자액 \div 2)}$$

② **화폐의 시간가치를 고려하지 못하며**, 목표이익률의 설정이 자의적이다. 또한 투자자의 위험보상을 반영하지 못한다.

[대표유형문제]

총투자금액 100억원으로 부동산에 투자하고자 한다. 회계적 이익률을 산출하고, 투자 채택 여부를 판단하면? (단, 자체 설정한 목표이익률은 10%임)

(단위: 억원)

구분 \ 연도	0	1	2	3	4
세후순이익	–	4	8	10	18
투자의 총장부가치	100	100	100	100	100
감가누계상당액	0	25	25	25	25
투자의 순장부가치	100	75	50	25	0

해설
- 회계적 이익률 = $\dfrac{연\ 평균세후순이익}{총투자액 \div 2}$ = $\dfrac{(4억원 + 8억원 + 10억원 + 18억원) \div 4}{100억원 \div 2}$

  = $\dfrac{10억원}{50억원}$ = 20%(0.2)

- 목표이익률 10%보다 회계적 이익률 20%가 더 크므로 투자타당성이 있다.

▶ 회계적 이익률 = 20%, 투자채택

---

[1] **회계적 이익률**
초기 총투자금액이 일정액씩 감가된다는 논리가 적용되므로, 수식의 분모 값인 연 평균투자액은 각 연도투자액을 모두 더하여 나누기(기간)한 값이나 총투자액 나누기 '2'를 한 값 모두 동일한 결과로 계산된다.

보충
초기 총투자금액이 일정액씩 감가(정액법)된다는 전제하에 투자분석을 하는 것으로, 실제 현금흐름과 일치하지 않는다.

보충
화폐의 시간가치를 고려하는 할인기법
- 순현가법
- 연평균순현가법
- 내부수익률법
- 수익성지수법
- 현가회수기간법

제2장 부동산투자이론

기본서 p.260~279

[1] 위험-수익의 상쇄(비례)관계란 높은 수익을 얻기 위해서는 그에 따른 위험도 그만큼 커진다는 것이다.

01 위험 - 수익의 상쇄(비례)관계[1]를 통한 투자대안 분석

미래투자수익률의 확률분포

구분	확률(P)	부동산 A	부동산 B
호경기	0.3	100%	40%
정상	0.4	15%	15%
불경기	0.3	−70%	−10%

TIP
기대수익률에 대한 계산 문제는 반드시 연습해 두어야 한다. 분산값을 구하는 문제는 이전 시험에서의 출제오류로 인하여 그 출제가능성은 낮으나 '분산(표준편차)'의 의미는 파악해야 한다.

(1) 수익 ⇨ 가중평균, 기대수익률(%)

기대수익률은 각 경제상황이 발생할 확률에 그에 해당하는 추정수익률을 곱하고, 이의 합으로 계산한다.

- $E(R_A) = (0.3 \times 100\%) + (0.4 \times 15\%) + (0.3 \times -70\%) = 15\%$
- $E(R_B) = (0.3 \times 40\%) + (0.4 \times 15\%) + (0.3 \times -10\%) = 15\%$

[2] 분산은 발생가능한 수익률의 평균값으로부터의 편차의 제곱들을 평균한 값이다.

(2) 위험 ⇨ 분산(V, σ^2),[2] 표준편차(σ, %)

기대수익을 달성하지 못할 가능성, 기대와 실제의 차이, 예상과 실제가 달라질 가능성, 변동가능성, 손실의 가능성, 불확실성, 수익률분포도의 크기, 평균(기댓값)으로부터 벗어나는(흩어져 있는) 정도를 의미한다.

- $\sigma^2_A = (1.0 - 0.15)^2 \times 0.3 + (0.15 - 0.15)^2 \times 0.4 + (-0.7 - 0.15)^2 \times 0.3$
  $= 0.4335 = (0.6584)^2$
- $\sigma^2_B = (0.4 - 0.15)^2 \times 0.3 + (0.15 - 0.15)^2 \times 0.4 + (-0.10 - 0.15)^2 \times 0.3$
  $= 0.0375 = (0.1936)^2$

[3]
- 확률분포도가 좁게 분포되어 있을수록 분산, 표준편차, 투자위험이 더 작다는 것이다. 따라서 기대수익률을 달성할 가능성이 더 높아진다.
- 확률분포도가 넓게 분포되어 있을수록 분산, 표준편차, 투자위험이 더 크다는 것이다. 따라서 기대수익률을 달성할 가능성이 더 낮아진다.

정규분포를 통한 투자수익률의 확률분포도[3]

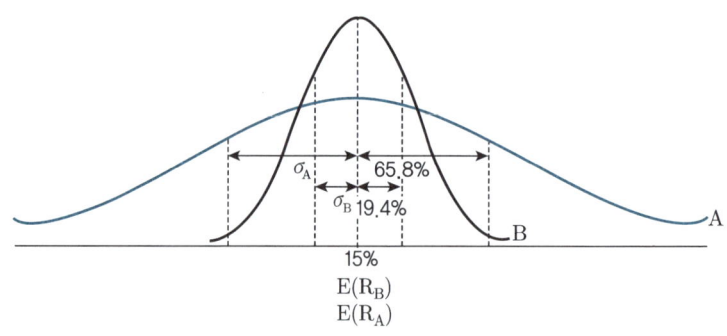

(3) 위험에 대한 투자자의 태도 – 합리적·이성적 투자자 ⇨ 위험회피적·기피적·혐오적 투자자

① **위험회피적**이라는 말은 전혀 위험을 감수하지 않겠다는 의미가 아니다. 위험을 전혀 감수하지 않고 얻을 수 있는 수익률은 무위험률밖에 없다. 따라서 **위험회피적인 투자자라도 수익을 얻기 위해서는 기꺼이 이에 대한 위험을 감수한다.**

② 두 투자대안의 기대수익률이 동일하다면 분산(위험)이 작은 것을 선택하게 되고, 분산(위험)이 동일하다면 기대수익률이 큰 것을 선택하게 된다.

③ 위험회피형 투자자는 **위험이 커지면 기대수익률을 높이게 된다.** 이는 무차별효용곡선으로 표시된다(아래쪽을 향하여 볼록한 우상향의 형태).

④ 무차별(효용)곡선은 특정 투자자에게 동일한 효용을 가져다주는 기대수익과 분산(위험)의 조합을 연결한 것을 말한다.

TIP
- 위험중립형·위험추구형(선호형) 투자자는 현실에 존재하지 않는 투자자이다.
- 위험을 회피하려 할수록 (보수적 투자자일수록) 동일한 위험증가에 더 많은 보상을 요구하므로 무차별효용곡선의 기울기는 급해진다.
- 공격적 투자자일수록 무차별효용곡선의 기울기는 완만해진다.

위험회피형 투자자의 무차별효용곡선[1]

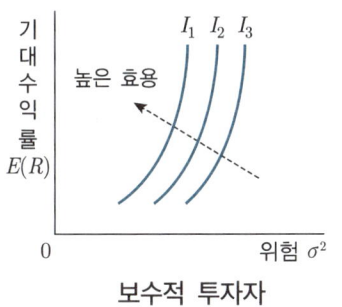
보수적 투자자

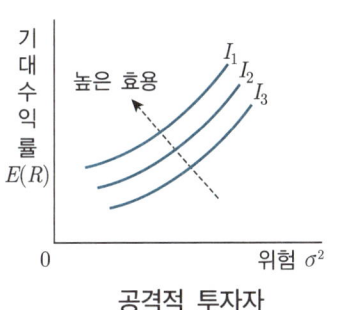
공격적 투자자

[1] 위험회피형 투자자의 위험에 대한 태도를 나타낸 것이다.

02 평균 - 분산 지배원리와 효율적 포트폴리오의 선택 빈출

구분	부동산 A	부동산 B	부동산 C	부동산 D	부동산 E
기대수익률(%)	5	4	10	10	8
표준편차(%)	4	4	14	18	6

(1) 평균 - 분산 지배원리

불확실성하에서 기대수익(평균)이 동일하다면 위험(분산)이 작은 투자대안을 선택하고, 위험(분산)이 동일하다면 기대수익(평균)이 높은 투자대안을 선택하는 것을 의미한다.

TIP
지배원리는 합리적·이성적 투자자인 위험회피형 투자자가 효율적 포트폴리오(투자대상 후보)를 선택하는 원리를 말한다.

(2) 효율적 포트폴리오(효율적 투자대안)

① 지배원리에 의하여 선택된 개별투자대안 혹은 투자대안의 집합체를 효율적 투자대안 또는 효율적 포트폴리오라고 한다. ⇨ 투자대상 후보

② **효율적 포트폴리오 집합**: 효율적 투자대안(포트폴리오)의 묶음으로, 효율적 전선·투자선·프론티어로 표시된다(우상향 형태로 나타난다). 이는 **위험-수익의 상쇄관계**를 의미한다.[1]

③ **효율적 전선·투자선·프론티어**: 동일한 위험하에서 최고의 수익률을 얻을 수 있는 투자대안 또는 동일한 기대수익률을 얻을 수 있는 상황에서 위험을 최소화할 수 있는 포트폴리오의 집합을 모두 연결한 곡선을 말한다.[2]

[1] 주어진 위험하에서는 그 이상의 수익을 얻을 수 없기 때문에 더 높은 수익을 얻기 위해서는 더 많은 위험을 감수해야 한다는 것이다.

[2] 효율적 전선에 존재하는 투자대안은 모두 동일한 효용을 제공한다.

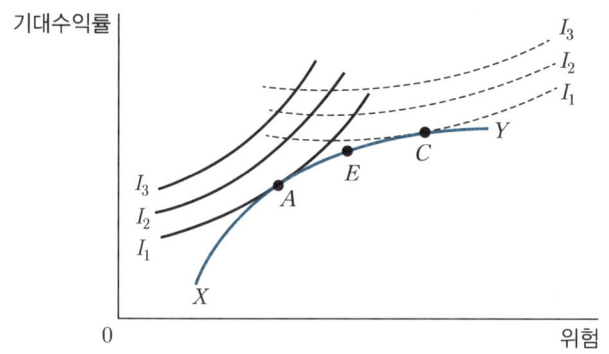

(3) 변동(변이)계수(CV; Coefficient of Variation)

상호 지배관계에 있지 않은, **기대수익률과 위험이 서로 다른 투자대안의 상대적 위험척도**를 구하는 지표이다.

TIP 투자대안의 절대적인 위험은 표준편차로, 상대적인 위험은 변동(변이)계수로 구한다.

+ 여러 투자대안 중 표준편차가 가장 작은 투자대안이라고 하여도 변동계수까지 가장 작은 것은 아니다.

$$변동(변이)계수 = \frac{표준편차(\%)}{기대수익률(\%)}$$

(4) 최적 포트폴리오

효율적 전선과 투자자의 무차별(효용)곡선이 접하는 점(접점)에서 위험선호도까지 고려하여 최종적으로 선택된 투자대안을 말한다.

① 공격적 투자자와 보수적 투자자의 최적투자대안은 다르다.[3]

② 한 투자자에게 최적인 투자안이 다른 투자자에겐 최적이 아닐 수도 있다.[4]

[3] 최적 포트폴리오의 선정은 투자자의 위험에 대한 태도(선호도)에 따라 달라질 수 있다.

[4] 위험회피적 투자자는 상대적으로 고위험-고수익 투자대안을 선호하는 공격적 투자자와 저위험-저수익 투자대안을 선호하는 보수적 투자자로 구분할 수 있다.

03 부동산투자의 위험

(1) 부동산투자위험의 구분

사업상 위험	① **시장위험**: 수요·공급상황에 기인한 위험, 시장의 불확실성에 따른 위험이다. ② **운영위험**: 경영관리의 어려움(예 종업원·영업경비의 통제, 관리능력 저하 등)에 따른 위험이다. ③ **위치적 위험**: 부동성, **상대적 위치의 가변성에 따른 위험**이다. ⇨ 경제적 감가
금융적(재무적) 위험	타인자본의 활용으로 부(−)의 지렛대효과가 발생하면 채무불이행 가능성이 높아진다. ① 전액 자기자본으로 투자하면 금융적 위험은 제거될 수 있다. ② 투자액을 고정금리로 조달하였더라도 금융적 위험은 존재한다.
인플레이션위험	① 임대수익의 화폐가치 하락위험 = 구매력 하락위험 ⇨ 예상 인플레이션보다 실제 인플레이션이 높으면, 실질임대료는 줄어든다. ② 부동산가격이 물가상승률과 연동하여 상승하는 기간에는 인플레이션을 방어하는(hedge) 효과가 있다. ⇨ 영속성
유동성(환금성) 위험	① 시장가치보다 낮은 가격으로 매도하는 과정에서 발생하는 부동산가치의 손실가능성을 의미한다. ② 부동산 직접투자보다 **간접투자(증권시장에 상장된 부동산투자회사의 주식)**가 유동성위험이 더 작은 편이다.
법적(행정적·제도적) 위험	정부정책이나 공법상 규제변경, 소유권의 하자 등으로 인한 위험이다.
투자금액의 불가분성	부동산 직접투자는 투자금액에 대한 분할매수 혹은 분할매도가 제한된다. ⇨ 환금성 악화
높은 세금부담	부동산 직접투자는 주식·채권 등 유가증권투자보다 세금부담이 많은 편이다.

TIP
투자위험의 종류는 암기할 사항이 아니며 개념정리만 잘 해두면 된다. 금융적 위험과 유동성위험에 대해서는 유의해야 한다.

⚡ 기출

01 (운영위험 / 유동성위험)이란 사무실의 관리, 근로자의 파업, 영업경비의 변동 등으로 인해 야기할 수 있는 수익성의 불확실성을 폭넓게 지칭하는 개념이다.
제23회

02 ( )이란 환경이 변하면 대상부동산의 상대적 위치가 변화하는 위험이다. 제23회

03 (유동성위험 / 금융적 위험)이란 대상부동산을 현금화하는 과정에서 발생하는 시장가치의 손실가능성을 말한다. 제23회

보충
디플레이션(저성장-저물가)과 같은 경기침체기에는 부동산가격이 급격하게 하락할 수 있다.

기출정답
01 운영위험
02 위치적 위험
03 유동성위험

TIP

투자위험의 처리·관리기법도 종류를 암기하는 것이 아니라 개념에 대한 정리가 필요하며, 특히 민감도분석은 출제빈도가 높다.

❶ 위험조정할인율
= 요구수익률

(2) 부동산투자위험의 처리·관리기법

① **위험한 투자를 제외시키는 방법**: 정기예금이자·국채수익률만 기대하는 것, 즉 위험자산에 투자하지 않고, **무위험수익률만 기대**하는 방법이다.

② **보수적 예측방법**: **기대수익은 가능한 한 낮게,** 위험(비용)은 가능한 한 높게 설정하여 위험을 분석하는 것, 즉 **기대수익은 하향조정**하고, 위험(비용)은 상향조정하여 위험을 관리하는 방법이다.

③ **위험조정할인율❶법**: 위험이 높은(위험한) 투자안일수록 높은 할인율을 적용하고, 위험이 낮은 투자안일수록 낮은 할인율을 적용하는 것, 즉 **위험이 높은 투자안일수록 할인율을 상향조정**하고, 위험이 낮은 투자안일수록 할인율을 하향조정하여 위험을 관리하는 방법이다.

④ **민감도(감응도)분석** ⇨ 회귀모형

   ㉠ **수익(종속변수)에 영향을 주는 여러 가지 위험요소(독립변수)**를 파악하고, 위험요소의 변화가 수익에 어떠한 영향을 미치는지를 분석하는 방법이다.

   ㉡ **투자효과를 분석하는 모형에 대한 투입요소가 변화함에 따라 그 결과치가 어떠한 영향을 받는가를 분석하는 방법이다.**

   ㉢ 미래현금흐름에 영향을 주는 요소 중 하나만 변동시킬 때 수익성이 어떻게 변동하는지를 분석함으로써 그 요소의 영향을 검토하기도 한다.

   ㉣ 민감도분석을 통해 미래의 **투자환경 변화**에 따른 **투자가치의 영향**을 검토할 수 있다.

   ㉤ 위험요소 중 **집중관리의 대상을 파악**하고, 이를 **통제**하여 수익률의 범위를 예측하는 데 활용한다.

   ㉥ 민감도가 높은 투자대안일수록 기대수익과 순현가의 변동가능성이 큰 것으로 파악한다. 즉, 더욱 위험한 투자대안으로 판단한다.

⑤ **투자위험의 전가**: 위험을 받고자 하는 자가 기꺼이 그럴 의사가 있어야 전가될 수 있다[예 주가지수선물(先物)·옵션(option)·스왑(swap)·**공매도 (short selling),** 변동금리대출(대출기관이 금리변동위험을 차입자에게 전가하는 것) 등].

   ㉠ 부동산은 개별성이 있어 표준화가 제한되므로 **투자위험을 타인에게 전가하는 것이 제한된다.**

   ㉡ 단, 인적 손실이나 재산상 손실에 따른 **순수위험**은 보험가입을 통하여 **그 일부를 보험회사에 전가할 수 있다.**

04 분산투자(포트폴리오)이론 빈출

(1) 의의

포트폴리오를 구성하는 구성 종목 수를 다양화함으로써 **비체계적 위험을 감소시켜 안정된 결합편익**(잠재적 이익)을 추구하고자 하는 것이다.

(2) 포트폴리오 총위험의 정리

체계적 위험(시장위험)	비체계적 위험(개별위험)
모든 투자대안에 공통적으로 영향을 미치는 위험(예 이자율변동위험, 경기변동위험, 인플레이션위험 등)	개별 투자대안마다 각각 다르게 나타나는 위험
분산투자로 회피할 수 없는 위험, 분산불가능위험, 분산투자를 통하여 제거할 수 없는 위험	분산투자로 회피할 수 있는 위험, 분산가능위험, 불필요한 위험 ✚ 포트폴리오를 구성하면 비체계적 위험이 감소되는 효과가 있다.

① 포트폴리오를 구성하는 종목 수를 증가시키면 개별자산간 수익률분포도가 상이하므로, 서로 위험이 상쇄(감소)되는 효과가 발생한다.
② 체계적 위험은 제거가 불가능하므로 총위험이 '0'이 되지는 않는다.

(3) 효율적인 분산투자전략

① 포트폴리오 종목 수를 고려한 분산투자: 포트폴리오를 구성하는 종목 수를 무한대로 증가시키면, 통계학적으로 비체계적 위험을 '0'까지 감소시킬 수 있다.
② 종목별 가중치를 고려한 분산투자
   ㉠ 포트폴리오의 기대수익률 측정(포트폴리오의 비중은 부동산 A는 40%, 부동산 B는 60%이다)

구분	각 경제상황이 발생할 확률	각 경제상황에 따른 예상수익률	
		부동산 A	부동산 B
호황	0.6	15%	20%
불황	0.4	5%	10%

   ⓐ 부동산 A = (0.6 × 15%) + (0.4 × 5%) = 11%
   ⓑ 부동산 B = (0.6 × 20%) + (0.4 × 10%) = 16%
   ⓒ 포트폴리오의 기대수익률 = (0.4 × 11%) + (0.6 × 16%) = 14%
   ㉡ 종목별 **투자금액의 가중치에 따라** 포트폴리오의 기대수익률은 **달라진다.**[1]

TIP
포트폴리오의 기대수익률에 대한 계산문제는 출제빈도가 높다. 문제에 주어진 표를 잘 읽어내는 요령과 꾸준한 연습이 필요하다.

[1] 포트폴리오의 기대수익률은 개별자산의 기대수익률을 가중평균하여 구한다.

③ 투자자산간 수익률의 움직임을 고려한 분산투자
  ㉠ 위험자산(부동산 + 주식)끼리 결합하는 것보다 **위험자산(부동산)과 무위험자산(국채)을 결합하는 것**이 포트폴리오의 위험분산효과를 더 크게 할 수 있다.
  ㉡ 두 자산간 수익률의 움직임이 유사한 종목으로 구성하는 것보다 **상이한 종목으로 구성하는 것이 분산투자효과가 더 크다.**

TIP
투자대안의 상관관계(그림)가 원론(原論)이므로, 그림유형에 대한 출제가능성에 대비하여야 한다.

투자대안의 상관관계

$\rho_{xy} = +1$ $0 < \rho_{xy} < 1$ $\rho_{xy} = 0$

$-1 < \rho_{xy} < 0$ $\rho_{xy} = -1$

ⓐ **상관계수 = +1**: 두 자산간 수익률 움직임이 완전 정(+)의 관계, 완전히 비례, 완전히 동일한 방향으로 동일한 폭만큼 움직인다. **분산투자효과가 전혀 없으므로 비체계적 위험을 전혀 감소시킬 수 없다.**[1]
  ✚ 상관계수값이 '+1'만 아니라면(= 완전히 상호 연관되어 있지 않다면) 분산투자효과는 존재한다.

ⓑ **상관계수 = -1**: **두 자산간 수익률 움직임이 완전 부(-)의 관계, 완전히 반비례,** 완전히 반대방향으로 동일한 폭만큼 움직인다. 분산투자효과가 극대화되므로 **비체계적 위험을 'O'으로 만들 수 있다.**
  ✚ 상관계수값이 '-1'인 경우를 제외하면, 비체계적 위험은 'O'이 되지 않는다.

ⓒ **상관계수 = 0**: 두 자산간 수익률 움직임이 서로 아무런 관련이 없다. 그렇다고 하더라도 분산투자효과는 있다.[2]

[1] 투자대안 A와 B의 상관계수값이 0.382이고 투자대안 C와 D의 상관계수값이 0.618일 경우, 투자대안 A와 B의 포트폴리오의 분산투자효과가 더 크다.

[2] 두 자산간의 상관계수값이 '+1'에 근접할수록 분산투자효과는 작아지고, '-1'에 근접할수록 분산투자효과는 커진다.

ⓒ 기대수익률과 표준편차만 고려하면, 종목 수가 많은 포트폴리오가 종목 수가 적은 포트폴리오보다 분산투자효과가 더 크다. 그러나 **상관계수까지 고려한다면, 수익률의 움직임이 상이한 두 종목의 포트폴리오가 수익률의 움직임이 유사한 세 종목의 포트폴리오보다 분산투자효과가 더 클 수 있다.**

(4) 부동산 포트폴리오의 장·단점

장점	투자금액에 제한을 두지 않는다면, **부동산은 개별성·지역성·부동성 등의 특성으로 인해 포트폴리오 구성이 용이**하므로 분산투자효과를 기대할 수 있다. 즉, 동일한 유형이더라도 지역을 달리하면 분산투자효과가 있으며, 동일한 지역시장이라도 유형을 달리하면 분산투자효과는 발생한다.
단점	**포트폴리오관리(시장상황에 따른 능동적 대응) 및 수정이 곤란하다.** 따라서 부동산은 표준화되지 못하여 환금성이 취약하므로 주식과 달리 **장기 포트폴리오를 구성할 필요가 있다.**

MEMO

해커스 공인중개사
핵심요약집
land.Hackers.com

제6편

부동산금융론

제1장 부동산금융
제2장 부동산증권론 및 개발금융

제1장 부동산금융

기본서 p.283~306

01 부동산 관련 대출규제수단 빈출

(1) 담보인정비율(LTV)[1]

$$담보인정비율(LTV) = \frac{융자금}{부동산가치}$$

① 다른 조건이 일정할 때, 담보인정비율이 높을수록 대출수요가 증가하고 부동산(주택)수요도 증가한다.
② 담보인정비율이 높을수록(대출기관의 채무불이행위험이 커지므로) 대출이자율도 높아진다.

(2) 소득대비 부채비율(DTI; Debt To Income)[1]

차입자의 소득(상환능력)을 고려하여 대출가능금액을 결정한다.

$$총부채상환비율(DTI) = \frac{원리금상환액(= 융자금 \times 저당상수)}{연소득}$$

① DTI비율이 상향조정되면 이전보다 융자가능액이 증가할 수 있다.[2]
② 총부채상환비율이 높을수록 채무불이행위험이 높아진다.

(3) 총체적상환능력비율(DSR; Debt Service Ratio)[3]

$$총부채원리금상환비율(DSR) = \frac{모든\ 대출\ 원리금상환액}{연소득}$$

① **모든 대출의 원리금상환액을 반영**하여 대출금액을 판단하는 지표이다. 즉, 원리금상환액을 따질 때 주택담보대출뿐만 아니라 일반신용대출, 마이너스통장, 카드론, 할부거래 등이 모두 포함된다.[4]
② DSR은 모든 대출의 연간 원리금상환액을 연간 소득으로 나눠 계산한 비율로, 차입자의 소득대비 모든 대출 원리금의 비율을 말한다.
③ **DSR이 40%일 때, 연소득이 5천만원이면 전체 대출액의 연간 원리금상환액이 2천만원을 넘을 수 없다는 의미이다.**

TIP
담보인정비율과 총부채상환비율은 계산문제의 출제빈도가 높으므로 기출문제를 통한 꾸준한 연습이 필요하며 이와 관련된 지문들도 잘 정리해두어야 한다.

[1] 담보인정비율(LTV)과 소득대비 부채비율(DTI)에 대한 기준은 금융위원회나, 금융감독원의 경영지도에 따라 금융기관에서 정하는 기준에 의한다.

[2] DTI를 적용하는 것은 담보대출규제를 강화 ⇨ 대출수요 감소

[3] 총체적상환능력비율 = 총부채원리금상환비율

[4] DTI가 주택담보대출만 고려하는 것과 달리, DSR은 모든 대출의 원리금을 반영한다.

02 주택금융에 적용되는 고정금리와 변동금리

(1) 고정금리저당대출(예 한국주택금융공사 - 보금자리론)

전 대출기간 동안 동일한 이자율이 적용되는 형태로, 다른 조건이 동일할 때 **고정금리대출은** 변동금리대출보다 **초기 이자율이 더 높은 편이다.** 즉, **고정금리대출**은 대출 실행 이후 금융기관이 위험요인을 대출금리에 추가적으로 반영하지 못한다(위험프리미엄을 사전에 반영).

① 고정금리대출이자율의 결정요인(= 금융기관의 요구수익률)[1]

> 대출이자율 = 실질이자율 ± (대출)위험에 대한 대가 + 예상인플레이션율

② 대출기관의 대출위험(저당위험)요인

채무불이행 위험	㉠ 차입자의 소득감소, **상환능력 저하**에 따른 위험이다. ㉡ 저당대출 이후 **주택담보가치가 하락**하여 담보인정비율(LTV)이 상승하는 경우에 따른 위험이다. ㉢ 차입자의 신용평가를 강화(DTI 적용)하고, 대출 초기에 대부비율(LTV)을 하향조정하면 채무불이행위험을 감소시킬 수 있다.
금리(이자율) 변동위험	㉠ **대출실행 이후 시장금리가 상승함**에 따른 위험이다. ㉡ 고정금리대출기관은 금리변동위험에 심하게 노출되어 있기 때문에 변동금리대출기관과 **이자율스왑**[2] 계약 체결을 통하여 금리변동위험을 전가한다.
조기상환위험 (만기 전 변제위험)	**시장금리 하락기**에 발생 가능하며, 대출기관은 차입자의 조기상환에 대한 조기상환수수료를 부과할 수 있다.
유동성위험	㉠ 자금의 단기조달과 장기운용(대출)의 현금흐름 불일치로 인한 대출기관의 **자금부족위험**이다. ㉡ 대출기관이 주택저당채권을 **유동화시켜서 추가적으로 자금을 조달하면 유동성위험은 감소할 수 있다.**

③ 고정금리저당대출의 특징

㉠ **예상치 못한 인플레이션이 발생하면**(= 기대 인플레이션보다 실제 인플레이션이 더 높으면) **대출기관은 불리해지고**(손해), **차입자는 상대적으로 유리해진다**(이익).[3]

㉡ **장기대출일수록 대출기관의 금리변동위험과 유동성위험이 커진다.**
  ✚ 10년 만기 상품보다 30년 만기 상품의 대출이자율이 더 높게 적용된다.

㉢ 향후 시장금리가 상승할 것으로 예상되면 차입자는 변동금리대출보다는 고정금리대출을 이용하는 것이 유리하다.

TIP

- 고정금리와 변동금리에 대한 비교·정리가 필요하며, 시장상황에 따른 차입자와 대출자의 유리·불리 여부를 잘 판단할 필요가 있다.
- 대출기관의 대출위험의 종류는 암기하는 것이 아니라 대출위험의 개념과 이를 관리하거나 감소시키는 방법 위주로 학습하면 된다.

[1]
설정되는 대출금리는 인플레이션이 반영된 명목이자율이다.
- 명목이자율 = 실질이자율 + 기대 인플레이션율

[2] 이자율스왑(swap)
고정금리대출기관의 경우, 금리 상승을 예상하거나 상승위험에 노출되어 있을 때에는 고정금리를 지급하고 대신 변동금리대출기관으로부터 변동금리를 받는 스왑거래를 할 수 있다.

[3]
시장이자율이 대출약정이자율보다 하락하면 차입자는 상대적으로 불리해진다(변동금리로 차입하였다면 상환부담이 줄어들게 된다). 차입자가 고정금리대출을 이용하여도 금리변동위험은 있다. 단지 적을 뿐이다.

(2) 변동금리저당대출

시장금리에 따라 대출금리가 계속 변동하는 형태이다.

① **변동금리의 결정요인(COFIX연동 주택담보대출의 경우)**

> 변동금리의 대출금리 = 기준금리(지표) ± 가산금리(마진)

   ⊙ **기준금리**: 코픽스기준금리로, 은행연합회가 자본조달비용을 반영하여 산출한다.**[1][2]**

   ⓛ **가산금리**: 금융기관이 차입자의 직업·신용점수 등에 따라 차등 적용한다.

② **기준금리의 조정주기**: 다른 조건이 일정할 때, 기준금리의 조정주기가 짧은 것보다 **조정주기가 긴 상품(예 코픽스연동 주택담보대출 등)을 이용하는 것이 차입자의 금리변동위험을 줄일 수 있다.**

   ⊙ **시장금리 상승기**에는 코픽스연동 주택담보대출(조정주기가 긴 상품을 이용하는 것)을 이용하는 것이 이자상환부담을 줄일 수 있다.

   ⓛ **시장금리 하락기**에는 CD연동 주택담보대출(조정주기가 짧은 상품을 이용하는 것)을 이용하는 것이 이자상환부담을 줄일 수 있다.

CD연동 주택담보대출과 코픽스연동 주택담보대출 비교

구분	CD연동 주택담보대출	코픽스연동 주택담보대출
기준금리	CD금리(3개월物)	코픽스기준금리
기준금리 조정주기	3개월	6~12개월(1년)
차입자의 금리변동위험	상대적으로 큰 편	상대적으로 작은 편
시장금리 상승기	차입자 상대적으로 불리	차입자 상대적으로 유리
시장금리 하락기	차입자 상대적으로 유리	차입자 상대적으로 불리

③ **변동금리저당대출의 특징**

   ⊙ **대출기관은 금리변동위험을 회피하기 위해 변동금리대출상품을 판매**한다.
     ⇨ 변동금리대출은 대출자(대출기관)를 인플레위험으로부터 어느 정도 보호해준다.

   ⓛ **금리변동위험을 대출기관이 차입자에게 전가시키는 형태이다.[3]**

     ⓐ 차입자는 고정금리에 비하여 금리변동위험이 큰 편이다.

     ⓑ **기준금리의 조정주기가 짧을수록(예 3개월 ⇨ 1개월) 금리변동위험은 대출기관에서 차입자에게 더 많이 전가된다.** 기준금리의 조정주기를 길게(예 3개월 ⇨ 6개월) 하면 차입자의 금리변동위험이 작아지지만, 대출기관의 금리변동위험은 커지므로 최초적용되는 대출금리는 높아지게 된다.

TIP

코픽스기준금리는 정부에서 정하는 것은 아니지만 시행 이후 제25회 시험에서 처음 출제가 되었으므로 이에 대한 기본적인 개념정리는 필요하다.

[1] COFIX 연동 주택담보대출의 경우, 대부분 (원금)만기 일시상환방식을 채택하고 있다.

[2] 코픽스 기준금리 산출 대상 상품
정기예금, 정기적금, 상호부금, 주택부금, 양도성예금증서(CD), 환매조건부채권, 표지어음매출, 금융채(단, 후순위채 및 전환사채 제외)

[3] 대출기관이 금리위험을 차입자에게 전가하였다고 해서 금리변동위험이 완전히 제거되는 것은 아니다. ⇨ 이자율스왑이 필요함

ⓒ 주택가치 하락, 차입자의 소득수준 저하, 신용점수 하락, 연체실적 등은 위험요인이 되므로 대출기관의 가산금리 인상요인이 된다.

ⓔ **금리상한선(cap)**이 설정된 대출상품은 **차입자**를 금리 상승에 따른 위험으로부터 어느 정도 보호해준다.

ⓕ **금리하한선(floor)**이 설정된 대출상품은 **대출자**를 금리 하락에 따른 위험으로부터 어느 정도 보호해준다.

> **유효이자율**
> 명목이자율이 동일하더라도 이자계산기간이 짧을수록 유효이자율은 높아진다.
> 예) 1년 만기 대출의 경우, 대출자는 기간 중 4회에 나누어 이자를 받는 것이 기말에 한 번 받는 것보다 더 유리하다.

03 부동산저당대출의 상환방법 〈빈출〉

(1) 원리금균등상환방식

① 매년 원리금(상환금액)이 균등(일정)한 상환방식이다.
② 계산방법

> ⓐ 매년 원리금 = 대출원금(융자금, 저당대부액) × 저당상수
> ⓑ 매년 이자지급분 = 저당잔금 × 이자율
> ⓒ 매년 원금상환분 = ⓐ 매년 원리금 - ⓑ 매년의 이자지급분

③ 원리금의 원금과 이자의 구성비율은 시간이 경과함에 따라 달라진다. 이자지급분은 점차 감소하고(이자지급곡선은 '-'의 기울기를 가지고), 원금상환분은 점차 증가한다(원금상환곡선은 '+'의 기울기를 갖는다).

✚ 상환기간의 1/2이 지나도 대출원금의 절반이 상환되지 않는다. 대출기간의 약 2/3 정도 지나야만 원금의 절반 정도가 상환된다.

TIP
원리금균등상환방식과 원금균등상환방식은 상환조견표를 활용하여 계산문제에 대한 연습을 꾸준히 해두면 지문형 문제나 상환구조에 대한 그림형 문제, 상호 비교문제 모두 해결할 수 있다.

[1] 상환조건표를 통해 원금 상환분과 이자지급분이 어떻게 달라지는지를 볼 수 있다.

대출원금 1억원, 대출기간(만기) 20년, 금리 10%인 경우의 상환조건표[1]
(저당상수 = 0.11746)

(단위: 원)

기간	원리금	이자지급분	원금상환분	잔금(미상환)	잔금비율
0	0	0	0	100,000,000	1.00000
1	11,746,000	10,000,000	1,746,000	98,254,000	0.98254
2	11,746,000	9,825,400	1,920,600	96,333,400	0.96334
…	…	…	…	…	…
19	11,746,000	2,008,380	9,737,620	10,676,180	0.106762
20	11,746,000	1,067,620	10,676,180	0	0

고정(균등)   (감소)   (증가)   (체감)

TIP
잔금과 이자의 변화 양상이 불규칙하게 감소하면서 거의 유사한 형태를 띈다.

⚡ **기출**

01 (원리금균등 / 원금균등)상환방식이란 원리금상환액은 매기 동일하지만 원리금에서 원금과 이자가 차지하는 비중이 상환시기에 따라 다른 방식이다. 제24회

02 원금균등상환방식의 경우, 매기에 상환하는 원리금은 점차적으로 (감소 / 증가)한다. 제26회

④ 매기의 **원리금상환액이 일정**하므로 차입자의 **소득이 일정한 경우**에 적합하다.
  ㉠ 원금균등상환방식에 비하여 차입자의 초기 상환부담이 적은 편이다.
  ㉡ 원금균등상환방식보다 대출기관의 원금회수가 느린 편이다.
  ㉢ 잔고가 신속하게 감소하지 않으므로 전체 대출기간을 고려한 차입자의 이자상환부담이 원금균등상환방식에 비하여 많은 편이다(누적 원리금 지불액이 더 많은 편이다).

(2) 원금균등상환방식(체감식 상환방식)

① 매년 상환하는 원금이 균등(일정)한 방식이다.
② 계산방법

  ㉠ 매년 균등한 원금 = 융자금(대출원금) / 상환(대출)기간
  ㉡ 매년 이자지급분 = 저당잔금 × 이자율[2]
  ㉢ 매년 원리금 = ㉠ 매년 균등한 원금 + ㉡ 잔금에 해당하는 이자

③ 원금이 매년 일정액씩 상환되므로 이자지급분도 점차 감소한다.
  ㉠ 매기 원리금은 상환기간이 지남에 따라 감소한다.
  ㉡ 대출기간의 1/2이 지나면 대출원금의 1/2이 정확히 감소한다.
④ 원리금균등상환방식에 비해 차입자의 초기 원리금상환부담이 많은 편이다.[3]

[2] 이자율(금리): 원금에 대한 이자의 비율

= 이자/원금 × 100

[3] 원리금균등상환방식보다 대출기관의 원금회수가 빠르다.

기출정답
01 원리금균등   **02** 감소

원금균등상환방식의 상환조견표

(단위: 원)

기간	원금상환분	이자지급분	원리금	잔금
0	0	0	0	100,000,000
1	5,000,000	10,000,000	15,000,000	95,000,000
2	5,000,000	9,500,000	14,500,000	90,000,000
…	…	…	…	…
19	5,000,000	1,000,000	6,000,000	5,000,000
20	5,000,000	500,000	5,500,000	0
	고정(균등)	(감소)	(감소)	

TIP 잔고(일정하게 감소)와 이자의 변화(일정하게 감소) 양상은 동일하다.

원리금균등상환방식과 원금균등상환방식의 원리금상환구조

구분	원리금(A + B)	원금상환분(A)	이자지급분(B)
원금균등	③ 감소	① 일정	② 감소
원리금균등	① 일정	② 증가	③ (점차) 감소

TIP 각 대출방식의 계산과정을 정확히 학습하면 상환구조를 이해하기 쉽고 그림의 비교, 표의 비교는 덤으로 가져간다.

(3) 체증식(점증) 상환방식

① 소득이 증가(계획된 증가율)함에 따라 **상환금액을 늘려가는 방식**이다.
② **젊은 저소득층이나 주택의 보유예정기간이 짧은 사람**에게 적합한 방식이다.
③ 초기 상환금액이 매기 지급이자를 충당하기에도 부족하므로 금융기관 입장에서는 부(−)의 상환이 발생할 수 있다. ⇨ 대출잔액의 증가, 대출 초기에 대출기관의 원금회수위험이 큰 편이다.
④ 원금균등상환방식·원리금균등상환방식보다 초기 이자상환부담을 적게 해준다.
⑤ 한국주택금융공사의 보금자리론대출에 활용되고 있다.

⚡기출

01 ( ) 상환방식의 경우 미래소득이 증가될 것으로 예상되는 차입자에게 적합하다. 제29회

기출정답
01 체증식

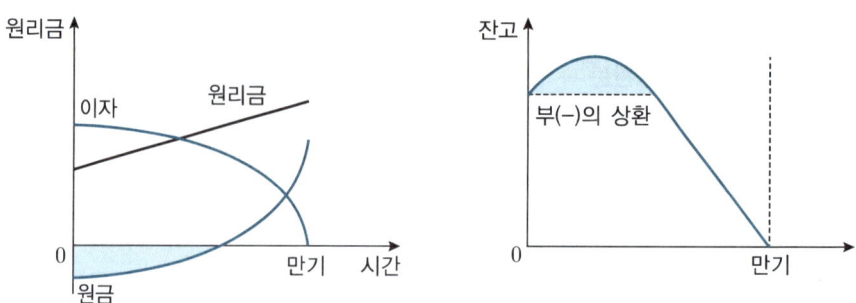

체증식 상환방식

원금균등 · 원리금균등 · 체증식 상환방식 정리

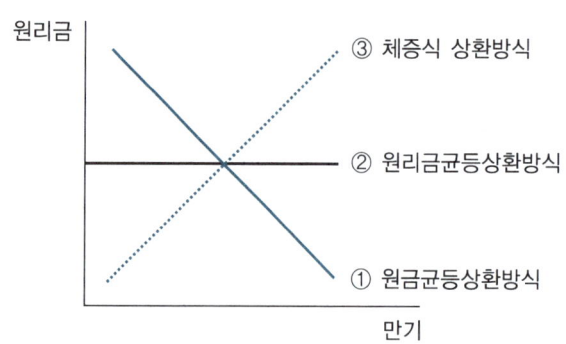

대출상환방식의 비교

차입자의 초기 상환금액부담 정도 (대출기관의 원금회수속도[1])	원금균등 > 원리금균등 > 체증식
대출기관의 대출 초기 원금회수위험 크기	체증식 > 원리금균등 > 원금균등
중도상환시 미상환대출잔액 크기	체증식 > 원리금균등 > 원금균등
대출기간 전체를 고려한 이자상환부담 정도	체증식 > 원리금균등 > 원금균등

[1]
- 대출기관의 원금회수기간 = 대출채권의 가중평균상환기간(Duration)
- 원금균등상환방식의 가중평균상환기간(원금회수기간, Duration)이 가장 짧다.

보충

계단식 상환방식
초기에는 체증식 상환방식으로 상환하다가 일정 기간이 지나면 원리금균등상환방식으로 전환된다.

[2] **거치기간**
이자만 상환하는 기간이다.

(4) 원금만기(일시)상환방식

대출기간 내에 이자만 상환[2]하고 만기에 원금을 전액 일시상환하는 방식(예 COFIX연동 주택담보대출)이다. 대출채권의 가중평균상환기간(Duration)이 가장 긴 편이다.

① 고정금리형 원금만기일시상환방식의 경우, 원리금분할상환방식보다 이자수입이 더 많다.
② 변동금리형 원금만기일시상환방식의 경우, 대출금리가 상승하면 대출기관의 이자수입이 증가한다.

04 우리나라의 주택(부동산)금융 ⇨ 정부 주도, 공공주택금융

(1) 주택도시기금

① 기금의 운용 및 관리
　㉠ 주택도시기금은 **국토교통부장관이 운용·관리한다.**
　㉡ **국토교통부장관은** 기금의 운용·관리에 관한 사무의 전부 또는 일부를 **주택도시보증공사에 위탁할 수 있다.**
　㉢ 주택도시기금은 국민주택채권을 발행하거나 입주자저축 등으로 기금의 재원을 조성한다.[1]
　㉣ **국토교통부장관은** 주택도시기금을 운용하기 위하여 **기금의 부담으로 한국은행 또는 금융기관 등으로부터 자금을 차입할 수 있다.**
② **주택도시기금은 주택계정 및 도시계정으로 구분하여 운용·관리한다.**
　㉠ **주택계정의 용도**
　　ⓐ 국민주택 및 준주택[2]의 건설
　　ⓑ **국민주택규모 이하**의 주택의 구입·임차 또는 개량
　　ⓒ 준주택의 구입·임차 또는 개량
　　ⓓ 국민주택규모 이하인 주택의 리모델링
　　ⓔ 국민주택을 건설하기 위한 대지조성사업 등
　㉡ **도시계정의 용도**: 「도시재생 활성화 및 지원에 관한 특별법」에 따른 도시재생사업의 시행에 필요한 비용의 출자·투자 또는 융자 등

(2) 주택도시보증공사(HUG)

① 주택도시보증공사는 법인으로 하며, 자본금은 10조원으로 하고 그 2분의 1 이상을 정부가 출자한다.
② **주택도시기금의 전담 운용기관**이며, 주택선분양제도하에서 **주택건설사업자의 주택 완공을 보증하여 입주예정자의 안전한 입주를 보장**하는 기관이다. 건설회사의 부도 발생시에 주택계약자에게 계약금·중도금을 환급받게 해주거나, 새로운 시공사를 선정하여 계속 공사를 진행할 수 있도록 **주택사업 보증업무를 수행**한다. 도시 내 공공이 보유한 토지를 활용하여 임대주택을 공급하는 등 도시재생사업도 수행한다.

---

[1] **주택청약종합저축**
현재 시행중인 제도로, 국민주택과 민영주택을 가리지 않고 모든 신규분양주택에 사용할 수 있다.

[2] **준주택**
주택 이외의 건축물과 그 부속토지로서 주거시설로 이용가능한 기숙사, 오피스텔, 다중생활시설(고시원), 노인복지주택 등을 말한다.

③ 주요 업무
  ㉠ 주택도시기금의 운용·관리에 관한 사무
  ㉡ **분양보증, 임대보증금보증, 하자보수보증, 전세보증금반환보증 등** 그 밖에 대통령령으로 정하는 보증업무
  ㉢ 보증을 이행하기 위한 주택의 건설 및 하자보수 등에 관한 업무와 구상권 행사를 위한 업무
  ㉣ 「자산유동화에 관한 법률」에 따른 유동화전문회사 등이 발행한 유동화증권에 대한 보증업무 등

보충
- 「전세사기피해자 지원 및 주거안정에 관한 특별법」이 제정되어 시행되고 있다.
- 전세제도와 선분양제도는 비공식적(비제도권) 금융기법이다.

(3) 주택금융신용보증기금 - 「한국주택금융공사법」

① **신용보증서 등을 제공**하여 **개인이나 사업자의 채무불이행을 방지·보전하여 주택금융을 활성화**하고 주택건설을 촉진하며, 무주택 서민들의 주거안정을 기하는 데 목적이 있다(예 전세·월세자금보증, 임대보증금 반환자금보증, 주택구입자금보증 등).

보충
'금융기관에 예치'는 주택금융신용보증기금의 용도가 아니다.

② **주택금융신용보증기금의 용도**: 신용보증채무의 이행, 차입금의 원리금상환, 기금의 조성·운용 및 관리를 위한 경비, 기금의 육성을 위한 연구·개발 등에 사용한다.

TIP
보금자리론, 주택연금 등의 금융상품에 대해서는 각 상품의 '특징'에 주안점을 두고 학습하여야 한다. 즉, 금융상품의 '경제적 효과'에 주목하여 학습하여야 한다.

05 주택(담보노후)연금 - 역저당·역모기지론

(1) 금융기관이 노년층을 대상으로 주택을 담보로 하여 연금형태로 일정액을 지불하는 방식으로, 이용자가 연금을 받는 형태이다.

일반적인 주택담보대출과 한국주택금융공사 주택연금의 비교

구분	주택담보대출	주택연금
자금 지급방법	일시금 대출	매기 분할 지급
소득·상환능력(DTI)	적용	고려하지 않음
중도상환수수료	부과	부과하지 않음
주택가격(가치) 하락시	부족분 상환청구	부족분 상환청구 하지 않음

> **사례 | 지급받을 연금액의 계산**
>
> 담보인정비율의 50%에 해당하는 금액이 2억원이라 가정할 때, 2억원의 연금을 20년 동안 나누어 받는 경우
>
> ⇨ 매년 연금 지급액 = 2억원 × 감채기금계수(20년, r = 10%, 0.017460)
> = 3,492,000원
>
> ✚ 주택연금 수령기간이 경과할수록 대출잔액이 누적된다.

(2) 한국주택금융공사의 주택(담보노후)연금 ⇨ 공적 보증

① 주택소유자가 담보를 제공하는 방식에는 저당권 설정등기방식과 신탁등기방식이 있으며, **소유자가 사망 후 주택연금은 승계될 수 있다.**
  ㉠ **저당권(설정등기)방식**: 주택소유자가 주택에 저당권을 설정하여 담보로 제공하는 방식 ⇨ 소유권 이전등기, 저당권 변경등기 요구됨
  ㉡ **신탁(등기)방식**: 주택소유자와 한국주택금융공사가 체결하는 신탁계약에 따른 신탁을 등기(소유권 이전)하여 담보로 제공하는 방식 ⇨ **별도의 절차 없이 자동 승계**
② **주택연금 가입요건(소유권 유지하면서 연금 이용)**
  ㉠ **부부 중 1명이 만 55세 이상**
  ㉡ 부부 중 1명이 대한민국 국민
  ㉢ 부부 기준 공시가격 등이 12억원 이하 주택소유자
  ㉣ 다주택자라도 공시가격 등의 합산가격이 12억원 이하면 가능
  ㉤ 공시가격 등이 12억원 초과 2주택자는 3년 이내 1주택 팔면 가능
③ **대상주택**: 「주택법」상 **주택**, 지방자치단체에 신고된 **노인복지주택** 및 **주거목적 오피스텔**(상가 등 복합용도주택은 전체 면적 중 주택이 차지하는 면적이 2분의 1 이상인 경우 가입 가능)
  ✚ 업무시설인 오피스텔은 주택연금으로 이용할 수 없다.

보충

신탁방식 주택연금
주택소유자가 주택에 신탁계약에 따른 신탁 등기를 하여 담보로 제공하는 방식의 보증으로, 신탁계약에 따라 주택소유자 사망 후 별도의 절차(예 공동상속인 동의 등) 없이 배우자로 연금 자동승계(안정적 연금승계)하는 것을 말한다.

④ 연금지급유형[일반, 주택담보대출(주담대)상환용 부분, 우대형]

종신방식	종신지급방식	수시인출한도 설정 없이 월 지급
	종신혼합방식	수시인출한도 설정, 나머지 부분 월 지급
확정기간 방식		소유자가 선택한 일정한 기간 동안 지급
대출상환방식 (주담대 상환용 부분)		주택담보대출 상환용으로 인출한도 범위 안에서 대출금을 상환하고, 나머지 부분을 월 지급 ⇨ 매기 담보대출 이자상환
우대방식		부부 기준 2억원 미만의 1주택 소유자면서, 1인 이상이 기초연금 수급자일 경우 일반 주택연금 대비 최대 20% 이상 더 수령

⑤ 계약 종료(이용자 사망) 후 금융기관이 주택 처분 후 대출금을 회수하고, 일시상환한다.

+ 부족부분은 채무자(상속인)에게 상환청구하지 않으며(⇨ 비소구형 대출), 남는 부분은 상속인에게 반환된다. ⇨ 한국주택금융공사는 주택연금 담보주택의 가격하락에 대한 위험을 부담할 수 있다.

+ 주택담보연금채권 및 공사의 주택담보연금보증채무 이행으로 인한 구상권은 주택담보연금채권을 담보한 대상주택에 대하여만 청구할 수 있다.

⑥ **중도상환수수료 없이** 언제든지 일부·전부 정산이 가능하다(단, 초기 보증료는 환급되지 않는다).

⑦ **주택연금 주요 종료사유**
　㉠ 연금이용자와 배우자가 모두 사망
　㉡ 연금이용자가 담보주택의 소유권을 상실한 경우(단, **신탁방식으로 가입하거나, 재개발·재건축 등으로 소유권을 상실한 경우는 제외**)

⑧ **주택담보노후연금보증을 받은 자의 보호**
　㉠ **주택담보노후연금을 받을 권리를 양도·압류하거나 담보로 제공할 수 없다.**
　㉡ 주택담보노후연금보증을 받은 사람과 그 배우자의 신탁수익권을 양도·압류·가압류·가처분하거나 담보로 제공할 수 없다.
　㉢ 지정된 주택연금전용계좌의 예금에 관한 채권을 압류할 수 없다.

제2장 부동산증권론 및 개발금융

기본서 p.307~342

01 주택저당유동화(MBS; Mortgage Backed Securities)제도 〈빈출〉

개별금융기관이 보유한 장기주택저당(대출)채권을 집합화(Pooling)하여 한국주택금융공사에 매각하고, **한국주택금융공사**가 주택저당채권 집합물을 기초(담보)로 **주택저당증권(MBS)을 발행**(투자자에게 매각)하여 자금을 조달, 금융기관(예 은행 등)에 자금을 공급하고, 금융기관이 주택의 수요자(차입자)에게 차입기회를 확대하는 제도이다.

✚ 보금자리론 공급 ⇨ 주택경기조절수단으로 활용

⚡기출

01 (1차 / 2차) 저당시장은 (1차 / 2차) 저당시장에 자금을 공급하는 역할을 한다. 제27회

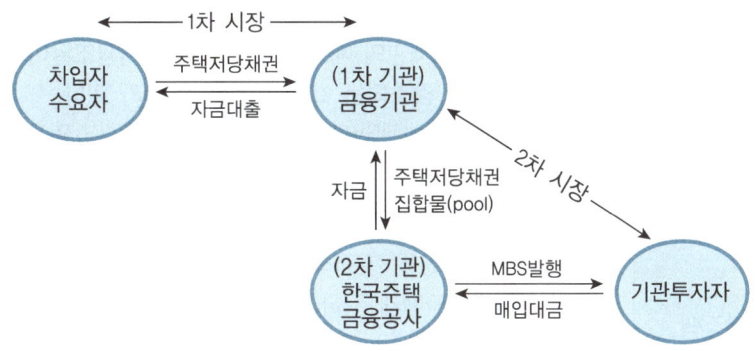

(1) 주택저당유동화시장의 구조

1차 저당시장	① **주택자금대출시장**: 주택자금의 차입자와 금융기관(1차 대출기관)간의 시장이다. ② 대출기관은 설정된 주택저당(대출)채권을 자산포트폴리오의 일부로 보유하거나(매기 원리금을 상환받거나), 주택자금 필요시 2차 저당시장에 매각하여 자금을 조달한다. ③ 유동화가 원활하게 수행되기 위해서는 **1차 저당시장의 대출금리가 2차 저당시장의 금리보다 높아야 한다.**
2차 저당시장	① **주택자금공급시장·유동화시장**: 주택저당(대출)채권 집합물을 사고파는 대출기관과 기관투자자간의 시장이다(1차 대출기관 – 2차 대출기관 – MBS 투자자). ② **한국주택금융공사(HF)**: 유동화중개기관 역할 및 MBS 발행 ③ 1차 저당시장의 차입자와 2차 저당시장과는 아무런 관련이 없다.[1] ④ 1차 저당시장(주택시장)에 더 많은 자금이 공급되기 위해서는 2차 저당시장이 필요하다.

[1] 차입자의 개별적 채무불이행 등이 MBS 수익률에 영향을 주지 않는다. ⇨ 한국주택금융공사의 지급보증 ⇨ 주택저당증권 투자자는 발행자의 채무불이행위험이 없다.

기출정답

01 2차, 1차

> **자산양도의 방식**(「자산유동화에 관한 법률」, 「한국주택금융공사법」)
>
> 유동화자산의 양도는 자산유동화계획에 따라 다음 방식으로 하여야 한다. 이 경우 해당 유동화자산의 양도는 담보권의 설정으로 보지 아니한다.
>
> 1. 매매 또는 교환으로 할 것
> 2. 유동화자산에 대한 수익권 및 처분권은 양수인이 가질 것
> 3. 양도인은 유동화자산에 대한 반환청구권을 가지지 아니하고, 양수인은 유동화자산에 대한 대가의 반환청구권을 가지지 아니할 것
> 4. 양수인이 양도된 자산에 관한 위험을 인수할 것

(2) 주택저당증권(MBS)의 발행효과

주택의 수요자 (차입자)	① 차입기회가 확대되어 소자본으로 주택구입이 용이하다. ② 주택수요의 증가 ⇨ 주택가격 상승요인으로 작용한다.
금융기관 (1차 대출기관)	① 주택저당(대출)채권의 매각으로 현금유입·자금조달이 용이하다. ② 유동성위험이 감소되는 효과(유동성 증가)가 있다. ③ 한정된 재원[주택저당(대출)채권 집합물]으로 더 많은 차입자에게 주택자금공급이 가능하다. ④ 자기자본비율(BIS) 상승, 재무건전성 개선 등의 효과가 있다.
한국주택 금융공사 (2차 대출기관)	주택저당증권(MBS)을 발행하여 주택자금을 조달하고, 금융기관을 통하여 주택수요자에게 자금을 공급한다. ① MBS 발행, MBS 및 ABS(주택저당채권 기초) 지급보증 ② 다양한 장기보금자리론 [1][2] 공급 ③ 주택신용보증업무(개인 및 사업자) ④ 주택연금보증업무
기관투자자	① 주식·단기채권 이외에 장기투자수단으로 활용(MBS는 만기 5년 이상의 장기채권)함으로써 분산투자효과를 기대할 수 있고, 안정적인 투자가 가능하다(지급보증). ② 저당수익률이 투자자의 요구수익률을 만족시켜야 한다(MBS수익률 > 국채수익률).
정부(정책)	① 정부는 주택경기가 침체시 경기조절수단으로 활용할 수 있다. ② 주택금융자금의 수급불균형문제를 완화할 수 있다. ③ 주식시장 등 다른 자본시장 침체시에 자금흐름이 왜곡되는 것을 방지할 수 있는 제도적 장치로서 유용하게 활용될 수 있다.

[1] 보금자리론
- 대출기간: 10년, 15년, 20년 30년 40년 50년
- 원금균등상환, 원리금균등상환, 체증식 상환
- 융자비율: 70%(총부채상환비율 충족시)

[2] 안심전환대출
변동금리 및 준고정금리 주택담보대출 차주를 위한 대환용 정책모기지 상품을 말한다. ⇨ 한국주택금융공사가 유동화하여 주택저당증권(MBS)을 발행한 사례가 있다.

(3) 주택저당증권(MBS)의 종류

구분	원리금수취권 (조기상환위험)	집합물의소유권 = 저당권 (채무불이행위험)	콜방어 형태	발행기관 부채표시
MPTS(지분형) 저당대출지분이전증권	투자자	투자자	불가	×
MBB(채권형) 저당대출담보부 채권	발행기관	발행기관	가능	○
MPTB(혼합형) 저당대출원리금이체채권	투자자	발행기관	불가	○
CMO(혼합형) 다계층채권	투자자	발행기관	부분 가능	○

① **저당대출지분이전증권(MPTS; Mortgage Pass Through Securities)[1]**: MPTS는 지분형 증권이기 때문에 증권의 수익은 기초자산인 주택저당채권 집합물(mortgage pool)의 현금흐름(저당지불액)에 의존한다.

② **저당대출담보부 채권(MBB; Mortgage Backed Bond)[2]**
　㉠ 차입자(채무자)가 상환하는 원리금은 MBB의 발행기관에 이전되고, 투자자에게는 MBB의 보유기간 동안 별도의 채권이자가 지급되며, 투자원금은 MBB의 만기 때 지급된다. ⇨ MBB투자자는 채권의 보유기간 동안 현금흐름이 안정적이다.
　㉡ 차입자의 조기상환이 발생하여도 MBB에 대한 원리금(원금 + 이자)을 발행자가 투자자에게 지급하여야 한다. ⇨ 콜(call)방어[3] 가능
　㉢ 차입자의 채무불이행이 발생하여도 MBB에 대한 원리금(원금 + 이자)을 발행자가 투자자에게 지급하여야 한다.
　㉣ 투자자 보호를 위하여 보통 MBB발행액의 125~240% 정도의 **초과담보 수준을 유지**한다. ⇨ **집합물보다 MBB를 더 적게 발행**한다.

③ 저당대출원리금이체채권(MPTB; Mortgage Pay-Through Bond)는 MPTS와 MBB를 혼합한 특성을 지닌다.

④ **다계층채권(CMO; Collateralized Mortgage Obligation) - 혼합형[4]**: 위험의 분산과 **다양한 투자욕구**를 충족시키기 위해서 하나의 집합에서 **채권의 만기와 이자율을 다양화한 여러 가지 종류의 채권**을 발행하는 것이다.
　㉠ 각 계층(트랜치)에 적용되는 이자율과 채권의 만기가 동일할 필요는 없다.
　　⇨ 고정이자율 또는 유동이자율

TIP
- 주택저당증권의 명칭은 학자마다 다르게 쓰는 경우가 있으므로 영문(MPTS, MBB, MPTB)으로 숙지한다.
- 'MPTS는 모든 투자자(T)에게, MBB는 모두 발행기관(BB)에게, MPTB의 원리금수취권은 투자자(T)에게, 집합물의 소유권은 발행기관(B)에게'라고 암기하여 시험을 준비한다.

[1] MPTS는 집합물과 발행액이 동일하며, 발행기관의 부채로 표시되지 않는다.

[2] MBB는 발행기관의 부채로 표시된다.

[3] **콜(Call)방어**
차입자의 조기상환에 따라 발행기관의 채권의 만기 전 변제(조기상환)로부터 투자자가 회피하는 것을 말한다.

[4] 우리나라 MBS의 대부분은 CMO(다계층채권)형태로 발행된다.

> **⚡기출**
>
> 01 (　　)의 발행자는 주택저당채권 집합물을 가지고 일정한 가공을 통해 위험-수익구조가 다양한 트랜치의 증권을 발행한다.
> 제24회

    ⓒ CMO는 MPTS와 MBB의 두 가지 성질을 가지고 있다.
       ⓐ 첫 번째 트랜치는 채무자의 원금과 이자가 수취되는 구조로서 MPTS와 그 성격이 유사하다. ⇨ **콜방어를 할 수 없다.**
       ⓑ 나머지 트랜치는 MBB와 그 성격이 유사하다. 선순위가 아닌 나머지 후순위 트랜치는 채권의 보유기간 동안 이자만 수취한다. ⇨ **장기투자자(후순위 트랜치)들이 원하는 콜방어를 실현할 수 있다.**
    ⓒ **선순위 증권의 신용등급(AAA)**은 후순위 증권의 신용등급(AA)보다 **높다. 신용등급이 높은 채권일수록 더 낮은 이자율이 지급된다(저위험 - 저수익).**

다계층채권의 예시

발행구조	만기	금리	이자지급	신용등급	원금지급
선순위 1-1	1년	5.20%	3개월이표	AAA	만기일시
선순위 1-2	3년	5.50%	3개월이표	AAA	만기일시
선순위 1-3	5년	6.01%	3개월이표	AAA	만기일시
선순위 1-4	10년	6.24%	3개월이표	AAA	만기일시

(4) 주택저당증권(MBS)의 특성

> **보충**
>
> • 차입자의 조기상환(prepayment)에 의하여 수익이 변동되는 주택저당증권(MBS)도 있다. ⇨ MPTS
> • 대상자산인 주택저당대출형식 등에 따라 다양한 상품을 구성하여 발행될 수 있다. ⇨ 다계층채권(CMO)

① 저당대출의 만기와 대응하므로 통상 장기로 발행된다. **저당대출의 만기보다 짧은 만기 또는 긴 만기를 가진 주택저당증권(MBS)도 발행**될 수 있다.
② 매월 원리금상환액에 기초하여 **발행증권에 대해 고정적인 수익**이 투자자에게 제공되는 것이 일반적이다. ⇨ 부채증권

> **★개념 PLUS │ 채권수익률과 주택저당증권(채권; bond) 가격의 변화**
>
> 투자금액의 회수기간 = 가중평균상환기간(duration)
> 1. 주택저당증권(채권)은 한국주택금융공사가 지급보증하므로, 투자자에게 발행자의 채무불이행위험이 없다.
> 2. 주택저당증권(채권)도 금리(채권수익률)변동에 따른 가격변동위험이 있다.
>   ① 채권수익률(이자율·할인율)이 상승하면 채권가격은 하락한다.
>   ② 채권수익률(이자율·할인율)이 하락하면 채권가격은 상승한다.
>   ③ 가중평균상환기간(duration)이 긴 채권일수록 채권수익률이 상승하면 채권가격은 더 크게 하락한다. ⇨ 만기가 긴 장기채권(Bond)일수록 시장금리변동에 따른 가격변동위험이 더 크다.
>   ④ 투자자들이 채권시장 수익률의 하락을 예상한다면, 가중평균상환기간(duration)이 긴 주택저당증권(채권)일수록 그 가격이 더 크게 상승한다.

기출정답
01 다계층채권(CMO)

개념 PLUS | 「자산유동화에 관한 법률」 주요 내용

1. "유동화자산"이란 자산유동화의 대상이 되는 채권, 부동산, 지식재산권 및 그 밖의 재산권을 말한다.
2. **유동화전문회사,[1]** 신탁업자 및 자산유동화업무를 전업으로 하는 외국법인은 자산유동화에 관하여 자산유동화계획을 금융위원회에 등록하여야 한다.
   + 유동화전문회사등(신탁업자는 제외한다)이 등록할 수 있는 자산유동화 계획은 유동화자산 및 자산보유자의 수에 관계없이 1개로 한정한다.
3. **유동화전문회사(명목회사, SPC)는 주식회사 또는 유한회사로 한다.**
   ① 유동화전문회사는 자산유동화 고유 업무 외의 다른 업무를 할 수 없다.
   ② 유동화전문회사는 본점 외의 영업소를 설치할 수 없으며, 직원을 고용할 수 없다.
   ③ 유동화전문회사가 아닌 자는 그 상호 또는 업무를 표시할 때 유동화전문회사임을 나타내는 명칭을 사용하여서는 아니 된다.
   ④ 유동화전문회사는 다른 회사와 합병하거나 다른 회사로 조직을 변경할 수 없다.
4. "유동화증권(ABS; Asset Backed Securities)"이란 유동화자산을 기초로 자산유동화계획에 따라 발행되는 주권, 출자증권, 사채(社債), 수익증권, 그 밖의 증권이나 증서를 말한다.
5. 자산유동화계획에 따른 유동화증권의 발행에 관하여는 이 법에서 달리 정한 경우를 제외하고는 「상법」, 「자본시장과 금융투자업에 관한 법률」, 그 밖의 관계 법령에 따른다.
6. **유동화증권의 분류**
   유동화대상이 되는 기초자산에 따라 유동화증권의 명칭에도 차이가 있다.
   ① **CMO**: 주택저당(대출)채권(Mortgage)을 기초로 재가공하여 발행되는 것
   ② **CMBS(Commercial Mortgage Backed Securities)**: 금융기관이 보유한 상업용 모기지(Mortgage)를 기초로 유동화전문회사가 발행하는 자산유동화증권을 말한다. ⇨ 부채증권

TIP
수많은 자산 중에서 모기지(주택저당채권)를 기초로 발행된 것이 MBS이므로, ABS가 MBS보다 더 포괄적인 개념이다.

[1] 유동화전문회사(SPC; 명목회사)
유동화증권 발행을 원활하게 하고, 자산보유자로부터 자산을 분리하기 위하여 설립하는 특수목적회사를 말한다. 주식회사 또는 유한회사로 한다.

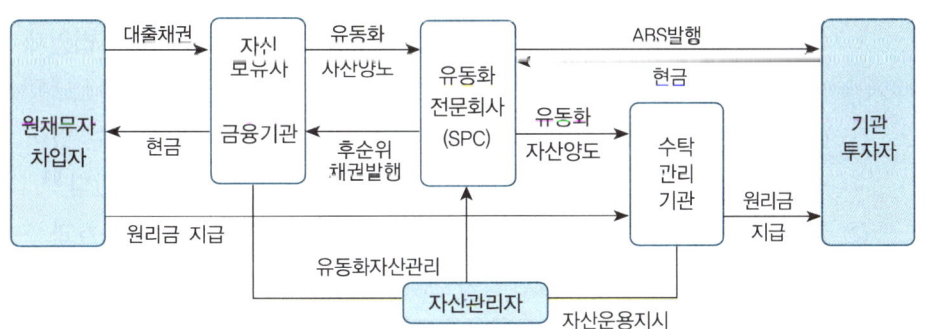

02 프로젝트 파이낸싱(PF; Project Financing) ⇨ 개발금융

TIP
전통적인 PF금융기법은 주로 대출(부채금융)을 통하여 이루어지지만, 최근에는 지분형 PF사업인 조인트벤처방식의 프로젝트금융투자회사(SPC)도 있고, 부채금융과 지분금융을 혼합한 PF금융기법도 등장하고 있다. 시험에서 별다른 언급 없이 PF금융이라 제시되면 일반적인 부채금융으로 인식하여 대응한다.

(1) 일반적인 기업금융(일반대출)과의 차이점

① 부동산개발 프로젝트사업으로부터 발생하는 **장래 현금흐름(수익성)을 기초로** 금융기관으로부터 **자금(부채금융)을 조달**하는 기법이다.
　⇨ 원칙적으로 **물적 담보나 개발업자의 신용에 근거하지 않는다.**
② 차입금에 대한 상환은 프로젝트사업에서 발생하는 분양현금흐름 등을 기초로 이루어진다(분양형: 분양수입금 등, 임대형: 임대료수입 등).
③ 차주(사업주)입장에서는 다양하고 복잡한 업무로 인하여 전통적인 기업금융보다 **높은 금융비용(대출금리)과** 별도의 수수료부담이 있다.
　⇨ 대출기관 입장에서 위험이 크고, 사업이 신속하지 못하다.[1]

[1] 토지구입 및 확보에 필요한 대출(브릿지론) 이후 직접적 건설사업에 필요한 본 PF대출 등으로 단계별 대출이 이루어진다.

(2) 프로젝트 파이낸싱의 구조 및 특징

부동산개발사업의 일반적 프로젝트 파이낸싱 구조

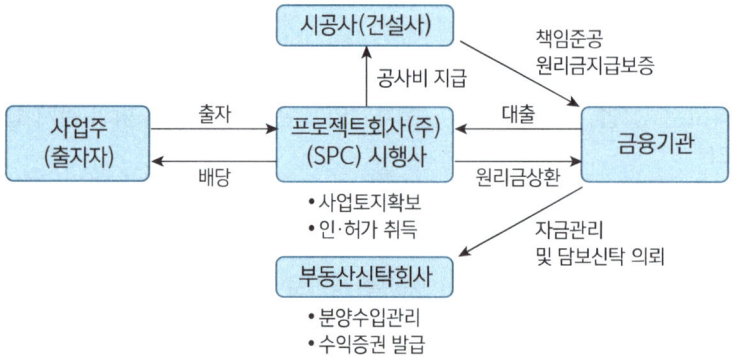

① 대규모 개발사업 추진을 위하여 개별 사업주들이 별도의 **프로젝트회사(SPC, 주식회사)를 설립**하고 프로젝트회사가 개발자금을 차입한다.
　㉠ 사업주는 프로젝트회사(명목회사, paper company)를 통해 법인세 절감 효과를 누릴 수 있다.
　㉡ 금융기관은 개별사업주와 개발사업의 현금흐름을 분리할 수 있어 개별사업주의 파산이 개발사업에 영향을 미치지 않게 할 수 있다.[2]
② **개별사업주는 관련부채가 재무상태표에 표시되지 않은 부외금융효과를** 기대할 수 있다. 즉, 채무수용능력이 제고된다(높아진다).
③ **비소구(이론적)·제한소구금융(실무적)**
　㉠ 이론적으로는 프로젝트 도산시 대출기관은 개별사업주에게 원리금상환을 청구할 수 없다. 단, **프로젝트회사(SPC)가 보유한 자산과 현금흐름의 범위 내에서는 상환청구할 수 있다.**

[2] 당사자간 위험분산(배분)을 위하여 주로 사업주는 컨소시엄(연합법인)을 구성하고, 대출기관(대주단)은 신디케이트론(공동대출) 형태로 사업을 추진하게 된다.

ⓒ 대출기관은 위험에 대비하여 실무적으로 직·간접의 보증을 요구하게 된다. ⇨ 제한소구금융
  ⓐ 시행사와 시공사에 대한 추가적인 출자 요구
  ⓑ 책임준공 요구 ⇨ 사업위험 증대시 시공권포기 각서 요구
  ⓒ 개발사업 부도시 부채인수 또는 원리금 지급보증 요구
  ⓓ 대출금 선상환, 공사비 정산 후 개발이익은 후지급 ⇨ 효율적인 자금관리와 원리금상환 확보를 위해 **독립적인 결제관리계좌(에스크로우)를 설정하여 부동산신탁회사에 위탁**
  ⓔ 개발사업토지에 대한 권리 확보 ⇨ 담보신탁[1] 의뢰

(3) 프로젝트금융에 참여하는 금융기관

① 금융기관은 프로젝트의 성공적인 수행시 높은 이자수익을 획득할 수 있다. 반면에, **사업실패시 금융기관의 부실로 이어질 수 있다.**
② 금융기관은 해당 프로젝트사업에만 치중하므로[2] **차주와 대주간에 발생하는 정보의 비대칭문제를 해소할 수 있다.**
③ PF·ABS·ABCP 발행을 통한 금융기관의 유동성위험 감소 가능
  ㉠ PF ABS란 금융기관이 보유한 PF대출채권을 기초로 유동화전문회사(SPC; 주식회사 또는 유한회사)를 통해 발행하는 자산유동화증권을 말한다.
  ㉡ 부동산개발 PF ABCP(Asset Backed Commercial Paper)란 금융기관이 PF 대출채권을 근거로 발행하는 자산담보부 기업어음이다.[3]
  ㉢ **PF ABS는 「자산유동화에 관한 법률」의 적용을 받기 때문에 발행회차마다 금융위원회에 등록(유가증권신고서 제출)하는 등 발행절차가 까다롭고** 복잡한 편이다.
  ㉣ PF ABCP는 금융위원회에 등록하지 않고, 「상법」상 유동화전문회사(conduit, 도관체)를 통해 임의대로(자유롭게) 발행(유동화)할 수 있다.
  ㉤ PF ABCP(만기 3개월)에 비하여 **PF ABS(만기 3년)가 더 장기로 자금을 조달할 수 있다.** ⇨ 다른 조건이 일정할 때, PF ABS(장기상품)의 발행금리가 더 높은 편이다.

---

[1] **담보신탁**
프로젝트금융을 제공할 때 대출기관이 토지에 저당권을 설정할 수 없기 때문에 해당 토지에 권리를 확보(수익증권에 질권설정)하는 방법이다.

[2] 금융기관은 프로젝트의 성공적인 수행을 위하여 프로젝트회사가 '단일사업'에 치중(한정)할 것을 요구할 수 있다.

[3] PF ABCP는 토지 구입·확보시에 발행하거나, 만기가 돌아온 FP ABS를 상환(차환)하기 위해 발행되기도 한다.

보충
- **롤오버(Rollover)**: 기존 대출의 만기를 연장해 주는 것을 말한다.
- **리파이낸싱(Refinancing)**: 기존대출을 상환받고 신규대출을 별도로 제공하는 것을 말한다.

PF ABS와 PF ABCP의 비교

구분	PF ABS	PF ABCP
근거법률	「자산유동화에 관한 법률」	「상법」
중개기관	유동화전문회사(SPC)	도관체(conduit)
금융감독기관 등록 여부	금융위원회에 발행회차마다 등록 ⇨ 발행절차 까다로움	등록하지 않고 임의대로 자유롭게 발행 가능
유가증권 만기	3년(장기)	3개월~6개월(단기)
발행금리	발행금리가 더 높다.	발행금리가 더 낮다.

④ 부동산개발 관련 대출채권을 유동화시키면 개발업자나 공급자에게 더 많은[1] 자금이 공급될 수 있다.

[1] 프로젝트금융의 활성화는 주택 등 부동산공급을 증가시키는 요인이 된다.

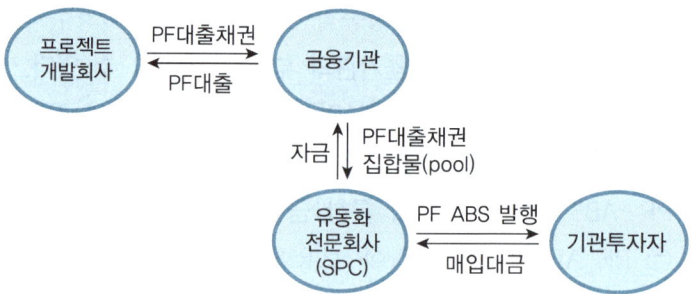

03 부동산투자회사(REITs[1]) - 「부동산투자회사법」, 「상법」

[1] REITs
Real Estate Investment Trusts

- 부동산투자회사는 주식을 발행하여 불특정다수로부터 자금을 조달하고, 이를 부동산에 투자(예 부동산, 부동산증권, 부동산권리, 관련 대출 등)하여 그 수익을 주주(투자자)에게 현금 및 현물배당하는 회사를 말한다.
- 부동산투자회사의 **주식**은 부동산을 **지분증권화**한 대표적인 형태이다.
- 발행주식에 투자하면 배당 및 주식의 시세차익을 얻을 수 있다(투자원금의 손실이 발생할 수 있다).

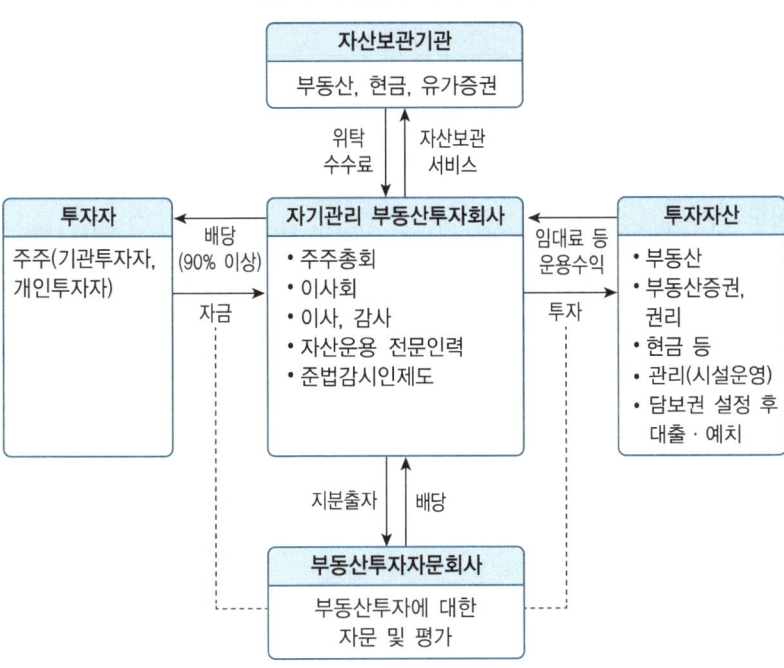

자기관리 부동산투자회사의 구조

(1) 부동산투자회사의 **발기설립** 및 운용 - 국토교통부장관의 인가 및 등록, 인가취소 [1]

구분	자기관리 부동산투자회사	위탁관리 부동산투자회사	기업구조조정 부동산투자회사
영업개시	국토교통부 영업인가	인가 및 등록(요건 충족시)	
회사형태	실체회사, 직접 수행	명목(서류상)회사, 자산관리회사에 위탁	
설립 자본금	5억원 이상	3억원 이상	
최저자본금	70억원 이상	50억원 이상	
자산운용 전문인력	공인중개사 · 감정평가사 5년 이상	없음	
투자자보호 장치	내부통제기준, 준법감시인제도	정관으로 정하는 바에 따라 감독이사를 둘 수 있음	
배당	90% 이상(원칙적 사항)	이익을 초과하여 배당 가능	
공모의무 비율	주식 총수의 30% 이상을 일반의 청약에 제공		의무사항 아님
주식분산	1인당 50%를 초과하여 소유하지 못함		제한 없음
투자대상 및 운용방법	부동산 취득, 개발, 개량 및 처분, 관리(시설운영), 임대차 및 전대차, 대출		기업구조조정용 부동산
상장	요건충족시		요건충족시 (의무사항 아님)
자산구성 (매 분기말)	부동산, 부동산 관련 증권 및 현금 80% 이상 (부동산 70% 이상)		구조조정대상 부동산 70% 이상
처분제한	5년(단, 분양 목적인 경우 등에는 처분제한 없음)		제한 없음
자금차입 및 사채 발행	영업인가나 등록 후 가능, 자기자본의 2배 이내(주총 특별결의시 10배)		

① 주요기관의 개념

㉠ **자기관리 부동산투자회사**는 **자산운용 전문인력**(예 공인중개사, 감정평가사)[2]을 포함한 임직원을 상근으로 두고, 자산의 투자·운용을 **직접 수행하는 회사**이다.

  ✚ 자기관리 부동산투자회사는 「상법」에 따른 주주총회의 결의와 국토교통부장관의 영업인가를 받아 위탁관리 부동산투자회사로 전환할 수 있다.

㉡ **위탁관리 부동산투자회사**는 본점 외에 **지점을 설치할 수 없으며, 직원을 고용하거나 상근임원을 둘 수 없다.** ⇨ 기업구조조정 부동산투자회사도 준용된다.

---

[1]
일정요건을 갖춘 위탁관리 부동산투자회사 및 기업구조조정 부동산투자회사는 그 절차에 따라 국토교통부장관에게 등록(등록신청서 제출)하여야 한다.

⚡ **기출**

01 자기관리 부동산투자회사의 설립자본금은 (5억원 / 3억원) 이상으로 한다. 제29회

02 영업인가를 받거나 등록한 날부터 6개월이 지난 위탁관리 부동산투자회사 및 기업구조조정 부동산투자회사의 최저자본금은 각각 (50억원 / 70억원) 이상이 되어야 한다. 제27회

TIP

'자본금' 이외의 숫자에 관한 규정은 숫자 자체보다는 법 제정 및 개정 내용의 취지를 이해하고 있느냐를 확인하는 문제가 주류이므로, 지문상 의미를 파악하는 데 주력하여야 한다.

[2]
• 자산운용 전문인력이 되고자 하는 사람은 자산운용에 관한 사전교육을 이수하여야 한다.
• 자산운용 전문인력으로 계속해서 종사하고자 하는 경우 사전교육을 이수한 날부터 3년마다 국토교통부장관이 실시하거나 인정하는 보수교육을 받아야 한다.

기출정답

01 5억원 **02** 50억원

ⓒ **자산관리회사**: 위탁관리 부동산투자회사 또는 기업구조조정 부동산투자회사의 위탁을 받아 자산의 투자·운용업무를 수행하는 것을 목적으로 설립된 회사를 말한다.
  ⓐ 자기자본 70억원 이상일 것, 자산운용 전문인력·준법감시인을 상근으로 두어야 한다.
  ⓑ 자기관리(공모) 부동산투자회사가 자산관리회사를 설립하는 경우 해당 자산관리회사는 해당하는 요건을 갖추어 국토교통부장관의 인가를 받아야 한다.
ⓓ **부동산투자자문회사**: 부동산투자회사의 위탁으로 그 자산의 투자·운용에 관한 자문 및 평가업무 등을 수행하는 회사를 말한다.

② **설립보고**: 자기관리 부동산투자회사는 그 설립등기일로부터 **10일 이내**에 대통령령이 정하는 바에 따라 **설립보고서**를 작성하여 **국토교통부장관**에게 제출하여야 한다.

③ **자기관리 부동산투자회사의 주요출자자 적격성 심사**
  ㉠ **국토교통부장관**은 자기관리 부동산투자회사가 최저자본금을 준비하였음을 확인한 때에는, 주요 출자자가 변경된 경우에는 **지체 없이 주요출자자(100분의 5를 초과하여 소유한 자)의 적격성을 심사하여야 한다.**
  ㉡ 국토교통부장관은 적격성을 심사하기 위하여 주요출자자에게 30일 이내의 기간을 정하여 관련 자료의 제출을 요구할 수 있다.

④ **공모(자기·위탁)의무 비율**
  ㉠ 영업인가를 받거나 등록을 하기 전까지는 발행하는 주식을 일반인의 청약에 제공할 수 없다.
  ㉡ 영업인가를 받거나 등록을 한 날부터 2년 이내에는 주식 총수의 100분의 30 이상을 **일반의 청약에 제공하여야 한다.**
  ✚ 기업구조조정 부동산투자회사는 공모의무비율을 적용받지 않는다.

⑤ **주식의 분산(자기·위탁)**: 주주 1인과 그 특별관계자는 주식의 공모를 완료한 이후에는 부동산투자회사가 발행한 **주식 총수의 100분의 50(이하 "1인당 주식소유한도"라 한다)을 초과하여 주식을 소유하지 못한다.**
  ✚ 기업구조조정 부동산투자회사는 주식분산기준을 적용받지 않는다.

⑥ **주식의 상장**: 「**자본시장과 금융투자업에 관한 법률**」에 따른 상장규정의 **요건을 갖추게 된 때에는** 지체 없이 증권시장에 주식을 상장하여 그 주식이 증권시장에서 거래되도록 하여야 한다.
  ✚ 국토교통부장관은 주식의 상장을 명하려면 미리 **금융위원회의 의견을 들어야 한다.**

보충

자산운용 전문인력
1. 감정평가사 또는 공인중개사로서 해당 분야에 5년 이상 종사한 사람
2. 부동산 관련 분야의 석사학위 이상의 소지자로서 부동산의 투자·운용과 관련된 업무에 3년 이상 종사한 사람
3. 그 밖에 제1호 또는 제2호에 준하는 경력이 있는 사람으로서 대통령령으로 정하는 사람

TIP
- **상장(上場)**: 증권거래소에서 주권을 매매할 수 있도록 인정하는 것으로 상장주식은 비상장주식에 비하여 환금성 확보가 용이하다.
- **뮤추얼 펀드(mutual fund)**: 명목회사(paper company)로서, 증권시장에 상장된 회사(것)를 말한다.

⑦ **현물출자**: 부동산투자회사는 현물출자에 의한 설립을 할 수 없다. 영업인가를 받거나 등록을 하고 최저자본금 이상을 갖추기 전에는 현물출자를 받는 방식으로 신주를 발행할 수 없다.

> ★ **개념 PLUS** | 현물출자 재산범위
> - 부동산
> - 지상권·임차권 등 부동산 사용에 관한 권리
> - 신탁이 종료된 때에 신탁재산 전부가 수익자에게 귀속되는 부동산신탁의 수익권
> - 소유권이전등기청구권
> - 대토보상권

⑧ **외부차입·회사채 발행**: 영업인가를 받거나 등록한 후 발행 가능하다. 주주총회의 특별결의를 한 경우에는 그 합계가 자기자본의 10배를 넘지 아니하는 범위에서 **자금차입 및 사채 발행을 할 수 있다.**

⑨ **자산[1]의 투자·운용방법(자기·위탁)**
  ㉠ 부동산투자회사는 그 자산을 다음 어느 하나에 투자하여야 한다.
    ⓐ 부동산
    ⓑ 부동산개발사업
    ⓒ 지상권, 임차권 등 부동산 사용에 관한 권리
    ⓓ 신탁이 종료된 때에 신탁재산 전부가 수익자에게 귀속하는 부동산신탁 수익권 또는 증권, 채권 등
  ㉡ 다음 하나에 해당하는 방법으로 투자·운용하여야 한다.
    ⓐ 취득, 개발, 개량 및 처분
    ⓑ **관리(시설운영을 포함한다),** 임대차 및 전대차
    ⓒ 부동산개발사업을 목적으로 하는 법인 등 대통령령으로 정하는 자에 대하여 부동산에 대한 담보권 설정 등 대통령령으로 정한 방법에 따른 **대출, 예치**

⑩ **회계처리**: 부동산 등 자산의 운용에 관해 **회계처리**를 할 때에는 **금융위원회**가 정하는 회계처리기준에 따라야 한다.

⑪ **부동산의 처분제한**: 부동산을 취득한 후 5년의 범위 내에서 부동산을 처분하여서는 아니 된다. ⇨ 기업구조조정 부동투자회사는 제외
  ㉠ **예외**: 부동산개발사업으로 조성하거나 설치한 토지·건축물을 분양하는 경우, 투자자 보호를 위하여 사유가 있는 경우

---

[1] **자산의 구성**
- 매 분기 말 총자산의 100분의 80 이상을 부동산, 부동산 관련 증권 및 현금으로 구성하여야 한다. 이 경우 총자산의 100분의 70 이상은 부동산이어야 한다.
 ⇨ 기업구조조정 부동산투자회사는 자산의 구성에 관한 규정이 적용되지 않는다.
- 임직원 또는 대리인, 주요주주는 미공개 자산운용정보를 이용하여 부동산 또는 증권을 매매하거나 타인에게 이용하게 하여서는 아니된다.

ⓒ 부동산을 취득하거나 처분하는 경우 자기관리 부동산투자회사 또는 자산관리회사는 대통령령으로 정하는 바에 따라 해당 부동산의 현황, 거래가격 등이 포함된 실사보고서(實査報告書)를 작성하여 이를 본점에 갖추어 두어야 한다.
⑫ **이익배당**: 상장된 부동산투자회사가 부동산을 매각하여 그 이익을 배당할 때에는 해당 사업연도 말 10일 전까지 배당 여부 및 배당 예정금액을 결정하여야 한다.
　　✚ 위탁관리 부동산투자회사 및 기업구조조정 부동산투자회사가 이익을 배당할 때에는 이익을 초과하여 배당할 수 있다.
⑬ **내부통제기준 및 준법감시인제도**[1] ⇨ 자산운용규정 준수, 투자자 보호
　　㉠ **자기관리 부동산투자회사 및 자산관리회사**는 법령을 준수하고 자산운용을 건전하게 하며 주주를 보호하기 위하여 임직원이 따라야 할 기본적인 절차와 기준(**내부통제기준**)을 제정·시행하여야 한다.
　　㉡ **자기관리 부동산투자회사 및 자산관리회사**는 내부통제기준의 준수 여부를 점검하고, 내부통제기준을 위반할 경우 이를 조사하여 감사에게 보고하는 **준법감시인을 상근으로 두어야 한다**.
⑭ **위탁관리 부동산투자회사의 감독이사 선임**: **위탁관리 부동산투자회사**는 해당 위탁관리 부동산투자회사의 자산의 투자·운용업무를 위탁하는 자산관리회사인 **법인이사와 감독이사를 정관으로 정하는 바에 따라 둘 수 있다**.

[1] 내부통제기준 및 준법감시인제도는 명목회사(위탁·기업구조조정)에게는 적용되지 않는다.

(2) 기업구조조정 부동산투자회사

① **목적**: 부실화된 기업의 구조조정을 촉진(정상화 목적)하기 위하여 도입되었다.
② **형태**: **명목회사**이며, 일반적으로 존속기간은 한시적(5~7년)이다.
　　㉠ 자산의 투자·운용을 자산관리회사에게 위탁한다.
　　㉡ 국토교통부장관은 기업구조조정 부동산투자회사의 등록을 하려는 경우에는 미리 **금융위원회의 의견을 들어야 한다**.
　　㉢ **법인세 면제특례**가 있다.
　　㉣ **공모의무비율·주식분산기준(1인당 소유한도), 자산의 구성, 부동산 처분제한에 관한 규정이 적용되지 않는다**.

(3) 부동산투자회사의 기대효과

① 투자지분을 표준화·증권화한 상품으로 소액투자자에게 투자기회를 제공한다.
② 배당(현금 + 현물)소득 및 주식의 시세차익을 기대할 수 있다.
③ 포트폴리오효과, 세금절감효과, 인플레이션 방어(헷지)효과를 기대할 수 있다.
④ **전문회사를 통한 자산운용의 효율성을 제고할 수 있으며, 공시(公示)를 통한 투명성을 확보할 수 있다.**
  ✚ 부동산투자회사의 **정보시스템 구축·운영**: 국토교통부장관
⑤ 기업·금융기관 등이 가지고 있는 매물부동산의 효율적 처리가 가능하다(기업구조조정의 수단으로 활용).

04 기타 부동산 개발금융

보충

부동산펀드는 부동산투자회사와 달리 일반인이 설립하여 운용할 수 없다.
- **공모 부동산펀드**: 불특정다수로부터 자금을 조달한다.
- **사모 부동산펀드**: 특정인을 대상으로 자금을 조달한다.

부동산펀드 (부동산 집합투자기구)	「자본시장과 금융투자업에 관한 법률」에 근거함 ① **펀드의 운용주체**: 자산운용사, 투신운용사 ⇨ 필요한 자금을 외부에서 차입할 수 있다. ② **펀드가입자**: 이익(분배금)만 배당받는 수동적인 '수익자'의 지위 ⇨ **투자원금 손실이 발생할 수 있다.** ③ 유형: **대출형**, 임대형, 경매형, 직접개발형, 해외부동산 펀드 등 ④ 특징: **발행증권이 일반적으로 수익증권(⇨ 지분금융)**이므로, 부동산투자회사의 주식에 비하여 환금성은 다소 제한적(상장·비상장 가능)이다.
조인트-벤처 (joint-venture)	명목회사형 주식회사 ⇨ 프로젝트금융투자회사(주) ① 부동산개발 프로젝트사업에 금융기관이나 재무적 투자자가 지분으로 참여하는 형태의 조직을 말한다. ⇨ **지분금융** ② 프로젝트금융투자회사(PFV; Project Financing Vehicle): 부동산개발사업, 사회간접자본시설, 주택건설 등 특정 사업을 통상 한시적으로 운영하여 그 수익을 주주에게 배분하는 주식회사(명목회사)를 말한다.
신디케이트	소구좌 지분형 부동산투자조합 ⇨ **지분금융** ① 부동산개발사업을 공동으로 수행하기 위해 투자자의 자금과 개발업자의 전문성이 결합된 조합형태의 투자조직체(투자자집단)를 말한다. ② **발행증권**: 출자증권(대부분 합자회사의 형태)

05 메자닌(mezzanine)[1] 금융

(1) 의의

개발업자나 건설회사가 주식(보통주·우선주) 발행과 외부차입으로 자금조달이 어려울 때, 전환사채(CB), 신주인수권부 사채(BW) 등을 발행하여 자금을 조달하는 방법으로, **조달한 자금의 성격이 지분(주식)과 부채(채권)의 중간적 성격**을 가지는 형태이다.

> **★ 암기 PLUS | 메자닌금융기법[2]의 종류**
>
> 1. **전환사채(CB; Convertible Bond)**: 미래에 일정한 시점에서 일정한 가격(전환가격)으로, **주식으로 전환할 수 있는 권리가 부여된 채권**을 말한다.
>   ◆ 부채(채권) ⇨ 지분(주식)
>
> 2. **신주인수권부 사채(BW; Bond with Warrant)**: 미리 정해진 가격으로 **정해진 수의 신주(주식)를 배정받을 수 있는 권리가 부여된 조건부(옵션부) 채권**을 말한다.
>   ◆ 부채(채권) ⇨ 지분(주식)
>
> 3. **상환우선주**: 일정기간 동안 우선주의 성격을 가지고 있다가 기간이 만료되면 발행회사가 이를 되사서 **투자자에게 상환해야 하는 주식**을 말한다.
>   ◆ 지분(주식) ⇨ 부채
>
> 4. **상환전환우선주**: 지분(주식) ⇨ 부채
>
> 5. **후순위채권(후순위대출)**: 채권의 만기 전에 변제를 요청할 수 없고, 상환기간을 5년 이상으로 하기 때문에 **자기자본의 50% 범위 내에서 채권발행액을 자기자본으로 인정** ⇨ 사실상 만기가 없는 영구채적 성격을 갖는다.
>
> 6. **교환사채(EB)**: **다른 회사의 주식**이나 채권으로 **교환할 권리가 있는 채권**

[1] '메자닌'이란 이탈리아어로 건물 1층과 2층의 사이에 있는 라운지, 중간층을 말한다.

[2] 신종자본증권(만기 30년 이상 채권) ⇨ 영구채와 유사 ⇨ 메자닌금융

(2) 기대효과

① **전환사채나 신주인수권부 사채의 경우에는 일반회사채보다** 낮은 금리로 자금을 조달할 수 있나
② 개발업자나 공급자의 자본조달을 용이하게 하여 **부동산공급** 등 부동산경기 활성화에 기여할 수 있다.

TIP

부동산금융은 부동산을 운용대상으로 하여 자금이나 신용을 조달 또는 제공하는 것을 말한다.

보충

주택상환사채 (住宅償還社債)

한국토지주택공사와 주택건설등록사업자가 주택건설에 필요한 자금을 마련하기 위하여 발행하는 채권으로, 일정기간이 지나면 주택으로 상환받을 수 있는 채권을 말한다.

[1] 신탁(증서)금융

부동산을 위탁한 소유자가 부동산신탁회사와의 약정에 의하여 수익증권을 교부받아 이를 금융기관에 제시하여 융자를 받는 것을 말하며, 부동산담보신탁이라고도 한다. 부동산신탁금융은 부채금융이지만, 담보대출의 개념은 아니기 때문에 저당금융이 아니다.

[2]

ABS는 사채·채권(Bond) 형태로 발행되면 부채금융기법이며, 주권·출자증권·주식형 수익증권으로 발행되면 지분금융기법이 된다.

부동산금융의 구분 정리

1. 주택(소비)금융

주택소비 금융	① 주택소비자가 (장래 구입할) **주택을 담보로 제공**하고 자금을 조달하는 방법이다. ⇨ 장기 저금리 정책적 특수금융
	② 주택구입능력을 제고시켜 자가소유 촉진을 유도할 수 있다.
	③ 주택거래 활성화, 주거안정, 주택경기조절수단으로 활용된다.
	  ㉠ **대출**: 보금자리론, 주택도시기금대출, 전세자금대출 등
	  ㉡ **저축**: 주택청약종합저축 등

2. 지분금융·부채금융·메자닌금융

지분금융	**자금조달주체가 지분증권을 발행하여 자금을 조달하는 것으로, 조달한 자금은 자기자본이 된다.** 자금조달에 대한 확정적 지급의무가 없으며, 투자자에게 투자운영성과를 배당이나 분배금으로 지급한다. ① 부동산투자회사의 주식(보통주·우선주 발행, 주식공모에 의한 증자) ② 부동산펀드의 수익증권 ③ 신디케이트의 출자증권 ④ 조인트벤처 등

부채금융	**저당을 설정하거나 부채증권(채권) 등을 발행하여 타인자본을 조달하는 것으로, 자금조달주체는 대출기관이나 채권투자자에게 이자와 원금의 상환의무가 있다.**
	① **저당금융**: 부동산(예 주택 등)담보대출
	② **신탁증서금융**(담보신탁)[1]
	③ **프로젝트 파이낸싱**: 프로젝트의 수익성을 기초로 한 외부차입
	④ **부채증권 발행**
	  ㉠ MBS(주택저당증권), CMBS, PF ABS[2], PF ABCP 등
	  ㉡ 국채, 지방채, 회사채, 주택상환사채, 토지채권 등

메자닌 금융	지분금융과 부채금융의 혼합적 성격 ① 전환사채(CB) ② 신주인수권부 사채(BW) ③ 후순위채권 발행(후순위대출) ④ 상환우선주 ⑤ 상환전환우선주 ⑥ 교환사채(EB)

해커스 공인중개사
핵심요약집
land.Hackers.com

제7편

부동산개발 및 관리론

제1장 부동산이용 및 개발
제2장 부동산관리
제3장 부동산마케팅 및 광고

제1장 부동산이용 및 개발

기본서 p.347~372

01 집약적 토지이용과 조방적 토지이용

> **토지이용의 집약도**
> 토지이용에 있어서 단위면적당 투입되는 노동과 자본의 크기로 나타낸다.
>
> $$집약도 = \frac{투입노동량 + 투입자본량}{토지단위면적}$$

(1) 집약적 토지이용

① **개념**: 집약도가 높은(자본의 투입비율이 높은) 토지이용을 말한다.
② **집약한계**: 투입되는 한계수입[1]과 한계비용[2]이 일치하는 지점까지의 추가 투입의 집약도 = 이윤극대화지점 ⇨ 토지이용집약도의 상한선
③ **입지잉여**: 동일 업종이라도 입지조건이 양호한 경우에는 더 많은 이익을 얻을 수 있는 경우를 말한다. 산업의 종류나 입지주체에 따라 입지잉여는 달라질 수 있다.

(2) 조방적 토지이용

① **개념**: 집약도가 낮은(자본의 투입비율이 낮은) 토지이용을 말한다.
② **조방한계**: 총수익과 총비용이 일치하는, 즉 이윤이 '0'인 토지이용으로 손익분기점을 가져오는 집약도 ⇨ 토지이용집약도의 하한선
③ **한계입지**: 입지잉여가 '0'이 되는 위치를 말한다. ⇨ 한계지(無지대)

---

[1] **한계수입(限界收入, marginal revenue)**
생산자가 한 개의 상품을 더 팔 때 얻게 되는 추가 수입을 말한다.

[2] **한계비용(限界費用, marginal cost)**
생산물 한 단위를 추가로 생산할 때 필요한 총비용의 증가분을 말한다.

TIP
조방한계, 즉 손익분기점에 관한 표현은 정확히 정리해 두어야 한다.

02 직·주분리와 직·주접근

(1) 직·주분리[1]

① 의의: 직장은 도심 중심에 두고 주거지는 외곽에 위치하는 현상을 말한다.
② 직·주분리의 결과
  ㉠ **도심공동화현상이 나타난다.**
  ㉡ 외곽은 침상도시화되며, 고동비율(유동비율)[2]이 증가한다.

(2) 직·주접근

① 의의: 직장과 주거지를 가까이 하려는 입지현상, 회귀(return)현상을 말한다.
② 직·주접근의 결과: **도심건물의 고층화(집약화)**가 나타난다. ⇨ 도심회춘화현상

> **[1] 보충**
> 단일 도심에서 지가고현상은 직·주분리를 유발할 수 있다.
>
> **[2] 고동비율**
> 대도시에서 도심의 업무중심지구와 교외의 주거지구간 아침·저녁으로 출퇴근시간에 통근하는 비율을 말한다.

03 도시스프롤현상

(1) 의의

도시계획이나 토지이용계획을 소홀히 함에서 비롯된 현상으로, **도시의 성장이 무질서·불규칙하게 평면적으로 확산되는 현상**을 말한다.

> **보충**
> 지가고는 스프롤현상을 유발할 수 있다.

(2) 특징

① 주거·상업·공업지역 등 도시 전체에서 발생할 수 있다.
② 스프롤현상은 도심 중앙보다는 **외곽부에서 더욱 심화된다.**
③ 스프롤이 발생하는 지역은 최유효이용상태가 아니므로 지가수준은 표준적 이하가 된다.

(3) 유형

① **비지적(飛地的) 현상:** 중간중간에 공지(空地)를 남기면서 교외로 확산
② 저밀도 연쇄개발현상
③ 고밀도 연쇄개발현상
④ 간선도로를 따라 스프롤이 전개·확산되는 현상

> - 주택의 여과과정과 주거분리현상을 토지이용의 침입과 계승과정으로 이해할 수 있다.
> - **동심원이론**: 도시의 공간구조형성을 침입, 경쟁, 천이 등의 과정으로 설명하였다.

보충

축소적 침입
조방적 토지이용이 집약적 토지이용상태를 침입하는 경우로, 지가 하락을 유발할 수 있다(이론적 현상).

04 침입적 토지이용

(1) 침입

어떤 인구집단 또는 토지이용의 형태에 **이질적인 수준의 새로운 것이 개입되는 현상**을 말한다.

① **확대적 침입**: **집약적 토지이용이 조방적 토지이용상태를 침입하는 경우로, 지가 상승을 유발**할 수 있다.
② 외곽지역의 낮은 지가수준과 쾌적한 환경 등의 강한 흡인력은 침입활동을 유발하는 요인이 된다.
③ 침입활동은 원주민들의 저항을 초래할 수 있으며, 행정적인 규제도 고려할 필요가 있다.

(2) 계승(천이)

침입의 결과 특정한 것이 일정지역의 수준을 주도 · 결정해 감으로써 **종래의 이용을 교체하는 현상(집단화 · 규모화되는 현상)**을 말한다.

05 부동산개발의 의의 〔빈출〕

(1) 개념

부동산개발이란 인간에게 **공간을 제공**하기 위하여 토지, 노동, 자본 및 기업가적 능력의 결합과정이라 할 수 있다. 즉, 토지개량을 통해 유용성을 증가시키는 활동이다.

조성에 의한 개량	건축에 의한 개량
도로공사, 수도공사, 배수공사 등과 같이 토지 자체를 개량하는 것	토지 위에 건물 · 구축물 등을 건축함으로써 토지의 유용성을 증진시키는 것

(2) 부동산개발의 종류 - 토지의 물리적 변형(외관의 변화) 여부

유형적 개발	건축사업 · 토목사업 등과 같이 토지의 외형을 변화시키는 개발행위
무형적 개발	용도지역지구의 변경 등과 같이 토지의 물리적 변화 없이 토지의 이용상태를 변화시키는 개발행위
복합적 개발	유 · 무형의 개발이 혼합된 형태(예 토지형질변경사업, 도시개발 · 재개발사업, 공업단지조성사업 등)

> ★ **개념 PLUS | 「부동산개발업의 관리 및 육성에 관한 법률」 주요 내용**
> **(약칭: 부동산개발업법)**

1. '**부동산개발**'이란 다음의 어느 하나에 해당하는 행위를 말한다. 다만, **시공을 담당하는 행위를 제외**한다.
   ① 토지를 건설공사의 수행 또는 형질변경의 방법으로 조성하는 행위
   ② 건축물을 건축·대수선·리모델링 또는 용도변경하거나 공작물을 설치하는 행위
2. '**부동산개발업**'이란 **타인에게 공급할 목적으로 부동산개발을 수행**하는 업을 말한다.
3. '**부동산개발업자**'란 **부동산개발업을 수행하는 자**를 말한다.
4. '**공급**'이란 부동산개발을 수행하여 그 행위로 조성·건축·대수선·리모델링·용도변경 또는 설치되거나 될 예정인 부동산, 그 부동산의 이용권으로서 대통령령으로 정하는 **권리(이하 '부동산 등'이라 한다)의 전부 또는 일부를 타인에게 판매 또는 임대하는 행위**를 말한다.
5. 타인에게 공급할 목적으로 **대통령령으로 정하는 규모 이상의 부동산개발을 업으로 영위하려는 자**는 특별시장·광역시장·특별자치시장·도지사 또는 특별자치도지사에게 **등록을 하여야 한다**. 다만, **다음의 어느 하나에 해당하는 자의 경우에는 그러하지 아니하다.**
   ① 국가·지방자치단체
   ② 한국토지주택공사, 그 밖의 「공공기관의 운영에 관한 법률」에 따른 공공기관 중 대통령령으로 정하는 자
   ③ 「지방공기업법」에 따른 지방공사 및 지방공단
   ④ 「주택법」 제4조에 따라 등록한 주택건설사업자 또는 대지조성사업자(주택건설사업 또는 대지조성사업을 하는 경우에 한정한다)
   ⑤ 다른 법률에 따라 해당 부동산개발을 시행할 수 있는 자로서 대통령령으로 정하는 자
6. **부동산개발업의 등록요건**
   ① 자본금이 3억원(개인인 경우 영업용 자산평가액이 6억원) 이상으로서 대통령령으로 정하는 금액 이상일 것
      ✚ 등록사업자가 아닌 자는 등록사업자임을 표시·광고하거나 등록사업자로 오인될 우려가 있는 표시·광고를 하여서는 아니 된다.
   ② 대통령령으로 정하는 시설 및 부동산개발 전문인력(예 공인중개사 등)을 확보할 것
      ✚ 등록사업자의 임직원 중 부동산개발 전문인력은 다른 등록사업자의 부동산개발 전문인력이 될 수 없다.
   ③ 등록사업자는 이중으로 부동산개발업의 등록을 할 수 없다.

06 부동산개발의 주체

(1) 공공부문(제1섹터)

국가, 지방자치단체, 지방공사, 한국토지주택공사, 주택도시보증공사 등

(2) 민간부문(제2섹터)

민간건설업자, 토지소유자조합, 개인, 부동산투자회사, 부동산펀드, 민간의 컨소시엄 등

(3) 정부 + 민간(제3섹터, 공·사혼합부문) - BTL방식·BTO방식 등

① BTL(Build-Transfer-Lease)방식

㉠ 민간이 자금을 투자하여 공공시설을 **건설하고(Build)**, 민간이 완공시점에 소유권을 정부에 **이전·기부채납(Transfer)** 하며, 정부 등 공공이 시설을 임차(Lease)하여 사용한다. 즉, 민간이 정부나 지방자치단체에게 시설을 **임대** 하여 수익을 내는 방식이다.

㉡ **민간이 운용하여 투자비 회수가 어려운 시설에 활용된다**(예 보육시설, 초·중등학교, 기숙사, 공공도서관, 임대주택, 박물관 등).

㉢ 정부나 지방자치단체가 적정수익률을 반영하여 임대료를 지급하므로 민간사업자는 사전 목표수익률을 확보할 수 있다(예 5년 또는 10년 만기 국채금리 + α 수준의 임대료).

② BTO(Build-Transfer-Operate)방식

㉠ 기반시설의 **준공(B)** 과 함께 시설의 소유권이 국가 또는 지방자치단체에 **귀속(T)** 되지만, 사업시행자가 정해진 기간 동안 시설에 대한 **운영권(O)** 을 가지고 수익을 내는 방식이다.

㉡ **민간이 운용하여 투자비 회수가 가능한 시설에 활용된다**(예 도로, 지하철, 항만 등).

구분	BTL	BTO
대상시설의 성격	민간사업자의 **투자비 회수가 어려운 시설** 예 학교, 기숙사, 도서관 등	수요자에게 사용료를 부과함으로써 **투자비 회수가 가능한 시설** 예 도로, 지하철, 항만 등
투자비회수	정부의 시설임대료	민간사용자의 사용료
사업리스크	민간사업자의 수요위험 배제	민간사업자가 수요위험 부담
수익률 확보	사전 목표수익률 제시	사후적 보조금 지급

> **TIP**
> - BTO, BOT, BTL, BLT 등의 민자유치방식이 무엇인지 묻는 문제에서 지문상 'Transfer(기부채납)'가 어디에 위치하고 있는지(중간인지, 마지막인지)를 가려내면 쉽게 문제를 해결할 수 있다.
> - Operate는 운영이고, Lease는 임대(임차)의 용어이므로 구분할 수만 있으면 암기를 할 필요는 없다.
> - **BTL방식**: 시설의 준공과 동시에 해당 시설의 소유권이 국가 또는 지방자치단체에 귀속되며, 사업시행자에게 일정기간의 시설관리운영권을 인정하되, 그 시설을 국가 또는 지방자치단체 등이 협약에서 정한 기간 동안 임차하여 사용·수익하는 방식

③ 기타의 방식
  ㉠ BLT(Build-Lease-Transfer): 기반시설 **준공** 후 일정기간 사업운영권을 정부에 **임대**하여 투자비를 회수하며, 약정 임대기간이 종료된 후 시설물을 정부 또는 지방자치단체에 **이전**하는 방식이다.
  ㉡ BOT(Build-Operate-Transfer): 기반시설의 **준공** 후에 일정 기간 동안 사업시행자에게 해당 시설의 **소유권(운영권)**이 인정되며, 그 기간이 만료되면 **시설의 소유권이 국가 또는 지방자치단체에게 귀속**되는 방식이다.
  ㉢ BOO(Build-Own-Operate): 민간사업자가 투자비를 조달하여 기반시설의 **준공** 후, **소유권을 가지고**(정부에 이전하지 않고) **계속 보유하면서 운영(operate)**하는 방식이다.
④ 민자유치 개발방식의 추진배경 및 목적
  ㉠ 긴요하고 시급한 공공시설을 앞당겨 공급할 수 있다. 즉, 국민들이 시설편익을 조기에 향유하는 것이 가능하다.
  ㉡ 민간의 창의적 개발을 통하여 투자효율성 및 정부재정 운영방식의 탄력성을 제고할 수 있다.
  ㉢ 민간유휴자금(기관투자자)을 장기 공공투자로 전환할 수 있다.
  ㉣ **경제활성화와 일자리 창출에 기여할 수 있다.**

07 부동산개발의 과정(절차)

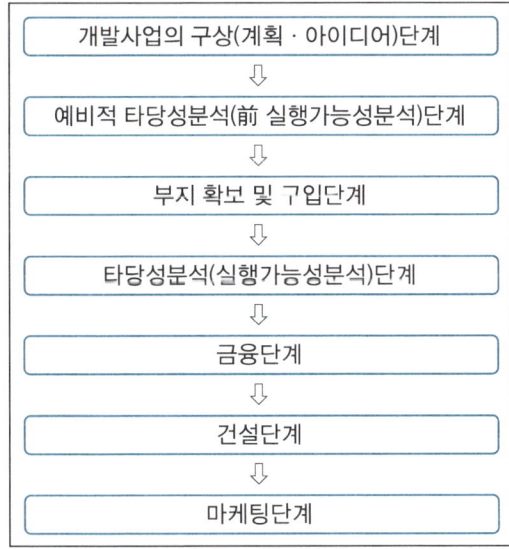

TIP

개발과정에서 미국식 표현이나 일본식 표현의 논리적인 흐름은 같다는 데 착안하면 된다(두 번째 단계부터 네 번째 단계의 순서는 유의하여야 한다). 이에 대한 순서는 문제풀이와 함께 숙지하여야 한다.

(1) 예비적 타당성분석

예비적 타당성분석은 개발방향을 설정하기 위해 **사업시행 이전에 개발여건 및 개발잠재력을 분석**하는 과정으로, 개발사업에 관한 수익성을 **개괄적·개략적으로 조사**하게 된다.

(2) 부지 확보 및 구입

부지를 사전에 확보하였다면 예비적 타당성분석이나 부지 확보 및 구입단계는 생략할 수 있다.

✚ 개발사업 및 개발주체에 따라 개발과정은 **달라질 수 있다.**

(3) 타당성분석

① 복합개념에 따라 물리적(기술적) 타당성분석, 경제적 타당성분석, 법적 타당성분석을 모두 수행한다.
  ㉠ **물리적 타당성분석**: 대상 부지의 지형, 지세, 토질과 같은 물리적 요인들이 개발대상 부동산의 건설 및 운영에 적합한지 여부를 분석하는 과정이다.
  ㉡ **경제적 타당성분석**: **시장수요와 공급**, 개발사업에 소요되는 **비용, 수익** 등을 분석하는 과정이다.
  ㉢ **법적 타당성분석**: 대상 부지와 관련된 법적 제약조건을 분석해서 대상 부지 내에서 개발가능한 용도와 개발규모를 판단하는 과정이다.
② 개발사업에 **충분한 수익성이 확보되는지**를 판단하는 **경제적 타당성분석이 가장 중요**하다. 즉, 개발사업이 물리적으로나 법적으로 다소 미흡하여도 경제성이 높게 평가된다면 그 개발사업은 충분히 채택될 수 있다.
③ **타당성분석 결과가 비록 동일하더라도 개발업자마다 요구수익률이 각각 다르고**, 타당성분석의 활용지표에 따라서도 달라지므로 **개발사업은 개발업자에 따라 채택될 수도 있고 그렇지 않을 수도 있다.**

(4) 마케팅(분양 및 임대)

부동산개발사업의 성공 여부는 궁극적으로 **시장성**에 달려 있다. 마케팅단계는 개발된 공간을 매각하거나 임대하는 과정으로, 개발사업의 시장위험을 줄이기 위해서는 사전에 매수자를 확보하는 등 **개발사업의 초기부터 마케팅활동을 수행할 필요가 있다.**

08 부동산개발(개발업자)의 위험 - 워포드(L. Wofford)[1]

법률적 (행정적· 제도적) 위험	① 공법적 위험(예 토지이용규제 등)과 사법적 위험(예 소유권 하자 등)이 있다. 　㉠ 지역지구제, 건축규제, 인·허가가 반려·취소되는 경우 등 　㉡ 사업부지에 문화재 출토,[2] 군사보호시설구역 지정 등 ② 법률적 위험을 최소화하기 위해서는 이미 토지이용계획이 확정된 토지를 구입하는 전략이 필요하다.
시장위험	① 시장의 불확실성(예 경기침체, 이자율 상승, 공실의 장기화 등)이 개발업자에게 주는 부담을 말한다. ② **시장성연구**: 개발될 부동산이 매매·임대될 능력을 조사하는 것 ③ **흡수율분석**: 시장에 공급된 부동산이 일정기간 동안 소비(임대·매각)되는 비율을 조사하여 해당 부동산시장의 추세를 파악하는 것이다. 　㉠ 과거·현재의 흡수율을 통하여 **대상개발사업의 미래의 흡수율을 파악하는 데 궁극적인 목적이 있다.** 　　✚ 거시적 분석이 아니라 구체적이고 미시적인 분석이다. 　㉡ **흡수율이 높을수록, 흡수시간이 짧을수록 시장위험은 작아진다.** ④ 사전에 임차인·매수자를 확보하는 마케팅전략(선분양)은 개발업자의 시장위험을 감소시킬 수 있다. ⑤ **매수자의 시장위험과 개발사업의 가치** 　㉠ **개발사업 초기**: 위험은 크고, 개발사업의 가치는 작다. 　㉡ **개발사업 후기(완공기)**: 위험은 작아지고, 개발사업의 가치는 점차 상승한다.
비용위험	① 공사기간의 장기화, 재해 발생, 인플레이션 심화(예 건축자재가격 상승) 등으로 발생하는 위험을 말한다. ② 개발업자는 시공사와 '최대가격보증계약[3](공사비 상한선)'을 체결하여 비용위험을 줄일 수 있으나, 공사의 부실화 가능성이 존재한다.

[1] 개발에 따르는 위험은 개발업자에 의해 통제 가능한 위험이 있지만, 통제가 불가능한 위험도 있다.

[2] 매장문화재 출토로 인한 위험은 법적 위험으로 개발업자가 스스로 관리할 수 없는 위험이다.

⚡ 기출

01 시장의 불확실성이 개발업자에게 지우는 부담을 (　　)이라 한다.
제22회

02 (흡수율 / 민감도)분석은 시장에 공급된 부동산이 시장에서 일정기간 동안 소비되는 비율을 조사하여 해당 부동산시장의 추세를 파악하는 것이다.
제23회

[3] **최대가격보증계약**
최대가격보증계약은 시공사와 계약을 맺을 때 공사비의 상한을 미리 정하는 방법이다. 예를 들어 최대 200억원의 공사비를 예상하였다면 사전에 200억원의 상한을 두고 추가적으로 그 이상의 공사비는 지급하지 않는 계약을 말한다.

기출정답
01 시장위험
02 흡수율분석

제1장 부동산이용 및 개발

TIP
부동산개발의 경제적 타당성분석은 출제비중이 높다. 부동산시장분석과 이와 관련된 내용을 중점적으로 학습해 두어야 하며, '투자론'에 해당하는 분석들은 '경제성분석'의 내용이라는 점에서 착안하면 된다.

09 부동산개발의 경제적 타당성분석

(1) 경제적 타당성분석

구분	부동산시장분석	경제성분석
목적	개발사업의 채택가능성 평가, 경제성분석에 필요한 정보·자료 제공	**개발사업의 수익성평가, 개발사업에 대한 최종투자결정**
내용	① **지역경제분석**: 지역경제의 고용, 인구, 소득수준 등을 거시적 관점에서 분석 ② **시장분석**: 시장지역의 수요와 공급상황을 분석(근린지역과 부지분석) ③ **시장성분석**: 개발된 부동산이 현재나 미래의 상황에서 매매되거나 임대될 수 있는 능력을 조사·분석	④ **(재무적)타당성분석**: 개발사업이 투자자의 자금을 유인할 만한 충분한 수익성이 있는지를 분석 ⑤ **투자분석**: 투자자의 목적, 할인현금수지분석법을 통하여 최종투자결정

① 부동산시장분석의 역할
　㉠ 부동산의 (개발)의사결정을 지원하기 위한 **부동산시장의 동향과 추세를 연구하는 활동**을 말한다.
　㉡ 특정 용도에 어떠한 부지가 적합한가(입지론), 주어진 부지를 어떠한 용도로 이용할 것인가(적지론)를 결정하는 역할을 한다.
　㉢ 투자할 대안을 찾는 투자자(재무적 투자자)를 위하여 수행되기도 한다.
　㉣ 타당성분석은 **새로운 개발사업**뿐만 아니라 **기존 개발사업에 대해서도 행해진다.**
　㉤ 부동산시장분석은 **개발 착수 전**에 이루어지지만, 후속작업이나 계속적인 투자에 대한 의사결정을 위하여 **사후 검증차원에서 이루어지기도 한다.**

② 경제성분석의 역할
　㉠ 개발비용을 토지부분과 건물을 포함한 개량물부분으로 나누어 계산한다.
　㉡ 각 항목을 공제하여 유효총소득, 순영업소득, 세전현금수지를 계산한다.
　㉢ 미래의 세후현금수지를 계산하고, 이의 현재가치를 구한다.
　㉣ 순현가나 수익성지수 등을 구하여 최종적인 투자결정을 한다.

(2) 경제적 타당성분석의 체계

지역경제 분석	① 도시분석 및 지역분석 ⇨ 입지계수(LQ)가 활용됨 ② 지역의 경제활동, 고용·인구·소득 등을 거시적으로 분석 ③ 개발사업에 영향을 줄 수 있는 공간적 범위를 분석
시장분석 (근린분석 및 부지분석)	① 시장지역의 지리적 범위 내에서 특정 부동산의 개발에 관한 시장(지역)의 수요·공급상황 등을 분석(예 상권의 분석 등) ② 시장분석은 개발부동산의 수요의 대체성 및 경쟁부동산의 공간적 분포와 밀접한 관련이 있다. ③ 시장지역은 부동산 종류에 따라 달라지며, 물리적·사회적·법적·경제적 요소에 따라 영향을 받는다. ④ 시장지역에서 수요자의 계층은 세분화(Segmentation)의 관점으로, 공급경쟁자의 개발상품은 차별화(Positioning)의 관점으로 구분하여 분석할 필요가 있다.
시장성 분석	① 대상부동산의 수요·공급분석 ⇨ 흡수율·공실률분석 ② 개발된 부동산이 현재나 미래의 상황에서 분양·매매·임대될 수 있는지의 능력(경쟁력)을 분석
(재무적) 타당성 분석	① 재무적 투자자로부터 자금을 끌어들일 수 있는 충분한 수익성이 있는가에 초점을 둔 분석 ⇨ 현금흐름(수익/비용)분석 ② 투자자에게 실질적으로 귀속되는 세후현금흐름의 판단
투자분석[1]	① 미래현금흐름을 현재가치화하여 투자의사결정 ② 순현가(NPV), 내부수익률(IRR), 수익성지수(PI) 등 활용

입지계수(LQ; Location Quotient)

전국 대비 특정 지역에서 **특화된 산업이 무엇인가를 판단하는 지표**로, 입지계수는 전국의 X산업의 고용률(%)에 대한 지역의 X산업의 고용률(%)로 구하게 된다.

$$\text{입지계수(LQ)} = \frac{\text{지역의 X산업 고용률}}{\text{전국의 X산업 고용률}} = \frac{\dfrac{\text{지역의 X산업 고용인구}}{\text{지역의 총고용인구}}}{\dfrac{\text{전국의 X산업 고용인구}}{\text{전국의 총고용인구}}}$$

✚ 인구 대신 산업의 생산액(량)이니 소득을 사용할 수도 있다.

1. 입지계수(LQ) > 1: (수출)기반산업으로, 지역경제의 성장성을 유도하는 산업
2. 입지계수(LQ) < 1: 비기반산업으로, 지역경제의 안정성을 유지하는 산업
3. 입지계수(LQ) = 1: 전국 평균과 동일하게 분포된 산업

보충

공실률분석
- 공실률이란 대상부동산이 임대기간 중 임대되지 않고 비어 있는 공간이나 비어 있는 기간의 비율을 말한다.
- 다른 조건이 일정할 때, 개발업자나 부동산관리자 입장에서 임대차계약기간을 짧게 하는 것보다 임대차계약기간을 길게 하는 것이 상대적으로 공실위험을 줄일 수 있다.

[1] 민감도 분석은 투자분석 등에 활용되는 것으로, 타당성분석에서 활용된 투입요소의 변화가 그 결과치에 어떠한 영향을 주는가를 분석하는 기법이다.

TIP

입지계수는 기출문제와 연습문제를 통하여 문제에서 제시된 표를 잘 분석하고 시간 안에 계산문제를 해결하려는 노력이 요구된다.

10 민간의 부동산개발방식 유형(지주공동사업 · 자체사업)

TIP
- 사업수탁방식, 토지신탁방식, 등가교환방식에 중점을 두고 상호 비교하면서 학습하여야 한다.
- 지주공동사업이 토지소유자에 의한 자체사업방식보다 위험분산효과가 더 크다.
- 토지신탁방식의 경우, 신탁기간 중 토지소유자는 수익증권을 활용하여 필요한 자금을 차입할 수 있다. ⇨ 신탁증서금융(담보신탁)

구분	내용
사업수탁 (위탁) 방식	① 개발업자가 토지소유자로부터 기획 · 설계 · 완공 · 관리 · 운영까지 등의 **사업만을 위탁받아 사업대행**을 담당하며, 사업대행에 따른 수수료를 취득한다. ② **자금조달은 토지소유자가** 담당하며, **토지소유자의 명의(주체)로** 개발사업이 진행된다. ③ 개발사업의 성과는 모두 토지소유자에게 귀속된다(지분공유 ×). ④ 토지신탁방식과 경제적 효과가 유사하다(사업위탁 및 수수료발생).
토지 (개발) 신탁방식	① 토지소유자가 **부동산신탁회사에 형식적으로 토지소유권을 이전**한다. ② 신탁계약에 따라 신탁회사가 자금을 조달하는 차입형 토지신탁과, 소유자(위탁자)가 자금을 조달하는 관리형 토지신탁으로 구분된다. ③ **개발사업이 부동산신탁회사의 명의(주체)로 진행**되고, 신탁회사는 수수료를 취득한다. ④ 개발사업의 성과를 토지소유자(위탁자 · 수익자)에게 실적 배당한다.
등가교환 방식 ❶	① 토지소유자는 토지를 제공하고, 개발업자는 건축비를 부담하여 개발사업을 공동으로 시행한다. ② 투자 · 출자비율에 따라 개발사업 완료 후 각각 토지 · 건물을 공유하는(기여도에 따라 나누는) 방식으로, 수수료문제가 발생하지 않는다. ③ **개발업자**: 토지를 매입하지 않고(매입비용 절감) 건축비만을 부담한다. ④ **토지소유자**: 개발자금의 부담이 없고 건물의 구분소유가 가능하다.
공사비 분양금 지급방식	토지소유자가 건설업자에게 공사 발주 후 **공사비를 분양수입금으로 변제**하는 방식이다.
토지임차 (신차지) 방식	① 토지소유자와 개발업자가 일정기간 차지계약을 체결한다. ② **계약시점**: 개발업자는 토지임차계약의 지대(권리금)를 지급하지 않는다. ③ **계약기간 중**: 건물임대수익을 근거로 토지소유자에게 지대를 지불한다. ④ **차지계약종료시점**: **토지는 토지소유자에게 반환되고, 건물은 시가로 양도된다.**
투자자 모집방식	개발사업의 시행자가 일반투자자를 모집하여 개발자금을 조달하는 방식이다. 예 조합, 부동산투자회사, 부동산펀드 등
컨소시엄 구성방식	**대규모 개발사업**의 경우 **기술보완, 자금조달, 위험의 분산** 등을 위해 사업단을 구성하는 방식, 이해조정 문제 · 사업지연 및 책임회피 현상 가능성
자체(력) 개발방식	① 토지소유자가 스스로 사업을 기획하고, 자금을 조달해 개발사업을 시행한다. ⇨ **관리능력이 충분하고 사업성이 양호한 경우 적합** ② 개발사업의 이익이 토지소유자에게 귀속되며, 개발사업의 위험이 큰 만큼 기대수익률도 높다. ③ **사업시행자의 의도대로 추진이 가능하고 사업진행속도가 빠르나, 위기관리능력도 요구된다.**

❶ 공사비 대물변제방식
토지소유자가 건설업자에게 건축공사를 발주한 후 공사비를 건물의 일부로 변제하는 방식이다.

⚡ 기출

01 ( )방식은 토지소유자로부터 형식적인 토지소유권을 이전받은 신탁회사가 사업주체가 되어 개발 · 공급하는 방식이다. 제27회

02 토지소유자가 사업을 시행하면서 건설업체에게 공사를 발주하고 공사비의 지급은 분양수입금으로 지급한다면 이는 ( ) 사업방식에 해당한다. 제26회

기출정답
01 토지신탁
02 분양금 공사비지급형

11 신개발과 재개발방식의 유형

(1) 신개발

미개발된 임야나 농지를 개발하여 새로운 택지를 조성하는 것을 말한다.
예 도시개발사업[1], 주택지조성사업, **환지사업(방식)**, 토지형질변경사업 등

(2) 재개발(시행방법에 따른 분류)

보전재개발	아직은 노후·쇠퇴가 발생하지 않았으나, 발생할 **우려가 있는 시설에 대해 그 진행을 방지(예방)**하기 위한 가장 소극적인 선진국형의 재개발
수복재개발	현재의 시설은 대부분 그대로 유지하면서 **노후·불량화의 요인만을 제거**하는 소극적인 재개발
개량재개발	기존 환경을 질적으로 개량하여 기능을 제고시키는 방식으로, 수복재개발보다는 적극적인 재개발
철거재개발	기존 환경을 **완전히 새로운 환경으로 대체**하는 가장 적극적인 재개발

★ 개념 PLUS | 도시 및 주거환경정비법령상 구분

재개발사업	정비기반시설이 열악하고 노후·불량건축물이 밀집한 지역에서 주거환경을 개선하거나 상업지역·공업지역 등에서 **도시기능의 회복** 및 상권 활성화 등을 위하여 도시환경을 개선하기 위한 사업
재건축사업	**정비기반시설은 양호하나** 노후·불량건축물에 해당하는 **공동주택이 밀집한 지역**에서 주거환경을 개선하기 위하여 시행하는 사업
주거환경 개선사업	**도시저소득 주민이** 집단거주하는 지역으로서 정비기반시설이 극히 열악하고 노후·불량건축물이 과도하게 밀집한 지역의 주거환경을 개선하거나 단독주택 및 다세대주택이 밀집한 지역에서 정비기반시설과 공동이용시설 확충을 통하여 주거환경을 보전·정비·개량하기 위한 사업

---

[1] **도시개발사업**
「도시개발법」상 "도시개발사업"이란 도시개발구역에서 주거, 상업, 산업, 유통, 정보통신, 생태, 문화, 보건 및 복지 등의 기능이 있는 단지 또는 시가지를 조성하기 위하여 시행하는 사업을 말한다.

⚡기출

01 (수복 / 보전)재개발은 현재의 시설을 대부분 그대로 유지하면서 노후·불량화의 요인만을 제거하는 재개발을 말한다.
제22회

기출정답
01 수복

12 용지취득방식에 따른 개발유형

(1) 단순개발방식

토지소유자의 자력개발방식이다. ⇨ 사업 후 권리관계 불변

(2) 환지방식과 수용방식[1]

[1] **택지공영개발의 필요성**
형평성 달성과 효율성 제고(시장실패 수정)

[2] **감보율(減步率)**
환지방식에서 공공용지 확보와 공사비 충당을 위하여 토지를 공출받는 비율이다.

구분	환지방식	수용방식(전면매수)
분배	원토지소유자에게 환지(재분배)	실수요자에게 분양
개발이익환수	감보율[2]	공시지가기준
재산권 침해 정도	토지소유권 존중(권리 축소)	토지소유권 소멸(권리 소멸)
특징	① 사업기간이 길어질 수 있음 ② 공공용지(기반시설) 확보 제한 ③ 원토지소유자 재정착 용이 ④ 원토지소유자 개발이익 귀속가능성 높음	① 사업주체의 사업비부담 큼 ② 공공용지(기반시설) 확보 용이 ③ 사업속도 상대적으로 빠름 ④ 사업시행자와 피수용자간의 갈등(민원) 발생가능성

✚ 환지방식은 수용방식에 비해 주민의견 수렴과정, 토지소유자의 동의를 받아야 하는 등의 사업절차가 복잡하여 사업이 장기화될 수 있다.

(3) 혼합(혼용)방식 = 환지방식 + 수용방식

제2장 부동산관리 (빈출)

기본서 p.373~386

01 부동산관리의 개념과 필요성

(1) 개념
① 부동산이 그 목적에 맞게 최유효이용이 될 수 있도록, 유용성을 높일 수 있도록 부동산을 유지·보존·개량·운용하는 일련의 행위를 말한다.
② '유지'란 주로 **내부적인 관리행위**로서 **부동산의 외형·형태를 변화시키지 않으면서** 양호한 상태를 지속하는 행위를 말한다.

(2) 부동산관리의 필요성(영속성·내구성) ⇨ 위탁관리의 필요성
① 인구의 도시집중으로 인한 도시화 지속
② 건축기술의 발달로 인한 건물의 고층화(토지이용의 집약화)
③ 부동산간접투자기구(리츠·부동산펀드)의 상업용 부동산투자 증가
④ 기관투자자·외국인투자자의 부동산투자 증대
⑤ 부동산소유주의 부재현상 증가

> **TIP**
> 부동산관리에서는 1~2문제 정도가 출제된다. 비율임대차 계산문제의 출제빈도가 높아지고 있는 추세이므로 이에 대한 연습이 필요하다.

02 부동산관리의 구분

(1) 복합개념의 관리

기술적(유지) 관리 (협의의 관리)	① 위생관리, 보안(방범·방재)관리, 설비관리, 보전관리 ② 토지의 경계측량을 실시하는 것과 건물과 부지의 부적응을 개선하는 행위 ⇨ 물리적·기능적 하자 조치
경제적(경영) 관리	수지관리, 회계관리, 손익분기점관리, 인력관리
법률적(보존) 관리	법률상 제반조치, 임대차계약·예약관리, 권리분석·조정 등

+ 기술적 유지활동의 구분

예방적(사전적) 유지활동	계획에 따라 하자나 **문제가 발생하기 이전**에 점검하는 활동, 가장 중요한 활동 ⇨ 신뢰감 부여, 불필요한 관리비용 절감효과
일상적(정기적) 유지활동	통상적으로 늘 수행하는 정기적 유지활동
대응적(사후적) 유지활동	하자나 문제가 발생한 이후에 하는 사후적 조치활동 = 수정적 유지활동

> **⚡기출**
> 01 ( ) 측면의 관리는 대상부동산의 물리적·기능지 하자의 유무를 판단히여 필요한 조치를 취하는 것이다. 제26회
>
> **기출정답**
> 01 기술적

⚡기출

01 부동산의 (자산 / 재산) 관리는 부동산자산의 포트폴리오 관점에서 자산 – 부채의 재무적 효율성을 최적화하는 것이다. 제25회

02 오피스 빌딩에 대한 대대적인 리모델링 투자의사결정은 부동산관리업무 중 (자산 / 시설)관리에 해당한다. 제20회

03 ( )관리방식은 직접관리와 간접관리를 병용하여 관리하는 방식으로, 관리업무의 전부를 위탁하지 않고 필요한 부분만을 위탁하는 방식이다. 제23회

04 건물의 관리에 있어서 재무·회계관리, 시설이용, 임대차계약, 인력관리는 위탁하고, 청소를 포함한 그 외 나머지는 소유자가 직접관리할 경우, 이는 (혼합 / 위탁)관리방식에 해당한다. 제26회

기출정답
01 자산 02 자산 03 혼합
04 혼합

(2) 관리영역에 따른 분류

구분		관리내용
자산 관리	자산관리	• 부동산소유자나 기업의 자산(재산)을 극대화시키기 위한 다양한 방법을 모색하는 적극적인 관리 • 매입·매각관리, 투자리스크관리, 재투자결정, 포트폴리오관리, 리모델링 투자의사결정 등 수익극대화를 위한 가장 적극적인 관리
	부동산관리 = 재산관리, 건물 및 임대차관리	수입목표 수립, 임차인 모집 및 유지관리, 임대료 수납관리, 지출계획 수립, 비용통제, 자재구매 및 임금 지급 등
시설관리(기술적 측면)		• 각종 부동산시설을 운영하고 유지하는 것으로 시설사용자나 기업의 요구에 부응하는 정도의 기술적 측면의 소극적인 관리 • 설비의 운전·보수, 에너지관리, 위생관리, 방범·방재 등 보안관리 등으로 가장 소극적인 관리

(3) 관리주체에 따른 분류(장·단점 구분)

구분	자가관리 (자기·자치·직접·자영)	위탁관리 (간접·외주)	혼합관리
개념	① 소유자 단독 또는 소수의 관리요원을 활용 ② 단독주택·소규모 부동산에 적용	① 전문가에게 위탁 ② 대형·고층 부동산에 적용 ③ 현대적인 전문적 관리 ④ 소유와 경영의 분리	① 필요한 부분만 위탁, 나머지는 자가관리 ② 자가관리에서 위탁관리로 이행하는 과도기에서 채택
장점	① 기밀 및 보안관리에 강점 ② 지휘통제력 확보 용이 ③ 종합적 운영 가능 ④ 입주민과의 원활한 의사소통	① 관리의 전문성 제고·건물설비의 고도화 ② 불필요한 관리비용의 절감 ③ 관리업무의 타성화 방지 ④ 관리환경 변화에 대한 예측과 적응에 유리	자가관리와 위탁관리의 장점을 채용 ⇨ 지휘통제력 확보하면서 관리의 전문성도 기대
단점	① 관리의 전문성 결여 ② 불필요한 관리비용의 발생 ③ 관리업무의 타성화	① 기밀 및 보안관리에 취약 ② 지휘통제력 확보 곤란	① 문제발생시 책임소재(한계)가 불분명해질 수 있음 ② 잘못 운영시 단점만 노출

★ 개념 PLUS I

1. **신탁관리** ⇨ **부동산관리신탁**
   - 부동산소유자가 **소유권을 형식적으로 이전**하고, 부동산신탁회사가 일정기간 관리하여 소유자(위탁자)에게 돌려주는 형태이다.
   - 위탁자는 **신탁보수 및 수수료부담이 발생한다.**
   - 신탁기간 중 **대인 및 대물사고가 발생하면 신탁회사가 책임을 진다.**

2. **분양신탁관리**: 상가 등 건축물 분양의 투명성과 안전성을 확보하기 위해 신탁회사에게 사업부지의 **신탁**과 **분양**에 따른 자금관리업무를 부담시키는 것이다.

3. **임대료손실보험(업무장애보험)**
   - 대상부동산에 화재사고가 발생한 경우 **원상회복기간 동안 발생하는 임대료 손실** 등에 대하여 보상해주는 보험을 말한다.
   - 화재사고가 발생하여 보험회사로부터 피해에 대한 보상을 받았다고 하더라도 건물을 복원하고 수리하는 데에는 상당한 시간이 소요된다. 이 기간 동안 소유자는 임대료수입을 획득할 수 없음에도 불구하고 **저당지불액이나 영업경비가 계속 발생할 수 있다.** 이러한 상황에 대비하기 위하여 마련된 보험이 임대료손실보험이다.

TIP
임대료손실보험은 단순히 공실위험에 따른 손실을 보전해 주는 보험이 아님에 유의하여야 한다.

⚡ 기출

01 ( )보험은 건물 화재 등으로 피해가 발생하여 건물을 수리 및 복원하는 기간 동안 초래되는 임대료손실을 보상해주는 보험이다. 제22회

03 기타의 부동산관리활동

(1) 임차인 선정과 임대차계약

구분	임차인 선정기준	임대차계약 유형
주거용	유대성·연대성	• 조(총)임대차 총 임대료 = 기본임대료 + 필요제경비
상업용 (매장용)	수익성 (가능매상고)	임차인의 총수입 중에서 일정비율을 임대료로 지불하는 방법 • 비율임대차 총 임대료 = 기본임대료 + (예상매출액 − 손익분기점 매출액) × 요율(%)
공업용	적합성(해당 용도)	• 순임대차 총 임대료 = 기본임대료 + 경비(협상)

TIP
중요임차인
중요임차인은 한곳에 그 입지를 정하게 되면, 다른 곳으로 잘 이동하지 않는 경향이 있다. 이러한 중요임차인을 '정박임차인(anchor tenant)'이라 하는데 기타 군소임차인(minor tenant)들은 이 같은 정박임차인이 입지하느냐의 여부에 의해서 그 입지를 결정하는 경우가 많다. 즉, 관리자에게 적절한 '임차인 혼합'이 요구된다.

기출정답
01 임대료손실

[대표유형문제]

임차인 A는 작년 1년 동안 분양면적 1,000m²의 매장을 비율임대차(percentage lease)방식으로 임차하였다. 계약내용에 따르면, 매출액이 손익분기점 매출액 이하이면 기본임대료만 지급하고, 이를 초과하는 매출액에 대해서는 일정 임대료율을 적용한 추가임대료를 기본임대료에 가산하도록 하였다. 전년도 연 임대료로 총 5,500만원을 지급한 경우, 해당 계약내용에 따른 손익분기점 매출액은? (단, 연간 기준이며 주어진 조건에 한함)

제31회

- 기본임대료: 분양면적 m²당 5만원
- 손익분기점 매출액을 초과하는 매출액에 대한 임대료율: 5%
- 매출액: 분양면적 m²당 30만원

① 1억 6,000만원 ② 1억 7,000만원
③ 1억 8,000만원 ④ 1억 9,000만원
⑤ 2억원

해설
- 비율임대차에 의한 총 임대료 = 기본임대료 + 추가임대료
  5,500만원 = 5,000만원(= 5만원 × 1,000m²) + (30만원 × 1,000m² − 손익분기점 매출액 x원) × 0.05]
  = 기본임대료 5,000만원 + 추가임대료[= (3억원 − 손익분기점 매출액 x원) × 0.05]

해당 수식에서 추가임대료가 500만원이 되어야 총 임대료가 5,500만원이다.
즉, 추가임대료는 (3억원 − 손익분기점 매출액 x원) × 0.05 = 500만원이다.
∴ 추가임대료를 구하는 과정에서 3억원 − 손익분기점 매출액 x원 = 1억원이 되어야 하므로. 따라서, 손익분기점 매출액(x)은 2억원이 된다.

(예상매출액 3억원 − 손익분기점 매출액 2억원) × 0.05 = 추가임대료 500만원
∴ 비율임대차에 의한 총 임대료 5,500만원
= 기본임대료 5,000만원 + 추가임대료 500만원[= (예상매출액 3억원 − 손익분기점 매출액 2억원) × 0.05

▶ ⑤

(2) 건물의 내용연수와 생애주기

① **건물의 내용연수**: 건물이 유용성을 지속할 수 있는 내구연한을 말하며, 이는 관리자의 태도, 시공상태, 입지조건 및 관리방법에 따라 **달라질 수 있다.**

물리적 내용연수	마멸 및 파손, 시간의 경과, 풍우 등의 자연적 작용에 의하여 생기는 노후화, 화재 등 우발적 사건에 의한 건물의 버팀연수
기능적 내용연수	기능적으로 유효한 기간(예 건물과 부지의 부적응, 설계 불량, 설비 불량, 형태·디자인의 낙후 등)
경제적 내용연수	경제적 수명이 다하기까지의 버팀연수(인근지역의 변화, 환경과의 부적합, 표준적 이용의 부적합, 시장성 감퇴)
행정적 내용연수	법·제도나 행정적 조건에 의해 건물의 수명이 다하기까지의 기간 (세법 규정에 의한 법정 내용연수)

② 건물의 생애주기

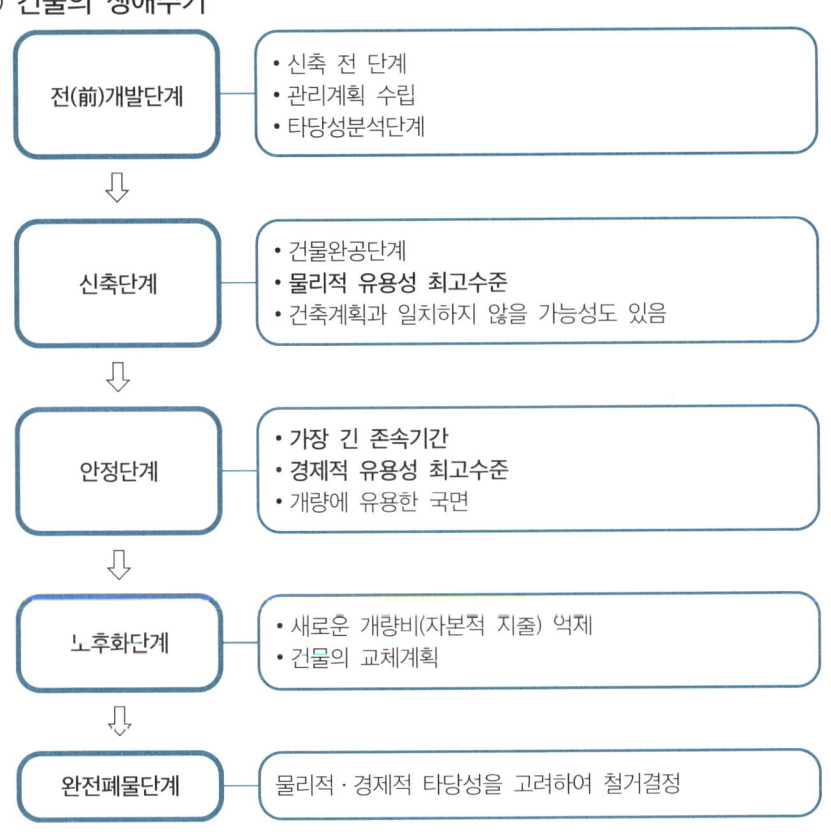

⚡기출

01 건물의 생애주기에서 건물의 물리적 유용성이 가장 높게 나타나는 단계는 (　　)단계이다.
제22회

기출정답

01 신축

주택임대관리업(「민간임대주택에 관한 특별법」)

1. **개념**: 주택의 소유자로부터 임대관리를 위탁받아 관리하는 업을 말한다. 즉, 임대인으로부터 일정한 보수를 받고 임대사업자의 업무를 대행하는 관리업을 말한다.

2. **등록 및 자격요건**
   ① 주택임대관리업을 하려는 자는 시장·군수·구청장에게 등록할 수 있다. 다만, 100호 이상의 범위에서 대통령령으로 정하는 규모 이상으로 주택임대관리업을 하려는 자는 등록하여야 한다.
   ② 자기관리형 주택임대관리업과 위탁관리형 주택임대관리업을 구분하여 등록하여야 한다. 이 경우 자기관리형 주택임대관리업을 등록한 경우에 위탁관리형 주택임대관리업도 등록한 것으로 본다.
   　㉠ **자기관리형**: 주택의 소유자로부터 주택을 임차하여 자기책임으로 전대(轉貸)하는 형태이다. 주택임대관리업자가 임대인에게 매월 고정액으로 보수를 지급받는 방식으로 공실, 임대료 미납 등의 위험을 주택임대관리업자가 전부 부담하며, 자본금 1.5억원, 전문인력[1] 2인 이상이 필요하다.
   　㉡ **위탁관리형**: 주택의 소유자로부터 수수료를 받고 임대료 부과·징수 및 시설물 유지·관리 등을 대행하는 형태이다. 주택임대관리업자가 공실 등 임대리스크를 부담하지 않고, 일부 업무만을 위탁받아 매월 실제 임대료의 일정비율을 지급받는 방식으로, 자본금 1억원, 전문인력 1인 이상이 필요하다.

   ③ **주택임대관리업자의 업무범위**[2]
   - 임대차계약의 체결·해제·해지·갱신 및 갱신거절 등
   - 임대료의 부과·징수 등
   - 임차인의 입주 및 명도·퇴거 등
   - 시설물 유지·보수·개량 및 그 밖의 주택관리 업무
   - 그 밖에 임차인 주거 편익을 위하여 필요하다고 대통령령으로 정하는 업무

---

[1] **전문인력**
- 주택임대관리업을 하려는 자는 관련 시설과 전문인력을 보유하여야 한다.
- 공인중개사, 주택관리사 등의 자격을 취득한 후 각각 해당 분야에 2년 이상 종사한 사람

[2] **보충**
임차인에게 대출알선하는 행위는 주택임대관리업자의 업무에 해당하지 않는다.

제3장 부동산마케팅 및 광고 (빈출)

기본서 p.387~395

01 부동산마케팅의 개념과 현대적 추세

(1) 개념
① 부동산마케팅이란 **부동산활동의 주체가 소비자의 욕구를 파악하고 창출하여 자신의 목적을 달성하기 위하여 시장을 정의하고 관리하는 과정**이라 할 수 있다. 즉, 부동산과 부동산업에 대한 고객의 태도나 행동을 형성·유지·변경하기 위하여 수행하는 일련의 활동을 말한다.
② 재화 및 서비스의 개발, 가격설정, 유통 및 촉진을 계획하고 실행하여 개인과 조직의 목표를 충족시키는 과정이다.
  + 시장조사, 설문조사, 상품기획, 광고, 판매, 사후적 관리 등을 포괄하는 개념이다.

(2) 마케팅의 현대적 추세
과거의 (단발성)대중마케팅 ⇨ 고객중심의 장기적 (쌍방향)관계마케팅
+ 판매자(공급자)중심시장에서 **구매자(소비자)중심시장**으로 인식이 전환됨에 따라 마케팅은 더욱 중요하게 되었다.

02 부동산마케팅 환경의 구분

거시환경	① 자연적 환경 ② 인문적 환경(예 정치 및 법, 경제, 기술, 문화, 인구통계환경 등)
미시환경	경제주체(예 고객, 경쟁업자, 정부, 유통경로 구성원 등)

TIP
부동산마케팅전략은 출제빈도가 높다. 지문들이 대체로 길고 변형되어 출제되고 있으므로 각 마케팅전략을 가리키는 '키워드'를 잘 찾아야 한다.

보충
- **표적시장**: 마케팅 환경변화에 대응하여 경쟁사와의 관계에서 자사가 보유한 역량과 자원으로 최대한의 시장성과를 얻을 수 있는 최적의 시장을 말한다.
- **차별화전략**: 표적고객의 마음속에 특정 상품이나 서비스가 자리잡는 느낌을 말하며, 즉 고객에게 자사의 상품과 서비스의 이미지를 자리잡게 디자인하는 활동을 말한다.

[1] 적응가격전략
동일하거나 유사한 제품으로 수요자들의 구매를 유도하고, 구매량을 늘리도록 유도하기 위하여 가격을 다르게 하여 판매하는 것을 말한다.

[2]
간접유통경로전략에 해당한다.

03 부동산마케팅전략

(1) 시장점유마케팅전략(공급자중심) ⇨ STP전략과 4P MIX전략

STP전략	① 시장세분화전략(Segmentation) ㉠ 수요자(구매자·고객·소비자)집단을 인구경제학적 특성(예 연령, 소득, 성별, 기호 등)에 따라 세분하고, 그 세분된 시장을 대상으로 판매지향점을 분명히 하는 전략이다. ㉡ 마케팅활동을 수행할 만한 가치가 있는 명확하고 유의미한 구매자집단으로 시장을 분할하는 것을 말한다. ㉢ 고객행동변수 및 고객특성변수에 따라 시장을 나누어서 몇 개의 세분시장으로 구분하는 것이다. ② 표적(목표)시장선정전략(Targeting) ㉠ 표적시장이란 세분된 시장 중에서 부동산기업이 표적으로 삼아 마케팅활동을 수행하는 시장을 말한다. ㉡ 표적시장선정전략이란 세분화된 수요자집단에서 경쟁상황과 자신의 능력을 고려하여 가장 자신 있는 수요자집단을 찾아내는 전략 ③ 차별화전략(Positioning): 선정된 표적시장에 대하여 자사의 제품이 경쟁사에 비해 독점적 지위를 지니도록 이미지를 구축하고, 자사의 상품을 어디에 위치시킬 것인가를 정하는(특화시키는) 전략
4P MIX (마케팅 믹스)전략	① 제품전략(Product): 지하주차장화, 녹지공간 확대, 보안장비 디지털화, 단지 내 골프연습장, 헬스장 설치, 라이프스타일 등을 반영한 친환경 아파트의 설계 등 ② 가격전략(Price) ㉠ 초기고가전략(스키밍): 경제적 가치에 비하여 가격을 높게 설정하는 전략 ⇦ 수요의 가격탄력성이 작은 경우 ㉡ 초기저가(시장침투)전략: 경제적 가치에 비하여 가격을 낮게 설정하고 단기간에 시장점유율의 확대를 통하여 이익을 얻는 전략 ⇦ 분양침체기나 수요의 가격탄력성이 큰 경우 ㉢ 시가(市價)전략: 시장평균가격전략으로서 경쟁업자와 동일한 가격수준으로 경쟁업자의 가격전략을 추종하는 전략 ㉣ 단일가격전략: 동일 조건으로 가정하고 모든 고객에게 동일한 가격으로 제공하는 전략 ㉤ 신축가격전략: 같은 자재·시공·설비를 한 경우라도 지역시장 등에 따라 다른 가격으로 제공하는 전략[1] ③ 유통경로(Place): 공인중개사, 분양대행사[2]의 중간상 활용 ④ 판촉(촉진)전략(Promotion): 광고 및 인적 판매(판매원), 홍보, 경품제공, 구매의견선도자(opinion leader)의 활용

(2) 고객점유마케팅전략(소비자중심)

① 구매의사결정과정의 각 단계마다 소비자와의 심리적 접점을 마련하고, 전달되는 메시지의 크기와 강도를 조절하여 마케팅효과의 극대화를 도모하는 전략이다. ⇨ 소비자의 행태, 심리적 측면에 주안점을 둔 전략

② AIDA원리: 소비자가 대상상품을 구매할 때까지 나타나는 심리변화의 4단계를 말한다.

✚ Attention(주의 · 주목) ⇨ Interest(관심) ⇨ Desire(욕구) ⇨ Action(행동)

③ 고객점유마케팅은 1회성, 단발성 마케팅이라는 한계점이 있다.

(3) 관계마케팅전략

① 공급자와 소비자의 상호작용을 중시하는 전략이다.

② 쌍방향 장기적 · 지속적 관계유지를 통하여 충성고객을 확보하는 전략이다.

부동산마케팅전략 요약

구분	마케팅의 관점	주요 전략 및 특징
시장점유마케팅전략	공급자 · 판매자중심	STP전략과 4P MIX전략
고객점유마케팅전략	수요자 · 소비자중심	고객과의 심리적 접점, AIDA
관계마케팅전략	공급자와 소비자간 상호작용	지속적 · 장기적 관계유지, 충성고객 확보

04 부동산광고

광고는 명시된 광고주가 비용을 고려하여 고객의 의사결정을 유도하는 설득의 과정으로, 반복하여 할 수 있다는 점에서 홍보와는 다른 개념이다.

(1) 부동산광고의 특징

광고의 양면성	매수자 · 매도자 모두를 광고대상으로 한다.
내용의 개별성	비동질성(개별성)으로 인하여 광고방법이 제한된다.
지역의 제한성	지리적 위치의 고정성으로 인하여 광고효과가 지역적으로 국한된다.
시간의 제한성	거래횟수의 제한이 있으며, 일정한 시간이 경과하면 효과가 감소한다.

① 기업광고
광고매체가 아닌 광고목적에 따라서 분류한 것으로서 기업광고는 호의적인 기업의 이미지를 심기 위한 것으로 판매촉진의 의미도 있다.

② 애드믹스(Ad. mix)
경쟁 및 제반여건을 고려하여 적정한 광고매체(수단)를 조합함으로써 광고효과를 극대화하는 개념이다.

(2) 광고매체의 구분 [1][2]

신문광고	① 안내광고: 한정된 광고란에 간단한 약어 등을 사용하여 동종의 광고를 여러 개 나열하는 방법이다. ② 전시광고: 넓은 지면에 그림, 사진, 상세한 설명 등을 제시하여 광고하는 방법으로, 안내광고보다 비용이 많이 소요되지만 광고효과는 크다.
다이렉트 메일 (DM)광고	엽서, 우편물 등을 활용하여 표적고객을 광고대상으로 할 수 있다는 장점이 있다(광고대상을 선택 가능).
노벨티(novelty) 광고	장식적·실용적 물건을 광고수단(예 볼펜, 라이터, 종이컵 등)으로 활용하는 것으로 감사·호의의 표시이고, 잠재고객 확보에 그 목적이 있다.
바이럴 마케팅 (viral marketing)	네티즌들이 이메일, SNS, 블로그 등 다양한 매체를 통해 자발적으로 해당 브랜드나 제품에 대한 입소문을 내게 하여 널리 퍼지게 하려는(바이러스처럼 확산되게 하려는) 마케팅 기법을 말한다. ⇨ 인터넷 광고 기법의 하나
라디오·TV광고	비용이 많이 소요되지만 광고효과가 큰 편이다.
점두(店頭)광고	점포의 간판, 외부를 매체로 하는 광고방법이다.

(3) 부동산광고의 규제

① 광고가 사회적 부당성을 갖는 경우 「표시·광고의 공정화에 관한 법률」에 따라 규제를 받게 된다. ⇨ 타율규제
② 주택건설업자는 일정한 기준에 따라 분양대상인 주택의 가격·규모 등을 표기해야 한다.

제8편 부동산감정평가론

제1장 감정평가의 기초이론
제2장 감정평가의 방식
제3장 부동산가격공시제도

제1장 감정평가의 기초이론

기본서 p.399~425

TIP
- 감정평가론은 학습해야 할 양이 많기 때문에 자신의 학습여건과 학습역량을 고려하여 전략적인 선택을 할 필요가 있다.
- 「감정평가에 관한 규칙」상 '기준시점'의 개념은 매우 중요하다.

01 감정평가의 개념

① 감정평가란 토지 등의 경제적 가치(value)를 판정하여 그 결과를 가액(price)으로 표시하는 것을 말한다.
② 감정평가는 대상부동산의 '시장가치'를 구하는 작업이다.
③ 기준시점에서 최유효이용(최고·최선의 이용)을 전제로 평가한다.
   ⇨ 장래를 예측하여 평가한다.

> **개념 PLUS | 기준시점(「감정평가에 관한 규칙」)**
> - '기준시점'이란 대상물건의 감정평가액을 결정하는 기준이 되는 날짜를 말한다.
> - 기준시점은 대상물건의 가격조사를 완료한 날짜로 한다. 다만, 기준시점을 미리 정하였을 때에는 그 날짜에 가격조사가 가능한 경우에만 기준시점으로 할 수 있다(제9조).
> - 부동산의 가치형성요인이 변동하므로 기준시점의 확정이 중요하다. ⇨ 변동의 원칙
>
> 1/20   감정평가 의뢰일
> ⇩
> 2/2   가격조사 개시일(시작일)
> ⇩
> 3/2   가격조사를 완료한 날짜(기준시점)
> ⇩
> 3/15   감정평가서 작성일
> ⇩
> 3/20   감정평가서 전달일

TIP
'고가성' 자체가 감정평가의 필요성을 제기하는 요인은 아니므로 이에 유의하여야 한다. 다만, '고가성'은 부동산시장을 불완전경쟁시장으로 만드는 요인이 된다.

02 감정평가의 필요성과 기능

(1) 감정평가의 필요성

① 불완전한 부동산의 특성으로 인하여 균형가격이 성립하지 않는다.
② 합리적 시장이 존재하지 않으므로 현실적인 가격은 적정가치로서 부적절하다.
③ 가치형성요인의 다양성 및 복잡성 ⇨ 전문가에 의한 평가 필요
④ 부동산은 사회성·공공성이 높은 재화 ⇨ 공적 주체에 의한 공시지가, 주택가격 등 공시

(2) 감정평가의 기능[1]

정치적 기능(공적 기능)	경제적 기능(사적 시장기능)
① 부동산의 효율적 이용에 관한 관리 및 규제 ② 적정한 가격의 유도 ③ 합리적인 손실보상 ④ 과세의 합리화	① 부동산자원의 효율적 배분 ② 공정한 거래질서의 확립과 유지 ③ 의사결정의 판단기준

TIP
감정평가의 기능 중 정치적 기능은 정부 등 공적 주체가 하는 감정평가라 여기고, '공시지가'의 효력과 연계하여 정리해두면 된다.

[1] 주의
감정평가는 부동산경기활성화에 기여한다. (×)

03 감정평가의 분류

(1) 평가의 전제조건에 따른 분류

소급평가	과거의 일정시점을 기준으로 평가하는 것
현황평가	구조, 이용상태, 제한물권 등 현황을 있는 그대로 평가하는 것
조건부평가	장래에 도래가 불확실함에도 새로운 상황의 발생을 상정하여 이것이 성취되는 조건을 전제로 평가하는 것
기한부평가	장래에 도래가 확실한 일정시점을 기준으로 평가하는 것

> 현황기준의 원칙(「감정평가에 관한 규칙」 제6조)[2]
> 1. 감정평가는 기준시점에서 대상물건의 이용상황(불법적이거나 일시적인 이용은 제외한다) 및 공법상 제한을 받는 상태를 기준으로 한다.
> 2. 감정평가법인등은 1.에도 불구하고 다음의 어느 하나에 해당하는 경우에는 기준시점의 가치형성요인 등을 실제와 다르게 가정하거나 특수한 경우로 한정하는 조건(감정평가조건)을 붙여 감정평가할 수 있다.
>   ① 법령에 다른 규정이 있는 경우
>   ② 의뢰인이 요청하는 경우
>   ③ 감정평가의 목적이나 대상물건의 특성에 비추어 사회통념상 필요하다고 인정되는 경우
> 3. 감정평가법인등은 2.에 따라 감정평가조건을 붙일 때에는 감정평가조건의 합리성·적법성 및 실현가능성을 검토해야 한다. 다만, 2.의 ①의 경우에는 그렇지 않다.
> 4. 감정평가법인등은 감정평가조건의 합리성·적법성이 결여되거나 사실상 실현 불가능하다고 판단할 때에는 의뢰를 거부하거나 수임을 철회할 수 있다.

[2] 조건부평가의 남용을 방지하기 위해서 오래 전에 법률에 근거하여 '현황기준 원칙'으로 제정되었다.

(2) 평가대상물건에 따른 분류(「감정평가에 관한 규칙」 제7조 - 개별물건기준 원칙)

개별평가	감정평가는 대상물건마다 개별로 하여야 한다.
일괄평가[1]	둘 이상의 대상물건이 일체로 거래되거나 대상물건 상호간에 용도상 불가분의 관계가 있는 경우에는 일괄하여 감정평가할 수 있다.
구분평가	하나의 대상물건이라도 가치를 달리하는 부분은 이를 구분하여 감정평가할 수 있다. ⇨ 1필지가 여러 획지로 구성될 경우
부분평가	일체로 이용되고 있는 대상물건의 일부분에 대하여 감정평가하여야 할 특수한 목적이나 합리적인 이유가 있는 경우에는 그 부분에 대하여 감정평가할 수 있다. ⇨ 1필지 내 수용된 일부(부분)의 보상평가

[1] 복합부동산, 여러 필지가 1획지로 구성될 경우 ⇨ 일괄하여 감정평가할 수 있다.

(3) 기타 분류(감정평가 실무상·학제적 분류)

독립평가	① 복합부동산의 토지만을 독립하여 평가한다. ② 건부지도 표준지로 선정될 수 있다. ⇨ 나지상정평가
평가 주체	공적 평가(정부), 공인평가(감정평가사)
강제성 여부	필수적 평가(법정평가[2]) ⇔ 임의적 평가(예 담보평가)
참모평가	평가주체가 고용된 단체의 업무를 위하여, 또는 고용주를 위하여 행하는 평가를 말한다.
수시적 평가	평가주체의 자격과 관계없이 특별한 고도의 전문적 지식이 요구되는 경우 다른 분야의 전문가들에 의해 행해지는 일시적인 평가를 말한다. ⇨ 감정평가는 개발사업의 경제적 타당성분석이나 컨설팅에도 활용된다.
전문성 (신뢰도)	1차(소유주) < 2차(공인중개사의 감정평가) < 3차(감정평가사의 감정평가)

[2] 법정평가
부동산가격을 시장가격과 다르게 구할 필요가 있는 경우 그 평가방법을 법률의 규정에 정해놓고 그 규정에 의하여 평가하는 것을 말한다.

04 부동산가격이론

(1) 시장가치(「감정평가에 관한 규칙」 제2조, 제5조)

시장가치란 감정평가의 대상이 되는 토지등(이하 "대상물건"이라 한다)이 통상적인 시장에서 충분한 기간 동안 거래를 위하여 공개된 후 그 대상물건의 내용에 정통한 당사자 사이에 신중하고 자발적인 거래가 있을 경우 성립될 가능성이 가장 높다고 인정되는 대상물건의 가액을 말한다.[3]

① 대상물건에 대한 감정평가액은 시장가치를 기준으로 결정한다.
② 감정평가법인등은 위 ①에도 불구하고 다음의 어느 하나에 해당하는 경우에는 대상물건의 감정평가액을 시장가치 외의 가치를 기준으로 결정할 수 있다.

TIP
「감정평가에 관한 규칙」에서는 '시장가치'라 정의하며, 「부동산 가격공시에 관한 법률」에서는 '적정가격'이라 정의한다. 그 개념은 유사하지만, 법령의 근거가 다르기 때문에 잘 구별하여야 한다.

[3] 보충
- 기준가치: 감정평가의 기준이 되는 가치를 말한다.
- 시장가치와 기준가치는 동일한 개념이 아니다.

㉠ 법령에 다른 규정이 있는 경우
㉡ 감정평가 의뢰인이 요청하는 경우
㉢ 감정평가의 목적이나 대상물건의 특성에 비추어 사회통념상 필요하다고 인정되는 경우
③ 감정평가법인등은 ②에 따라 시장가치 외의 가치를 기준으로 감정평가할 때에는 다음의 사항을 검토해야 한다. 다만, ②의 ㉠의 경우에는 그렇지 않다.
㉠ 해당 시장가치 외의 가치의 성격과 특징
㉡ 시장가치 외의 가치를 기준으로 하는 감정평가의 합리성 및 적법성
④ 감정평가법인등은 시장가치 외의 가치를 기준으로 하는 감정평가의 합리성 및 적법성이 결여(缺如)되었다고 판단할 때에는 의뢰를 거부하거나 수임(授任)을 철회할 수 있다.

(2) 가격(price)과 가치(value)의 구분

가격(price)	가치(value)
현실적인 시장에서 매수자와 매도자간 교환의 대가로 실제 지불된 금액	통상적인 시장에서 성립될 가능성이 높다고 인정되는 대상물건의 가액(시장가치)
과거의 값	장래 유·무형의 편익을 현재가치로 환원한 값 ⇦ 영속성
일정시점에서 하나만 존재	여러 가지 개념 성립(가치다원설)
객관적·구체적 개념	주관적·추상적 개념
가격 ± 오차 = 가치	

① 가치가 상승하면 가격도 상승한다.
② 가치와 가격은 일시적(단기적)으로 괴리될 수 있지만, 장기적으로는 일치하게 된다. ⇨ 장기적으로 가격은 균형수준으로 회귀한다.
③ 화폐가치(이자율)가 상승하면 가격(가치)은 하락한다.

(3) 가치의 다원적 개념

투자가치	특정 투자자에게 부여된 주관적 가치
교환가치	대상부동산이 시장에서 매매되었을 때 형성될 수 있는 가치
사용가치	대상부동산이 특정한 용도로 사용되었을 때 지니는 가치
과세가치	중앙정부나 지방정부에서 세금을 부과하는 데 사용되는 기준으로서 관련 법규에 의하여 조정된 부동산의 가치
보험가치	보험금 산정과 보상에 대한 기준으로 사용되는 가치

TIP
- 가치의 다양한 개념은 암기할 사항이 아니라, 각 가치의 개념만 정리해두면 된다.
- 지문상에 각 가치를 가리키는 '키워드'가 등장하므로 이에 유의하여 학습하여야 한다.

기출

01 (사용 / 교환)가치는 대상부동산이 특정한 용도로 사용되었을 때 가질 수 있는 가치를 말한다. 제11회

02 (공익 / 보상)가치는 어떤 부동산의 보존이나 보전과 같은 공공목적의 비경제적 이용에 따른 가치를 의미한다. 제23회

보상가치	국가나 공공단체 등이 공익목적의 공공사업 시행을 위하여 대상부동산을 매수·수용할 때 평가하는 가치
공익가치	보존과 같은 공공목적의 비경제적 이용이 있을 때 지니는 가치
장부가치	부동산의 취득가격에서 법적으로 허용되는 방법에 따라 감가상각분을 제외한 장부상의 잔존가치

(4) 부동산가격의 형성과정

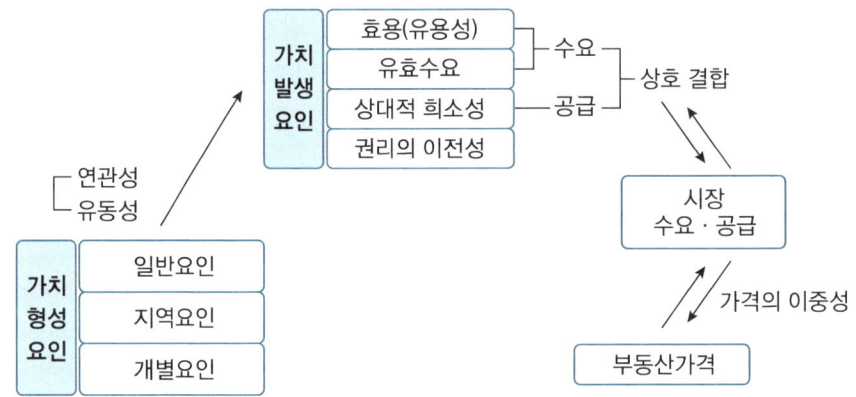

① **가치형성요인**: 대상물건의 경제적 가치에 영향을 미치는 일반요인, 지역요인 및 개별요인 등을 말한다(「감정평가에 관한 규칙」 제2조).
⇨ 유동성과 상호 연관성의 특징이 있다.

일반요인	㉠ 모든 부동산에 공통적으로 미치는 요인 ㉡ 사회적·경제적·행정적 요인[1]
지역요인	㉠ 특정 지역에 미치는 고유한 요인 ⇨ 지역분석의 대상 ㉡ 지역 내 자연적 조건, 지역의 사회적·경제적·행정적 요인
개별요인	㉠ 개별부동산에 미치는 요인 ⇨ 개별분석의 대상 ㉡ 토지 및 건물의 개별요인 ⇨ 가격의 구체화·개별화

② **가치발생요인**: 상호 밀접한 관련성을 가지면서 부동산가치를 발생시킨다.
⇨ 어느 한 요인의 변동은 필연적으로 가격에 반영된다.

효용(유용성)[2]	인간의 필요나 욕구를 충족시켜 줄 수 있는 재화의 능력
상대적 희소성	공급이 수요에 비하여 상대적으로 부족한 상태
유효수요	구매력(지불능력)이 수반되는 수요
권리의 이전성	법적 개념, 소유권의 이전가능성

[1]
- **사회적 요인**: 인구, 학군, 공원 등
- **경제적 요인**: 이자율, 재정 및 금융상태, 교통체계의 변화 등
- **행정적 요인**: 정책, 제도, 규제 등

[2]
- 쾌적성·편리성(주거용), 수익성(상업용), 생산성·경제성(공업용)
- 대상부동산의 물리적 특성, 공법상 제한, 소유권의 법적 특성도 효용에 영향을 미친다.

기출정답
01 사용   02 공익

③ **부동산가격의 이중성**: 가치발생요인 ⇨ 수요·공급 ⇔ 부동산가격(feedback 원리)
  ✚ 부동산가격의 이중성과 수요·공급의 원칙은 부동산감정평가에 적용되지만, 다소 제한적이어서 원활하게 작동하는 것은 아니다.

(5) 부동산가격의 특징

① 부동산가격은 교환의 대가인 가격과 용익의 대가인 임료로 구성된다.
  ⇨ 영속성
  ✚ 가격과 임료는 원본과 과실관계가 성립한다.
② 부동산가격은 소유권 기타 권리·이익의 대가이다.
  ㉠ 부동산가격은 물리적 실체에 대한 가격이 아니다.
  ㉡ 2개 이상의 권리·이익이 동일 부동산에 존재할 경우 개개의 권리·이익에 대해서 각각 가격이 형성될 수 있다.
③ 부동산가격은 장기적인 고려하에 형성된다. ⇨ 영속성, 위치의 가변성
  ✚ 가치형성요인이 변동하므로 장래를 예측해서 판단하여야 한다.
④ 부동산가격은 개별적·지역적으로 형성된다. ⇨ 개별성, 부동성
  ㉠ 당사자의 개별적 사정이나 특수한 동기가 개재되기 쉽다.
  ㉡ 물리적으로 동일하더라도 지역의 환경에 따라 부동산가격은 달라진다.
⑤ 부동산의 불완전한 특성은 부동산시장의 수급조절을 곤란하게 하고, 균형가격의 성립을 저해하는 요인이 된다.

05 부동산가격 제 원칙(감정평가원리) 빈출

부동산가격의 제 원칙이란 부동산의 가격이 어떻게 형성되고 유지되는가에 관한 법칙성을 도출하여 평가활동이 지침으로 삼으려는 행동기준을 말한다. 가격 제 원칙은 각각 독립되어 작용하는 것이 아니라, 최유효이용의 원칙을 상위원칙으로(중심으로) 서로 직·간접의 관계를 맺으며 하나의 체계를 형성하고 있다.

(1) 최유효이용의 원칙 ⇨ 감정평가의 전제조건(최상위원칙)

① 최고·최선의 이용을 전제로 평가한다는 것이다.
② 최유효이용은 물리적 채택가능성, 합리적이고 합법적인 이용, 최고수익(가치)성을 기준으로 판정할 수 있다. ⇨ 모두 충족
③ 객관적인 양식과 통상의 사용능력을 가진 사람에 의한 부동산의 이용방법을 말한다.

기출

01 (상대적 희소성 / 효용)은 인간의 욕망에 의해 욕망의 충족수단이 질적·양적으로 한정되어 있어서 부족한 상태를 말한다.
제22회

TIP

'부동산가격의 특징'은 '일반재화가격'과 다른 부동산가격의 고유한 특징이다. 이 부분은 제2편 부동산경제론과 제3편 부동산시장론을 접목하여 출제되기도 한다.

TIP

1. 가격 제 원칙은 각 평가원칙의 '개념정리'에 주력하여야 한다.
2. 가격 제 원칙은 감정평가이론에 관한 내용으로서, 「감정평가에 관한 규칙」에서 규정하고 있는 것은 아니다.

기출

02 ( )이란 부동산의 가격이 어떻게 형성되고 유지되는지 그 법칙성을 찾아내어 평가활동의 지침으로 삼으려는 행동기준이다.
제23회

기출정답

01 상대적 희소성
02 가격 제 원칙

⚡기출

01 ( )의 원칙에 의하여 부동산의 가치란 장래 기대되는 편익을 현재가치로 환원한 값이라고 정의할 수 있다. 제10회

02 ( )의 원칙은 부동산의 각 구성요소가 각각 기여하여 부동산 전체의 가격이 형성된다는 원칙이다. 제23회

03 토지, 자본, 노동 및 경영의 각 생산요소에 의하여 발생하는 총수익은 이들 제 요소에 배분되는데 자본, 노동 및 경영에 배분된 이외의 잔여액은 그 배분이 정당하게 행하여지는 한 토지에 귀속된다는 것이 ( )의 원칙이다. 제13회

1 토지의 합필이나 건물의 증축 등 추가투자의 적부 판단

⚡기출

04 (균형 / 적합)의 원칙은 부동산의 유용성이 최고도로 발휘되기 위해서는 그 내부구성요소의 결합상태가 균형을 이루고 있어야 한다는 원칙이다. 제21회

05 부동산의 가격도 경쟁에 의하여 결정되며, 경쟁이 있으므로 초과이윤이 소멸되고 대상부동산은 그 가격에 적합한 가격을 가지게 되는데, 이를 ( )의 원칙이라 한다. 제21회

기출정답
01 예측 02 기여
03 수익배분 04 균형
05 경쟁

(2) 토대·바탕이 되는 원칙

변동의 원칙	가치형성요인이 변동하므로 부동산가격도 항상 변화의 과정에 있다. ⇨ 기준시점의 확정 필요
예측의 원칙	① 가치형성요인이 변동하므로 미래를 예측(장기적 고려)하여야 한다. ② 부동산의 가치(가격)란 장래이익을 현재가치로 환원한 값이다. ⇨ 장래의 유·무형의 편익이 부동산가치를 결정한다.

(3) 최유효이용의 내부(內部) 관련원칙 ⇨ 추가투자의 적부 판단

균형의 원칙	① 부동산의 내부구성요소(예 구조·설계 등)간의 조화를 판단한다. ② 생산요소간의 결합비율과 건물과 부지의 적응상태를 고려한다. ③ 균형의 원칙에 부합하지 않으면 기능적 감가가 발생한다.
기여의 원칙	① 부동산의 구성부분이 전체 수익(가치)에 미치는 영향을 판단한다(부동산가격은 구성부분 생산비의 합이 아니다). ② 부동산의 구성요소의 기여도의 합이 부동산가치를 결정한다. 예 20억원의 건물에 1억원을 투입하여 엘리베이터를 설치하였더니 건물가치가 22억원이 되었다. **1**
수익배분의 원칙 (잉여생산성의 원리)	토지, 자본, 노동 및 경영의 각 생산요소에 의하여 발생하는 총수익은 이들 제 요소에 배분되는데, 자본·노동 및 경영에 배분된 이외의 잔여액은 그 배분이 정당하게 행하여지는 한 토지에 최종적으로 귀속된다는 것을 말한다(토지잔여법의 이론적 근거).
수익체증·체감의 원칙	① 단위당 투자액을 늘릴수록 수익이 체증하다가 일정시점이 지나면 수익의 증가폭이 체감한다는 것이다. ② 입체공간이용률과 이윤극대화점을 판단할 수 있다.

(4) 최유효이용의 외부(外部) 관련원칙

적합의 원칙	① 대상부동산과 외부환경(위치)과의 조화 여부를 판단하는 것으로, 대상지역의 표준적 이용을 판정하여 가치를 결정하는 것이다. ② 주택은 주거지역에, 상점은 상업지역에, 공장은 공업지역에 입지하는 것을 판정하여 가치를 평가한다. ③ 적합의 원칙에 부합하지 않으면 경제적 감가가 발생한다.
외부성의 원칙	외부환경이 대상부동산에 미치는 영향을 판단한다. ⇨ 정(+)의 외부효과, 부(-)의 외부효과
경쟁의 원칙	① 초과이윤 발생 ⇨ 공급 증가 ⇨ 경쟁심화 ⇨ 초과이윤 감소·소멸 ② 과다경쟁(과잉공급)은 부동산의 가격을 낮추는 요인이 되고, 이러한 기준으로 가치가 결정된다는 원칙이다.

(5) 최유효이용의 원칙과 간접적 관련원칙

수요·공급의 원칙	① 부동산가격의 이중성(feedback 원리)과 관련이 있다. ② 수요·공급에 의해 부동산가격이 형성되고, 결정된 가격은 다시 수요·공급에 영향을 준다는 것이다. 단, 수요·공급의 작동은 제한된다.
대체의 원칙	① 대체성 있는 2개 재화가 존재할 때 **그 재화의 가격은 서로 관련되어 형성된다는 원칙**으로, **효용이 유사하면 가격이 낮은 것을 선택하고, 가격이 유사하면 효용이 높은 것을 선택**한다는 것이다. ② **대체부동산가격이 5억원이면 대상부동산가격도 5억원과 유사하게 형성될 수 있다.** ⇨ 다른 부동산과의 상호작용 ③ 대체재의 조건: **효용·용도·가격면에서의 유사성**

보충
대체의 원칙은 비교방식(거래사례비교법)의 이론적 근거가 된다.

(6) 기회비용의 원칙 – 실제 지불된 비용이 아닌 추산·인식된 비용

어떤 부지가 주거용지로 이용될 수 있음에도 불구하고 현재 공업용지로 이용되고 있다면, 그 공업용지의 평가는 기회비용인 주거용지로 평가하여야 한다는 것이 기회비용의 원칙이다. ⇨ 감정평가가격은 기회비용을 반영한 가격이다.

> **부동산평가에만 적용되는 원칙**
> • 최유효이용의 원칙 ⇦ 용도의 다양성
> • 적합의 원칙   ⇦ 부동성

06 지역분석 및 개별분석 [빈출]

(1) 지역분석과 개별분석의 비교

구분	지역분석(선행분석)	개별분석(후행분석)
분석내용	지역요인을 파악	개별요인을 파악
분석기준	표준적 이용 판정	최유효이용 판정
가격판단	가격수준 분석	구체적 가격 구함
근거·필요성	부동성·인접성·지역성	개별성
관련 원칙	적합의 원칙	균형의 원칙
감가유형	경제적 감가	기능적 감가
분석범위	전체적·광역적·거시적 분석	개별적·구체적·미시적 분석

TIP
제1장 감정평가의 기초이론에서 출제빈도가 높은 부분이다. 지역분석과 개별분석을 비교한 표를 먼저 정리·숙지하고 전체적인 내용에 대하여 기출된 지문들을 통해 반복하여 학습할 필요가 있다.

[1] 지역분석 및 개별분석은 생략할 수 없는 필수적인 과업이다.

① 지역분석
  ㉠ 대상부동산이 어떤 지역에 존재하는지,
  ㉡ 그 지역은 어떠한 지역적 특성을 가지는지,
  ㉢ 그 지역적 특성은 부동산가치형성에 어떠한 영향을 미치는지를 분석한다.
② 개별분석: 지역분석의 결과를 토대로 대상부동산의 **개별요인**을 파악하고, **최유효이용을 판정**하여 대상부동산의 **구체적 가격**을 구하는 작업이다.

(2) 지역분석의 대상지역(인근지역·유사지역·동일수급권)

① 인근지역: **감정평가의 대상이 된 부동산(대상부동산)이 속한 지역**으로서 부동산의 이용이 **동질적**이고 가치형성요인 중 **지역요인을 공유하는 지역**을 말한다(「감정평가에 관한 규칙」).
  ㉠ **인근지역은 유동적이고 가변적이다**(가치형성요인의 변화 ⇨ 인근지역은 발전 또는 쇠퇴할 수 있다).
  ㉡ 인근지역의 경계와 범위
    ⓐ 경계: 물리적으로 명백히 구분되는 경우(예 자연적 조건, 공법상 규제 등)가 있다. **인근지역의 경계와 범위가 물리적으로 명백하게 구분되지 않는다면 표준적 이용을 중심으로 판정할 필요가 있다.**
    ⓑ 범위: 인근지역의 범위가 지나치게 확대되면 가격수준의 판정이 어렵고, 지나치게 축소되면 사례자료를 구하기가 어렵다.
      ✚ 인근지역의 범위는 적절하게 선정할 필요가 있다.
  ㉢ 인근지역의 생애주기(성쇠현상) ⇨ 지역분석 ⇨ 적합의 원칙

성장기	ⓐ 치열한 입지경쟁으로 인하여 **지가상승률(폭)이 가장 높다.** ⓑ 주택의 상향여과현상(확대적 침입)이 활발한 국면이다.
성숙기	ⓐ **지가수준이 가장 높다.** ⓑ 지역기능이 최고수준(안정화)에 이른다.
쇠퇴기	ⓐ 지가가 하락하기 시작한다. ⇨ **경제적 감가** ⓑ 주택의 하향여과현상이 시작된다.
천이기	ⓐ 주택의 하향여과현상이 매우 활발해진다. ⓑ 중고주택이 거래의 중심이 된다.
악화기	ⓐ 지역개선을 위한 노력이 없다면 지역은 악화된다. ⓑ **악화기가 반드시 도래하는 것은 아니다.**

기출
01 인근지역이란 대상부동산이 속한 지역으로서 부동산의 이용이 동질적이고 가치형성요인 중 (지역요인 / 개별요인)을 공유하는 지역을 말한다.
제34회

TIP
- 인근지역의 생애주기는 순서가 중요한 것이 아니다.
- 지가의 상승률이 가장 높은 시기는 '성장기'이고, 지가가 최고수준인 시기는 '성숙기'이다. 각각 다른 표현이므로 혼동하여서는 안 된다.

기출정답
01 지역요인

② **유사지역**: **대상부동산이 속하지 아니하는 지역**으로서 인근지역과 **유사한 특성을 가지는 지역**을 말한다(「감정평가에 관한 규칙」).
  ㉠ 인근지역과 대체·경쟁관계에 있는 지역(가격면에서 유사)이다.
  ㉡ 대상부동산의 가치형성에 간접적으로 영향을 주는 지역이다.
  ㉢ **사례부동산을 유사지역에서 선택했다면 지역요인 비교과정이 필요하다.** 그러나 사례부동산을 인근지역에서 선택했다면 동일 지역에 존재하므로 지역요인 비교과정은 필요하지 않다.❶

③ **동일수급권**: 대상부동산과 **대체·경쟁관계가 성립하고 가치형성에 서로 영향을 미치는 관계에 있는 다른 부동산이 존재하는 권역**을 말하며, 인근지역과 **유사지역을 포함**한다(「감정평가에 관한 규칙」). 즉, 사례자료수집의 범위(최원방권역)로서 '인근지역 + 유사지역 + 주변용도지역'❷을 포함한다.

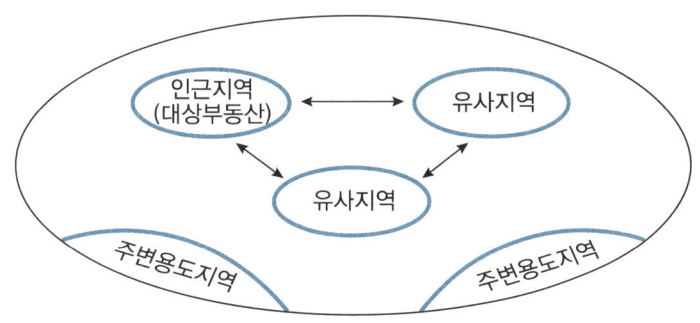

동일수급권의 판정

주거지	㉠ 도심으로 통근이 가능한 지역범위와 **일치하는 경향이 있다.** ㉡ 도로, 교통수단 등과 관련하여 **그 범위는 넓어지기도 하고, 경우에 따라 좁아지기도 한다.**
상업지	배후지(상권)로부터 얻을 수 있는 수익성에 관한 대체지역의 범위와 일치하는 경향이 있다.
공업지	생산의 효율성, 비용의 경제성에 관해 대체성 있는 지역범위와 일치하는 경향이 있다.
농지	해당 농지에 대해 농업경영이 가능한 거리의 범위와 일치하는 경향이 있다.
후보지·이행지	전환 또는 이행될 것으로 보이는(전환·이행 후의) 토지종별의 동일수급권과 일치하는 경향이 있다. 다만, 전환·이행의 속도가 완만하거나 성숙도가 낮을 때에는 전환·이행 전(前)의 동일수급권과 일치하는 경향이 있다.

⚡기출

01 (유사지역 / 인근지역) 이란 대상부동산이 속하지 아니하는 지역으로서 인근지역과 유사한 특성을 갖는 지역을 말한다.
제24회

❶ 유사지역을 선정할 때 지리적 근접성을 고려하여 선택하는 것이 아니다. 유사지역을 선정하는 것은 대상부동산이 속한 인근지역과 비교하여 인근지역의 장·단점을 통하여 가치평가의 신뢰도를 높이고자 하는 것이다.

❷ 주의
주변용도지역(다른 부동산이 존재하는 지역)은 공법상의 용도지역을 말하는 것은 아니다.

기출정답
01 유사지역

제2장 감정평가의 방식 (빈출)

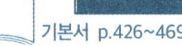
기본서 p.426~469

01 감정평가방법의 적용 및 시산가액의 조정

(1) 가격의 3면성 및 감정평가방법

가격의 3면성

비용성	① 투입되는 **비용이 부동산의 가치를 결정한다**(고전학파). ② 원가방식(원가법, 적산법) ③ 공공용 부동산(예 학교, 관공서 등)에 적합하다.
시장성	① **시장에서 매매될 가능성이 높은 가격이 부동산의 가치를 결정**한다. ② 비교방식(거래사례비교법, 임대사례비교법, 공시지가기준법) ③ 주택, 아파트 등 시장성이 높은 물건에 적합하다.
수익성	① **산출되는 임차인의 효용(소득·임대료)이 부동산의 가치를 결정**한다. ② 수익방식(수익환원법, 수익분석법) ③ 장래 수익이 예상되는 상업용 부동산에 적합하다.

감정평가의 방법[1]

가격의 3면성	3방식	가격의 성격	평가조건	평가방법	시산가액 및 임대료
비용성	원가방식 (비용접근법)	공급자가격 (투입가치)	가액	원가법	적산가액
			임대료	적산법	적산임료
시장성	비교방식 (시장접근법)	균형가격 (시장가치)	가액	거래사례 비교법	비준가액
			임대료	임대사례 비교법	비준임료
			토지가액	공시지가 기준법	토지가액
수익성	수익방식 (소득접근법)	수요자가격 (산출가치)	가액	수익환원법	수익가액
			임대료	수익분석법	수익임료

TIP
감정평가 3방식의 논리적인 흐름을 이해할 필요가 있다.

[1] 현실적인 부동산시장에서는 3면 등가의 논리가 성립하지 않기 때문에 3방식의 병용이 필요하다.
⇨ 시산가액 조정(가중평균)

(2) 시산가액의 조정(「감정평가에 관한 규칙」)

① 감정평가법인등은 **대상물건별로 정한 감정평가방법(주된 방법)을 적용하여 감정평가해야 한다.** 다만, 주된 방법을 적용하는 것이 곤란하거나 부적절한 경우에는 **다른 감정평가방법을 적용할 수 있다.**

② 감정평가법인등은 대상물건의 감정평가액을 결정하기 위하여 어느 하나의 감정평가방법을 적용하여 산정한 가액(시산가액)을 다른 감정평가방법에 속하는 하나 이상의 감정평가방법으로 산출한 시산가액과 비교하여 합리성을 검토해야 한다. 다만, 대상물건의 특성 등으로 인하여 다른 감정평가방법을 적용하는 것이 곤란하거나 불필요할 경우에는 그렇지 않다.[1]

③ 감정평가법인등은 산출한 시산가액이 합리성이 없다고 판단되는 경우에는 주된 방법 및 다른 감정평가방법으로 산출한 시산가액을 조정하여 감정평가액을 결정할 수 있다.

[1] '공시지가기준법'과 그 밖의 비교방식에 속한 감정평가방법은 서로 다른 감정평가방식에 속한 것으로 본다.

02 가격(가액)의 평가방법

(1) 원가방식(비용접근법) - 원가법

원가법이란 대상물건의 재조달원가에 감가수정을 하여 대상물건의 가액을 산정하는 감정평가방법을 말한다.

TIP
토지의 경우, 재생산이 불가능하므로 원가법을 적용할 수 없다. 다만, 조성지·매립지 등은 원가법을 적용할 수 있다.

> **적산가액 = 재조달원가 - 감가수정(감가누계액), 물리적·기능적·경제적 감가**

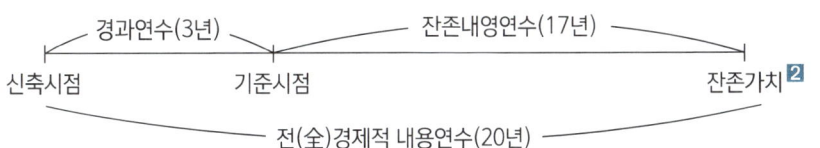

① **재조달원가**: 기준시점에서 대상부동산을 재생산 또는 재취득하는 데 소요되는 적정원가의 총액, **부동산가격의 상한선** ⇨ **도급건설을 상정**

종류	㉠ 복제(복조)원가: 물리적 측면, 최근(신축) 건물에 적합 ㉡ 대체(대치)원가: 효용적 측면, 오래된 건물에 적합 ✚ 재조달원가를 대체원가로 적용할 경우, 기능적 감가를 하게 되면 이중감가가 발생하므로 별도로 **기능적 감가는 고려하지 않는다.**
구성요소	표준적 건설비 + 통상 부대비용(예 설계비·감리비·제세공과금 등) └ (직접·간접 공사비, **수급인의 적정이윤**)

[2] **잔존가치(가격)**
내용연수 만료시 그 부동산의 남아있는 잔존가격을 말한다.

TIP
재조달원가를 구하는 방법
(대상 ⇨ 직접법, 사례 ⇨ 간접법)
- 총가격적산법(직접법)
- 부분별 단가적용법(직접법)
- 변동률 적용법(직접법/간접법)
- 단위비교법(간접법)

② 감가요인

구분		감가요인	관련 원칙	치유 여부
내부적 요인	물리적 감가요인	⊙ 시간의 경과로 인한 노후화 ⓒ 사용으로 인한 마모·파손 ⓒ 재해 등의 우발적 손상 ⓔ 기타 물리적 하자	변동의 원칙	치유 가능 및 치유 불가능
	기능적 감가요인	⊙ 건물과 부지의 부적합 ⓒ 설계의 불량, 형(型)의 구식화 ⓒ 능률의 저하	균형의 원칙	
외부적 요인	경제적 감가요인	⊙ 인근지역의 쇠퇴 ⓒ 주위 환경과의 부적합 ⓒ 표준적 이용의 부적합 ⓔ 시장성의 감퇴	적합의 원칙	치유 불가능

TIP
'건물과 부지의 부적합(부적응)'은 경제적 감가가 아닌 '기능적 감가'임에 유의하여야 한다.

③ 감가수정

㉠ **개념**: 대상물건에 대한 재조달원가를 **감액하여야 할 요인**이 있는 경우에 물리적·기능적·경제적 감가 등을 고려하여, 그에 해당하는 금액을 **재조달원가에서 공제하여 기준시점에 있어서의 대상물건의 가액을 적정화**하는 작업을 말한다.

㉡ 감가수정방법[1]

(경제적) 내용 연수법	정액법 (건물·구축물)	ⓐ **매기 감가액이 일정**하며, 계산이 용이하다. ⓑ 감가액이 경과연수에 정비례하여 증가 ⓒ 직선법, 균등상각법
	정률법 (기계·동산)	ⓐ 매기 감가율이 일정하다. ⓑ **첫 해 감가액이 가장 크고, 시간이 경과할수록 감가액은 체감한다.**
	상환기금법 (광산)	ⓐ 매기의 감가액에 복리이자가 발생한다는 것을 가정한다. ⓑ 내용연수가 만료하는 때의 **감가누계상당액과 그에 대한 복리계산의 이자상당액을 포함하여 당해 연수로 상환**하는 방법이다.
실제 감가 구하는 방법	관찰감가법	감가요인과 감가액을 직접 세밀하게 관찰하지만, **주관개입 가능성이 큰 편**이다.
	분해법 (내구성 분해방식)	감가요인을 물리적·기능적·경제적 요인으로 **세분**, 이를 다시 치유가능·불가능 감가로 세분하여 실제감가액을 산출하는 방법이다.

[1]
- 감가수정방법은 직접법(대상부동산)과 간접법(사례부동산)이 있다.
- 직접법에는 내용연수법, 관찰감가법, 분해법이 있다.
- 감가수정을 할 때에는 직접법을 사용할 수 있으며, 간접법을 사용할 수도 있다.

✚ 정액법에 의한 적산가액 산정

- **매년(초기) 감가액** = $\dfrac{(재조달원가 - 잔존가치)}{경제적\ 내용연수}$ = 감가총액
- **감가누계액** = 매년의 감가액 × 경과연수
- **적산가액** = 재조달원가 − 감가누계액(감가수정액)

✚ 정률법에 의한 적산가액 산정

- **매년 감가액** = 전년 말 잔존가액 × 감가율
- **적산가액** = 재조달원가 × (1 − 매년 감가율)^{경과연수}
  = 재조달원가 × (전년대비 잔가율)^{경과연수}

④ 감정평가의 감가수정(재조달원가 기초) 특징(⇔ 회계목적의 감가상각)
  ㉠ 대상물건의 가액을 적정화 ⇨ **경제적 내용연수 사용**
  ㉡ 감가요인을 모두 고려하며, **관찰감가법·분해법**이 인정된다.
     ⇨ 감가수정 결과 실제 감가와 일치
  ㉢ 물리적으로 동질적이고 동일 시점에 건축되었더라도 실제 감가를 판단하기 때문에 **물건마다 잔존가치(잔가율)가 다르게 나타난다.**

(2) 비교방식(시장접근법) - 거래사례비교법

거래사례비교법이란 대상물건과 가치형성요인이 같거나 비슷한 물건의 거래사례와 비교하여 대상물건의 현황에 맞게 **사정보정, 시점수정, 가치형성요인의 비교**등의 과정을 거쳐 **대상물건의 가액**을 산정하는 감정평가방법을 말한다.

비준가액 = 사례가격(거래사례) × 사정보정 × 시점수정 × 가치형성요인 비교 등

> ※ 공시지가기준법
>
> **공시지가기준법**이란 감정평가의 대상이 된 **토지**와 가치형성요인이 같거나 비슷하여 유사한 이용가치를 지닌다고 인정되는 **표준지의 공시지가를 기준**으로 대상토지의 현황에 맞게 **시점수정, 지역요인 및 개별요인 비교, 그 밖의 요인의 보정**을 거쳐 대상토지의 가액을 산정하는 감정평가방법을 말한다.
>
> **토지가격** = 비교표준지 × 시점수정 × 지역요인 비교 × 개별요인 비교 × 그 밖의 요인 보정
>
> 1. **비교표준지의 선정**: 인근지역에 있는 표준지 중에서 대상토지와 용도지역·이용상황·주변 환경 등이 같거나 비슷한 표준지를 선정할 것. 다만, 인근지역에 적절한 표준지가 없는 경우에는 인근지역과 유사한 지역적 특성을 갖는 동일수급권 안의 유사지역에 있는 표준지를 선정할 수 있다.

TIP

감정평가에서는 '감가수정'이라 하고, 회계·세무상에서는 '감가상각'이라 정의한다. 감가수정과 감가상각에 대한 비교지문이 등장할 때에는 '감가수정'에 해당하는 지문만 읽고 정답을 가려내는 지혜가 필요하다.

TIP

- 거래사례비교법은 기본개념을 간단히 정리하고, 기출문제 등을 활용하여 계산문제에 주력할 필요가 있다.
- 거래사례비교법과 공시지가기준법은 「감정평가에 관한 규칙」상 정의가 다르기 때문에 잘 구분해 두어야 한다.

2. **시점수정:** 국토교통부장관이 조사·발표하는 비교표준지가 있는 시·군·구가 같은 용도지역의 지가변동률을 적용할 것. 다만, 지가변동률을 적용하는 것이 불가능하거나 적절하지 아니한 경우에는 「한국은행법」에 따라 한국은행이 조사·발표하는 생산자물가지수에 따라 산정된 생산자물가상승률을 적용할 것

3. 감정평가법인등은 자신의 능력으로 업무수행이 불가능하거나 매우 곤란한 경우 감정평가를 해서는 안된다.

4. 감정평가법인등은 **적정한 실거래가를 기준으로 토지를 감정평가할 때에는 거래사례비교법을 적용해야 한다.**

   ✚ 「감정평가에 관한 규칙」에서 '**적정한 실거래가**'란 「부동산 거래신고 등에 관한 법률」에 따라 신고된 실제 거래가격으로서 **거래시점이 도시지역은 3년 이내, 그 밖의 지역은 5년 이내인 거래가격** 중에서 감정평가법인등이 **인근지역의 지가수준 등을 고려**하여 감정평가의 기준으로 적용하기에 적정하다고 판단되는 거래가액을 말한다.

① 사례선택의 요건 ⇨ 동일수급권 내 인근지역이나 유사지역에서 선택

사정보정의 가능성	거래당사자의 특수한 사정 또는 개별적인 동기가 개재되어 있거나 평가선례 등에 특수한 평가조건 등이 반영되어 있는 경우에는 그러한 사정이나 조건 등이 없는 상태로 이를 적절하게 보정하는 것을 말한다.
시점수정의 가능성	㉠ 거래시점과 기준시점간 가격(지가)변동의 차이를 수정하는 작업을 말한다. ㉡ 사례부동산의 거래시점을 기준시점 수준으로 수정한다. ㉢ 최근의 매매사례일수록 시점수정에 효과적이다.
가치형성요인 비교가능성	㉠ 지역요인 비교가능성(위치적 유사성) 　ⓐ 동일수급권 내의 사례이어야 한다. 　ⓑ 사례부동산을 인근지역에서 선택하면 지역요인 비교과정이 필요하지 않지만, 사례부동산을 동일수급권 내 유사지역에서 선택하면 지역요인 비교과정은 필요하다. ㉡ 개별요인 비교가능성(물적 유사성): 사례부동산은 대상부동산과 대체·경쟁관계가 성립하여야 한다.

② 사례자료의 정상화

구분	내용
사정보정	사정보정치 = 대상부동산 ÷ 사례부동산 $$= \frac{\text{대상부동산 } 100 \pm \alpha(\%)^{[1]}}{\text{사례부동산 } 100 \pm \beta(\%)^{[1]}}$$ 사례부동산이 매입자의 강매로 인하여 정상적인 가격보다 20% 저가로 거래되었을 경우의 사정보정치는? $$\text{사정보정치} = \frac{100}{100 - 20} = \frac{100}{80}$$
시점수정	㉠ (물가)지수법 $$\text{시점수정치} = \frac{\text{기준시점의 지수*(대상부동산)}}{\text{거래시점의 지수*(사례부동산)}}$$ *생산자물가지수 사례부동산의 거래시점에서 대상부동산의 기준시점까지 평균지가상승률이 10%일 경우의 시점수정치는? $$\text{시점수정치} = \frac{100 + 10}{100} = \frac{110}{100}$$ ㉡ 변동률적용법[2] $$\text{시점수정치} = (1 + r^*)^n$$ * r: 지가(물가)변동률, n: 기간
가치형성요인 비교	• 지역요인 비교치 = $\frac{\text{인근지역(대상부동산) } 100 \pm \alpha}{\text{유사지역(사례부동산) } 100 \pm \beta}$ • 개별요인 비교치 = $\frac{\text{대상부동산 } 100 \pm \alpha}{\text{사례부동산 } 100 \pm \beta}$ 사례부동산이 속한 유사지역이 대상부동산이 속한 인근지역보다 지역적으로 20% 열세일 경우 지역요인의 비교치는? $$\text{지역요인의 비교치} = \frac{100}{100 - 20} = \frac{100}{80}$$ 대상부동산이 사례부동산보다 개별적 측면에서 5% 우세할 경우 개별요인의 비교치는? $$\text{개별요인의 비교치} = \frac{100 + 5}{100} = \frac{105}{100}$$

[1]
예) 100을 기준 값으로 놓고 고가(高價)로 거래되거나 우세(優勢)라는 조건이 제시되면 기준 값 100에 더하고(+), 저가(低價)로 거래되거나 열세(劣勢)라는 조건이 제시되면 기준 값 100에서 빼서(−), 그 결과를 도출하게 된다.
• 10% 고가로 매매 또는 우세 ⇨ 100 + 10
• 20% 저가로 매매 또는 열세 ⇨ 100 − 20

[2]
매년 10%씩 2년 동안 가격이 상승할 경우 $(1 + 0.1)^2 = 1.21$

③ 거래사례비교법의 장·단점

장점	㉠ 3방식 중 중추적 역할을 담당한다. ㉡ 대체의 원칙에 근거함으로써 현실성이 있고 실증적이다. ㉢ 주택·아파트 등 시장성이 있는 물건의 평가에 유용하다.
단점	㉠ 시장성이 없는 공공기관·학교·교회·사찰 등의 평가에는 적용이 곤란하다. ㉡ 극단적인 호황기나 불황기에는 적용이 곤란하다. ㉢ 부동산시장이 불완전한 경우나 투기적 거래사례의 경우에는 신뢰성이 낮다.

TIP

수익방식은 제5편 부동산투자론과 논리적 흐름이 유사하다. 제5편 부동산투자론 내용의 일부가 활용된다.

(3) 수익방식(소득접근법) - 수익환원법

수익환원법이란 대상물건이 **장래** 산출할 것으로 기대되는 순수익이나 미래의 현금흐름을 **환원하거나 할인**하여 **대상물건의 가액**을 산정하는 감정평가방법을 말한다.

수익가액

$$= \frac{장래\ 순영업소득}{환원이율} \Rightarrow 직접환원법(전통적\ 소득접근법)$$

$$= \frac{매년의\ 세후현금수지의\ 합 + 기간\ 말의\ 세후지분복귀액 + 저당가치}{(1+r^*)^n}$$

⇨ 할인현금수지분석법

* r: 할인율

① 수익방식의 분류

```
   조소득        … 조소득승수법
 - 영업경비
   순영업소득    … 직접환원법 ⇨ 전통적 소득접근법·잔여환원법
 - 부채서비스
   세전현금수지  … 저당지분환원법(엘우드법)
 - 영업소득세
   세후현금수지  … 할인현금수지분석법(여러 해의 소득)
```

② 직접환원법에서의 순수익
  ㉠ 개념: 최유효이용을 전제로 한 장래 순수익(순영업소득)을 의미한다.
  ㉡ 구하는 방법

직접법	대상부동산을 통하여 순수익을 구하는 방법
간접법	사례부동산을 통하여 순수익을 구하는 방법
잔여법	복합부동산의 순수익을 구하는 방법

③ 환원이율(자본환원율 · 종합환원율)[1]
  ㉠ 개념: 수익가액을 구하기 위한 할인율(자본의 기회비용)로서, **수익(부동산)가액에 대한 순영업소득의 비율(= 종합환원율)**이다.

  - 수익가액 = $\dfrac{\text{순영업소득}}{\text{환원이율}(=\text{자본수익률} \pm \text{자본회수율}^*)}$
  - 환원이율(자본환원율) = $\dfrac{\text{순영업소득}}{\text{수익(부동산)가액}}$

  * 감가상각률, 1/n

TIP

수익방식에서는 수익가액을 산정하는 계산문제와 '환원이율'과 관련된 문제가 출제빈도가 높은 편이다.

[1] 환원이율이 커질수록 부동산의 수익가격은 하락한다(작아진다).

  ㉡ 종류
    ⓐ **개별환원이율**: 토지개별환원이율, 건물개별환원이율
    ⓑ **종합환원이율**

    종합환원이율 = (토지가격구성비율 × 토지개별환원이율)
                  + (건물가격구성비율 × 건물개별환원이율)

보충

부동산시장이 균형을 이루더라도 자산의 유형, 위치 등에 따라 자본환원율이 서로 다른 부동산이 존재할 수 있다.

★ 개념 PLUS | 자본환원율(환원이율)과 프로젝트금융(PF)의 연관성

1. 자본환원율은 부동산자산이 창출하는 순영업소득을 해당 부동산(자산)의 가격으로 나눈 값이다. 즉, 부동산(자산)가격에 대한 순영업소득의 비율을 말한다.
2. 자본환원율은 자산가격 상승에 대한 투자자들의 기대를 반영한다.
3. 자본환원율은 자본의 기회비용(일종의 요구수익률)으로, 프로젝트의 위험을 반영하므로 자본시장에서 시장금리가 상승하면 함께 상승한다.
4. 다른 조건이 일정할 때, **프로젝트의 위험이 높아지면 대출기관이 요구하는 금리가 높아지고 이에 따라 자본환원율도 상승한다.**
5. **자본환원율이 상승하면 부동산자산가격이 하락**하게 되고, 이에 따라 **신규개발사업 추진이 어려워질 수 있다.**
6. 프로젝트는 자본시장 내 다른 투자수단들과 경쟁하므로 동일 위험수준의 투자수익률에 수렴하는 경향이 있다.

④ 환원이율을 구하는 방법

시장 추출법	동일수급권 내에서 **사례부동산**을 통하여 구하는 방법으로, 시장성에 근거하므로 **실증적이고 설득력이 높다**. $$환원이율 = \frac{사례부동산의\ 순영업소득}{사례부동산의\ 가격}$$	

요소
구성법
(조성법)
	㉠ 위험을 여러 가지 **구성요소**로 분해하고, 개별적인 위험에 따라 위험할증률을 더해 가면서 환원이율을 구하는 방법으로, 평가사의 주관개입이 크다.
	
	$$환원이율 = 순수이율 \pm 위험률$$
	
	㉡ 위험률에 영향을 주는 요인
	  ⓐ (+)요인: 위험성, 비유동성, 관리의 난이성 등
	  ⓑ (−)요인: 자금의 안전성, 가치의 증가성 등	

투자 결합법	㉠ **물리적 투자결합법**: 소득을 창출하는 부동산의 능력이 **토지와 건물이 서로 다르며, 분리될 수 있다**는 가정에 근거한 방법으로, **가중평균**하여 복합부동산의 종합환원이율을 산정한다. 환원이율 = (토지가격구성비율 × 토지개별환원이율) + (건물가격구성비율 × 건물개별환원이율) ㉡ **금융적 투자결합법**: **지분**투자자의 요구수익률과 **저당**투자자의 요구수익률이 **다르다**는 가정에 근거한 방법이다. 환원이율 = (지분비율 × 지분수익률) + (저당비율 × 저당상수)	
엘우드법 (저당지분 방식)	㉠ 금융적 투자결합법을 보완·발전시킨 방법이다. ㉡ 전형적인 부동산 보유기간(5~7년)을 가정한다. ㉢ 부채서비스는 고려하지만, 영업소득세가 부동산가치에 영향을 주는 것은 인식하지 못한다. ㉣ 매 기간의 세전현금수지, 보유기간 동안의 지분형성분, 기간 말 부동산의 가치변화분으로 자본환원율이 구성된다.	
부채 감당법	**저당대출기관 입장**에서 환원이율을 구하는 방법이다. 환원이율 = 부채감당률 × 저당(대부)비율 × 저당상수	
CAPM	CAPM(Capital Asset Pricing Model)은 자본자산가격결정모형으로, 부동산투자회사(주식)의 환원이율을 구하는 방법이다.	

TIP
- '요소구성법'은 평가사의 주관개입이 심하여 지금은 사용되고 있지 않다.
- 물리적 투자결합법과 부채감당법에 의한 환원이율 계산문제에 대비해야 한다.

03 임대료의 평가방법

(1) 원가방식 - 적산법 ⇨ 적산임료

대상물건의 **기초가액에 기대이율을 곱하여** 산정된 기대수익에 대상물건을 계속하여 임대하는 데 **필요한 경비를 더하여** 대상물건의 **임대료를 산정**하는 감정평가방법을 말한다.

> **적산임료** = 기초가액 × 기대이율 + 필요제경비

필요제경비의 구성요소 ⇨ 기회비용
- 감가상각비
- 유지·관리비(단, 공익비·부가사용료는 포함하지 않는다)
- 조세공과(단, 취득세·등록세·법인세·소득세는 포함하지 않는다)
- 보험료(단, 비소멸성 보험료는 포함하지 않는다)
- 공실손실상당액
- 대손충당금
- 정상운전자금 이자상당액(단, 장기차입금이자·건축자금이자는 포함하지 않는다)

TIP
적산임료를 구하는 수식은 개념상 중요하므로, 암기하여 대비한다.

⚡ **기출**
01 적산법은 대상물건의 기초가액에 (기대이율 / 환원이율)을 곱하여 산정된 기대수익에 대상물건을 계속하여 임대하는 데에 필요한 경비를 더하여 대상물건의 임대료를 산정하는 감정평가방법을 말한다.
제28회

(2) 비교방식 - 임대사례비교법 ⇨ 비준·유추임료

대상물건과 가치형성요인이 같거나 비슷한 물건의 **임대사례와 비교**하여 대상물건의 현황에 맞게 **사정보정, 시점수정, 가치형성요인 비교** 등의 과정을 거쳐 대상물건의 **임대료를 산정**하는 감정평가방법을 말한다.

> **비준임료** = 사례임료(임대사례) × 사정보정 × 시점수정 × 가치형성요인 비교 등

① **임대료를 평가할 때에는 임대사례비교법에 의한다.**
② 사례부동산의 실질임료를 기준으로 평가한다(실질임료 = 순임료 + 필요제경비).

(3) 수익방식 - 수익분석법 ⇨ 기업용 부동산에만 적용

일반기업경영에 의하여 산출된 **총수익을 분석**하여 대상물건이 일정한 기간에 산출할 것으로 기대되는 **순수익**에 대상물건을 계속하여 임대하는 데에 **필요한 경비를 더하여** 대상물건의 **임대료를 산정**하는 감정평가방법을 말한다.

> **수익임료** = 순수익 + 필요제경비

TIP
수익배분의 원칙에서 그 이론적 근거를 찾을 수 있다.

기출정답
01 기대이율

04 물건별 감정평가방법

> **TIP**
> 물건별 감정평가방법은 3~4년에 한 번씩 주기적으로 출제되며, 기본개념만 잘 정리하면 된다.

토지	공시지가기준법
건물	원가법
토지와 건물의 일괄평가	거래사례비교법(토지가액과 건물가액 구분하여 표시할 수 있다.)
산림	① 산지와 입목을 **구분평가** 　　(입목은 거래사례비교법, 소경목림은 원가법) ② 산지와 입목을 **일괄하여 평가할 때에는 거래사례비교법**
과수원	거래사례비교법
공장재단	개별물건 감정평가액 합산 (다만, 계속적 수익 예상 ⇨ 수익환원법)
광업재단·기업가치·비상장채권	수익환원법
자동차	거래사례비교법 ⇨ 다만, **효용가치가 없으면 해체처분가액으로 평가**
건설기계·항공기	원가법 ⇨ 다만, 효용가치가 없으면 해체처분가액으로 평가
선박	**원가법[선체·기관·의장(艤裝)별로 구분하여 감정평가]** ⇨ 다만, 효용가치가 없으면 해체처분가액으로 평가
동산·상장주식·상장채권	거래사례비교법 단, **기계·기구류를 감정평가할 때에는 원가법을 적용해야 한다.**
임대료	임대사례비교법
광업권	광업재단의 감정평가액에서 해당 광산의 현존시설가액을 빼고 감정평가해야 한다. 이 경우 현존시설가액은 적정생산규모와 가행조건(稼行條件) 등을 고려하여 산정하되 과잉유휴시설을 포함하여 산정하지 않는다.
어업권	어장 전체를 수익환원법에 따라 감정평가한 가액에서 해당 어장의 현존시설가액을 빼고 감정평가해야 한다. 이 경우 어장의 현존시설가액은 적정생산규모와 어업권 존속기간 등을 고려하여 산정하되 과잉유휴시설을 포함하여 산정하지 않는다.
무형자산의 평가	**영업권, 특허권, 실용신안권, 디자인권, 상표권, 저작권, 전용측선이용권 등 ⇨ 수익환원법**

✚ 소음, 진동, 일조침해 또는 환경오염 등으로 대상물건에 직접적 또는 간접적인 피해가 발생하여 대상물건의 가치가 하락한 경우, 그 **가치하락분을 감정평가할 때에는** 소음 등이 **발생하기 전의 대상물건의 가액 및 원상회복비용 등을 고려해야 한다.**

05 감정평가의 절차

① 기본적 사항의 확정
② 처리계획 수립
③ 대상물건 확인
④ 자료수집 및 정리
⑤ 자료검토 및 가치형성요인의 분석
⑥ 감정평가방법의 선정 및 적용
⑦ 감정평가액의 결정 및 표시

> **TIP**
> • '감정평가의 절차'는 첫 번째 순서가 처리계획 수립이 아니라는 것에 유의하여야 한다.
> • 합리적이고 능률적인 감정평가를 위하여 필요할 때에는 순서를 조정할 수 있다.

06 기본적 사항의 확정

감정평가법인등은 감정평가를 의뢰받았을 때에는 **의뢰인과 협의**하여 기본적 사항을 확정해야 한다.

① 의뢰인
② 대상물건(예 토지, 건물, 복합부동산 등)

> **실지조사를 통한 대상물건 확인**
> 감정평가법인등이 감정평가를 할 때에는 **실지조사를 하여 대상물건을 확인해야 한다.** 다만, 실지조사를 하지 아니하고도 **객관적이고 신뢰할 수 있는 자료를 충분히 확보할 수 있는 경우에는 실지조사를 하지 않을 수 있다.**

③ 감정평가목적(예 과세목적, 보상목적)
④ **기준시점**
⑤ 감정평가조건(예 소유권 전체, 일부권리)
⑥ 기준가치(예 비교방식, 원가방식)
⑦ **관련 전문가에 대한 자문 및 용역에 관한 사항**
⑧ **수수료 및 실비에 관한 사항**

> **TIP**
> 감정평가서 작성일, 공시지가, 실지조사 여부는 '기본적 사항의 확정'에 포함되지 않는다.

제3장 부동산가격공시제도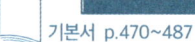

기본서 p.470~487

TIP

- **적정가격**: 토지, 주택 및 비주거용 부동산에 대하여 통상적인 시장에서 정상적인 거래가 이루어지는 경우 성립될 가능성이 가장 높다고 인정되는 가격을 말한다.
- 국토교통부장관은 표준주택가격을 조사·산정하고자 할 때에는 한국부동산원에 의뢰한다.
- 공시된 가격에 대하여 이의가 있는 자는 해당 기관장에게 그 공시일(법 제7조) 또는 그 결정·공시일(법 제11조)로부터 30일 이내에 이의를 신청할 수 있다.
- 개별공시지가, 개별주택가격, 비주거용 개별부동산가격에 관련된 심의는 시·군·구부동산가격공시위원회에서 심의한다.

기출

01 표준지공시지가에 이의가 있는 자는 그 공시일로부터 (   )일 이내에 서면으로 (   )에게 이의를 신청할 수 있다.
제21회

기출정답

01 30, 국토교통부장관

★ 암기 PLUS | 부동산가격공시제도 정리

구분		결정·공시	공시(기준)일	효력
토지	표준지 공시지가	국토교통부장관	공시기준일 1.1.	• 토지시장의 가격정보 제공 • 일반적인 토지거래의 지표 • 공적지가의 산정(보상)기준 • 개별토지의 감정평가기준
	개별공시지가	시장·군수 또는 구청장	결정·공시일 5.31.까지	조세·부담금 부과기준
주택	단독주택 표준주택	국토교통부장관	공시기준일 1.1.	개별주택가격의 산정기준
	단독주택 개별주택	시장·군수 또는 구청장	결정·공시일 4.30.까지	• 주택시장에 대한 가격정보 제공 • 조세 부과를 위한 기준
	공동주택	국토교통부장관	• 공시기준일 1.1. • 산정·공시일 4.30.까지	
비주거용	일반부동산 표준부동산	국토교통부장관	공시기준일 1.1.	비주거용 개별부동산가격의 산정기준
	일반부동산 개별부동산	시장·군수 또는 구청장	결정·공시일 4.30.까지	• 비주거용 부동산시장에 대한 가격정보 제공 • 조세 부과를 위한 기준
	집합부동산	국토교통부장관	• 공시기준일 1.1. • 산정·공시일 4.30.까지	

① '비주거용 부동산'이란 주택을 제외한 건축물이나 건축물과 그 토지의 전부 또는 일부를 말한다.
   ㉠ **비주거용 일반부동산**: 비주거용 집합부동산을 제외한 비주거용 부동산을 말한다.
   ㉡ **비주거용 집합부동산**: 「집합건물의 소유 및 관리에 관한 법률」에 따라 **구분소유**되는 비주거용 부동산을 말한다.
② 비주거용 일반부동산가격은 비주거용 표준부동산가격과 비주거용 개별부동산가격으로 구분하여 공시하지만, 비주거용 집합부동산가격은 구분공시하지 않고 전수조사(全數調査)하여 비주거용 부동산가격을 공시한다.

각 개념의 구분

토지	표준지공시지가	공시기준일(1.1.) 현재 국토교통부장관이 결정·공시하는 표준지의 단위면적(m²)당 가격(**적정가격**)
	개별공시지가	매년 공시지가의 공시기준일 현재 **관할구역 안의 개별 토지의 단위면적(m²)당 가격**
주택	표준주택가격	일단의 **단독주택** 중에서 선정한 **표준주택**에 대해 매년 공시기준일 현재의 **적정가격**
	개별주택가격	매년 표준주택가격의 공시기준일 현재 **관할구역 안의 개별주택가격**
	공동주택가격	공동주택에 대하여 매년 공시기준일 현재 공시한 **적정가격**
비주거용	비주거용 표준부동산가격	일단의 **비주거용 일반부동산** 중에서 선정한 비주거용 **표준부동산**에 대하여 공시기준일 현재의 **적정가격**
	비주거용 개별부동산가격	매년 비주거용 표준부동산가격의 공시기준일 현재 **관할구역 안의 비주거용 개별부동산가격**
	비주거용 집합부동산가격	**비주거용 집합부동산**에 대하여 매년 공시기준일 현재의 **적정가격**

TIP
국토교통부장관이 결정·공시하는 표준지공시지가, 표준주택가격, 공동주택가격에 대해서는 '적정가격'이라 정의하지만, 시장·군수·구청장이 발표하는 개별공시지가와 개별주택가격은 각각의 '비준표'를 활용하여 산정(단순 계산)하는 개념이므로 '적정가격'이라 정의하지 않는다.

⚡기출
01 국토교통부장관은 용도지역, 건물구조 등이 일반적으로 유사하다고 인정되는 일단의 (단독 / 공동)주택 중에서 선정한 표준주택에 대하여 매년 공시기준일 현재의 적정가격을 조사·산정하고 (　　)부동산가격공시위원회의 심의를 거쳐 이를 공시해야 한다. 제25회

★ 개념 PLUS | 토지가격비준표

1. **개념**: **국토교통부장관이 작성·공급**하는, 표준지평가와 개별공시지가를 연계해주는 장치로서 지가조사공무원이 지가를 산정하거나 대량토지의 평가를 산정할 수 있도록 계량적으로 고안된 객관적인 간이지가산정표이다.

2. **작성·산정기준**
   - **토지가격비준표의 작성기준이 되는 것은 표준지공시지가**이고, 개별공시지가의 산정기준이 되는 것은 토지가격비준표이다.
   - **주택가격비준표의 작성기준이 되는 것은 표준주택가격**이고, 개별주택가격의 산정기준이 되는 것은 주택가격비준표이다.
   - **비주거용 부동산가격비준표의 작성기준이 되는 것은 비주거용 표준부동산가격**이고, 비주거용 개별부동산가격의 산정기준이 되는 것은 비주거용 부동산가격비준표이다.

기출정답
01 단독, 중앙

❶
- 표준지와 표본지는 동일한 개념이 아니다.
- **표준지**: 토지이용상황이나 주변 환경 그 밖의 자연적·사회적 조건이 일반적으로 유사하다고 인정되는 일단의 토지 중에서 대표할 수 있는 1필지의 토지 또는 지가의 공시를 위해 가치형성요인이 같거나 유사하다고 인정되는 일단의 토지 중에서 선정한 토지를 말한다.
- **표본지**: 지가변동률 조사·산정대상 지역에서 행정구역별·용도지역별·이용상황별로 감정평가법인등이 지가변동률을 측정하기 위해 산정한 대표적인 필지
- 표준지, 표준주택, 비주거용 표준부동산은 대표성, 중용성, 확정성, 안정성이 있는 것을 선택한다.

(1) 표준지❶의 조사·평가·공시 등

① 국토교통부장관이 **표준지공시지가를 조사·평가할 때에는 둘 이상의 감정평가법인등에게 이를 의뢰하여야 한다.** 다만, 지가변동이 작은 경우 등 대통령령으로 정하는 기준에 해당하는 표준지에 대해서는 **하나의 감정평가법인등에게 의뢰할 수 있다.**
② 감정평가법인등에게 의뢰한 표준지공시지가는 감정평가법인등이 제출한 조사·평가액의 산술평균치를 기준으로 한다.
③ **적정가격을** 기준으로 평가한다.
④ **실제 용도를 기준으로 평가한다(공시기준일 현재 이용상황을 기준으로 하되, 일시적인 상황은 고려하지 않는다).**
⑤ **나지상정평가(건부감가를 고려하지 않는다):** 토지에 건물이나 그 밖의 정착물이 있거나 지상권 등 토지의 사용·수익을 제한하는 사법상의 권리가 설정되어 있는 경우에는 **그 정착물 등이 없는 토지의 나지상태를 상정하여 평가한다.**
⑥ 공법상 제한상태를 기준으로 평가한다.
⑦ **개발이익의 반영 여부를 고려한 평가**
　㉠ 표준지의 평가에 있어서 다음의 개발이익은 이를 반영하여 평가한다.
　　ⓐ 공익사업의 계획 또는 시행이 공고 또는 고시됨으로 인한 지가의 증가분
　　ⓑ 공익사업의 시행에 따른 절차로서 행해진 토지이용계획의 설정·변경·해제 등으로 인한 지가의 증가분
　　ⓒ 기타 공익사업의 착수에서 준공까지 그 시행으로 인한 지가의 증가분 등
　㉡ 다만, 그 **개발이익이 주위 환경 등의 사정으로 보아 공시기준일 현재 현실화되지 아니하였다고 인정되는 경우에는 그러하지 아니한다.**
⑧ 표준지의 평가는 3방식 중에서 가장 적합한 방식을 선택하여 행한다. 시장성 있는 토지는 거래사례비교법, 조성지나 대립지는 원가법, 상업용지 등은 수익환원법으로 평가할 수 있다.

(2) 결정·공시하지 아니하는 경우

① 표준지로 선정된 토지, 조세 또는 부담금 등의 부과대상이 아닌 토지 그 밖에 대통령령이 정하는 토지에 대해서는 개별공시지가를 결정·공시하지 않을 수 있다. 이 경우 표준지로 선정된 토지에 대하여는 해당 토지의 공시지가를 개별공시지가로 본다.

② 표준주택으로 선정된 단독주택 그 밖에 대통령령이 정하는 단독주택에 대해서는 개별주택가격을 결정·공시하지 않을 수 있다. 이 경우 표준주택으로 선정된 주택에 대하여는 해당 표준주택가격을 개별주택가격으로 본다.

③ 표준부동산으로 선정된 비주거용 일반부동산, 국세 또는 지방세 부과대상이 아닌 비주거용 일반부동산 그 밖에 국토교통부장관이 정하는 비주거용 일반부동산에 대해서는 비주거용 개별부동산가격을 결정·공시하지 아니할 수 있다.

(3) 개별공시지가 및 개별주택가격의 검증

① 개별공시지가의 검증 의뢰 ⇨ 감정평가법인등
  ㉠ 토지소유자, 그 밖의 이해관계인의 의견을 들어야 한다.
  ㉡ 감정평가법인등의 검증을 생략할 수 있다.

② 개별주택가격의 검증 의뢰 ⇨ 부동산원
  ㉠ 토지소유자, 그 밖의 이해관계인의 의견을 들어야 한다.
  ㉡ 부동산원의 검증을 생략할 수 있다.

(4) 분할·합병 등이 발생한 토지의 개별공시지가

시장·군수 또는 구청장은 공시기준일 이후에 분할·합병 등이 발생한 토지에 대하여는 대통령령이 정하는 날을 기준으로 하여 **개별공시지가**를 결정·공시하여야 한다.

① 1월 1일부터 6월 30일까지의 사이에 분할·합병 등의 사유가 발생한 토지: 그 해 7월 1일 기준

② 7월 1일부터 12월 31일까지의 사이에 분할·합병 등의 사유가 발생한 토지: 다음 해 1월 1일 기준

(5) 분할·합병·신축 등이 발생한 단독주택의 개별주택가격

시장·군수 또는 구청장은 공시기준일 이후에 토지의 분할·합병이나 건축물의 신축 등이 발생한 경우에는 대통령령으로 정하는 날을 기준으로 하여 **개별주택가격**을 결정·공시하여야 한다.

① 1월 1일부터 5월 31일까지의 사이 분할·합병·신축 등이 발생한 단독주택: 그 해 6월 1일 기준

② 6월 1일부터 12월 31일까지의 사이 분할·합병·신축 등이 발생한 단독주택: 다음 해 1월 1일 기준

⚡기출

01 ( )은 공시기준일 이후에 토지의 분할·합병이나 건축물의 신축 등이 발생한 경우에는 대통령령으로 정하는 날을 기준으로 하여 개별주택가격을 결정·공시하여야 한다.
제25회

02 시장·군수·구청장이 개별주택가격을 결정·공시하는 경우에는 해당 주택과 유사한 이용가치를 지닌다고 인정되는 (표준주택 / 공동주택)가격을 기준으로 주택가격비준표를 사용하여 가격을 산정하되, 해당 주택의 가격과 표준주택가격이 균형을 유지하도록 하여야 한다.
제28회

기출정답
01 시장·군수 또는 구청장
02 표준주택

(6) 분할·합병·신축 등이 발생한 공동주택가격

국토교통부장관은 공시기준일 이후에 토지의 분할·합병이나 건축물의 신축 등이 발생한 경우에는 대통령령으로 정하는 날을 기준으로 하여 공동주택가격을 결정·공시하여야 한다.

① 1월 1일부터 5월 31일까지 사이에 분할·합병·신축 등이 발생한 공동주택: 그 해 6월 1일 기준
② 6월 1일부터 12월 31일까지 사이에 분할·합병·신축 등이 발생한 공동주택: 다음 해 1월 1일 기준

(7) 공시사항

토지	표준지 공시지가	표준지의 **지번**, 표준지의 **단위면적당 가격**, 표준지의 면적 및 형상, 표준지 및 주변토지의 이용상황 등
주택	표준주택	**지번**, **가격**, 대지면적 및 형상, 용도, 연면적, **사용승인일** (임시사용승인일 포함) 등
	개별주택	**지번**, **가격** 그 밖에 대통령령이 정하는 사항
	공동주택	**지번**, **가격**, **명칭**, **동·호수**, **면적**, 그 밖에 공시에 관하여 필요한 사항
비주거용	비주거용 표준부동산	비주거용 표준부동산의 **지번**, **가격**, 대지면적 및 형상, 용도, 연면적, 사용승인일(임시사용승인일 포함) 등
	비주거용 개별부동산	비주거용 부동산의 **지번**, **가격** 그 밖에 대통령령이 정하는 사항
	비주거용 집합부동산	**소재지**, **명칭**, **동·호수**, **면적**, **비주거용 집합부동산가격**, 비주거용 집합부동산의 면적, 그 밖에 공시에 관하여 필요한 사항

✚ 토지가격(공시지가)은 지상의 건물에 관한 사항, 소유자를 공시하지 않는다.
✚ 주택가격은 건축허가일, 단위면적당 가격, 소유자도 공시하지 않는다.

해커스
공인중개사
신관식
핵심요약집

1차 부동산학개론

개정3판 1쇄 발행 2026년 1월 5일

지은이	신관식
펴낸곳	해커스패스
펴낸이	해커스 공인중개사 출판팀
주소	서울시 강남구 강남대로 428 해커스 공인중개사
고객센터	1588-2332
교재 관련 문의	land@pass.com
	해커스 공인중개사 사이트(land.Hackers.com) 1:1 무료상담
	카카오톡 채널 [해커스 공인중개사]
학원 강의 및 동영상강의	land.Hackers.com
ISBN	979-11-7404-661-1 (13320)
Serial Number	03-01-01

저작권자 ⓒ 2026, 신관식
이 책의 모든 내용, 이미지, 디자인, 편집 형태는 저작권법에 의해 보호받고 있습니다.
서면에 의한 저자와 출판사의 허락 없이 내용의 일부 혹은 전부를 인용, 발췌하거나, 복제, 배포할 수 없습니다.

공인중개사 시험 전문,
해커스 공인중개사 land.Hackers.com

해커스 공인중개사

- 해커스 공인중개사학원 및 동영상강의
- 해커스 공인중개사 온라인 전국 실전모의고사
- 해커스 공인중개사 무료 학습자료 및 필수 합격정보 제공

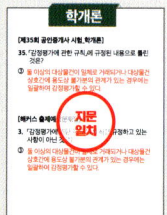
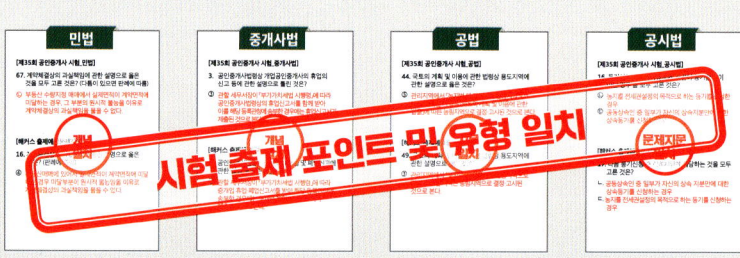
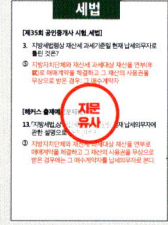